经济管理虚拟仿真实验系列教材

投资理财综合实训

TOUZI LICAI ZONGHE SHIXUN

（第二版）

主　编　唐平　许晓静

西南财经大学出版社
Southwestern University of Finance & Economics Press
中国·成都

图书在版编目(CIP)数据

投资理财综合实训/唐平,许晓静主编 .—2 版.—成都:西南财经大学出版社,2019. 2

ISBN 978-7-5504-3675-6

Ⅰ. ①投… Ⅱ. ①唐…②许… Ⅲ. ①投资—基本知识

Ⅳ. ①F830. 59

中国版本图书馆 CIP 数据核字(2018)第 193858 号

投资理财综合实训(第二版)

主编 唐平 许晓静

责任编辑:李晓嵩

助理编辑:王琳

责任校对:李邓超

封面设计:杨红鹰 张姗姗

责任印制:朱曼丽

出版发行	西南财经大学出版社(四川省成都市光华村街 55 号)
网　　址	http://www. bookcj. com
电子邮件	bookcj@ foxmail. com
邮政编码	610074
电　　话	028-87353785　87352368
照　　排	四川胜翔数码印务设计有限公司
印　　刷	郫县犀浦印刷厂
成品尺寸	185mm×260mm
印　　张	13. 5
字　　数	317 千字
版　　次	2019 年 2 月第 2 版
印　　次	2019 年 2 月第 1 次印刷
印　　数	1— 2000 册
书　　号	ISBN 978-7-5504-3675-6
定　　价	29. 80 元

经济管理虚拟仿真实验系列教材
编　委　会

总序

高等教育的任务是培养具有实践能力和创新创业精神的高素质人才。实践出真知。实践是检验真理的唯一标准。大学生的知识、能力、素养不仅来源于书本理论与老师的言传身教，更来源于实践感悟与经历体验。

我国高等教育从精英教育向大众化教育转变，客观上要求高校更加重视培育学生的实践能力和创新创业精神。以往，各高校主要通过让学生到企事业单位或政府机关实习的方式来训练学生的实践能力。但随着高校不断扩招，传统的实践教学模式受到学生人数多、岗位少、成本高等多重因素的影响，越来越无法满足实践教学的需要，学生的实践能力的培育越来越得不到保障。鉴于此，各高校开始探索通过实验教学和校内实训的方式来缓解上述矛盾，实验教学逐步成为人才培养中不可替代的途径和手段。目前，大多数高校已经认识到实验教学的重要性，认为理论教学和实验教学都是培养学生能力和素质的同等重要的两种手段，二者相辅相成，相得益彰。

相对于理工类实验教学而言，经济管理类实验教学起步较晚，发展相对滞后。在实验课程体系、教学内容（实验项目）、教学方法、教学手段、实验教材等诸多方面，经济管理实验教学都尚在探索之中。要充分发挥实验教学在经济管理类专业人才培养中的作用，高校需要进一步深化实验教学的改革、创新、研究与实践。

重庆工商大学作为具有鲜明财经特色的高水平多科性大学，高度重视并积极探索经济管理实验教学建设与改革的路径。学校经济管理实验教学中心于2006年被评为“重庆市市级实验教学示范中心”，2007年被确定为“国家级实验教学示范中心建设单位”，2012年11月顺利通过验收成为“国家级实验教学示范中心”。经过多年的努力，我校经济管理实验教学改革取得了一系列成果，按照能力导向构建了包括学科基础实验课程、专业基础实验课程、专业综合实验课程、学科综合实验（实训）课程和创新创业类课程五大层次的实验课程体系，真正体现了“实验教学与理论教学并重、实验教学相对独立”的实验教学理念，并且建立了形式多样的以过程为重心、以学生为中心、以能力为本位的实验教学方法体系和考核评价体系。

2013年以来，学校积极落实教育部及重庆市教育委员会建设国家级虚拟仿真实验教学中心的相关文件精神，按照“虚实结合、相互补充、能实不虚”的原则，坚持执行以能力为导向的人才培养方案，以“培养学生分析力、创造力和领导力等创新创业能力”为目标，以“推动信息化条件下自主学习、探究学习、协作学习、创新学习、创业学习等实验教学方法改革”为方向，创造性地构建了“‘123456’经济管理虚拟仿真实验教学资源体系”，即“一个目标”（培养具有分析力、创造力和领导力，适应经济社会发展需要的经济管理实践与创新创业人才）、“两个课堂”（实体实验课堂和虚拟仿真实验课堂）、“三种类型”（基础型、综合型、创新创业型实验项目）、“四大载体”（学科专业开放实验平台、跨学科综合实训及竞赛平台、创业实战综合经营平台和实验教学研发平台）、“五类资源”（课程、项目、软件、案例、数据）、“六个结合”（虚拟资源与实体资源结合、资源与平台结合、专业资源与创业资源结合、实验教学与科学研究结合、模拟与实战结合、自主研发与合作共建结合）。

为进一步加强实验教学建设，在原有基础上继续展示我校实验教学改革成果，学校经济管理虚拟仿真实验教学指导委员会统筹部署和安排，计划推进“经济管理虚拟仿真实验系列教材”的撰写和出版工作。本系列教材将在继续体现系统性、综合性、实用性等特点的基础上，积极展示虚拟仿真实验教学的新探索，其所包含的实验项目设计将综合采用虚拟现实、软件模拟、流程仿真、角色扮演、O2O操练等多种手段，为培养具有分析力、创造力和领导力，适应经济社会发展需要的经济管理实践与创新创业人才提供更加“接地气”的丰富资源和“生于斯、长于斯”的充足养料。

本系列教材的编写团队具有丰富的实验教学经验和专业实践经历，一些成员还是来自相关行业和企业的实务专家。他们勤勉耕耘的治学精神和扎实深厚的执业功底必将为读者带来智慧的火花和思想的启迪。希望读者能够从中受益。在此对编写团队付出的辛勤劳动表示衷心感谢。

毋庸讳言，编写经济管理类虚拟仿真实验教材是一种具有挑战性的开拓与尝试，加之虚拟仿真实验教学和实践本身还在不断地丰富与发展，因此，本系列实验教材必然存在一些不足甚至错误，恳请同行和读者批评指正。我们希望本系列教材能够推动我国经济管理虚拟仿真实验教学的创新发展，能为培养具有实践能力和创新创业精神的高素质人才尽绵薄之力！

重庆工商大学校长、教授

2017年12月25日

第二版前言

近年来，中国经济以较高速度增长，令世人瞩目。据统计，2002 年我国国内生产总值突破 10 万亿元，2017 年这一数字已达 82.7 万亿元，全国城镇居民人均可支配收入已达 3.6 万元。与此同时，家庭拥有的财富越来越多，品种也越来越丰富。城镇居民已经进入财富管理时代，学会和掌握家庭投资理财的方法和技能越来越重要。具备足够的专业投资理财知识和经验能优化家庭的财富选择与配置效率，提高家庭生活幸福指数。投资理财将成为我国最具发展潜力、发展速度最快的金融领域。

《投资理财综合实训》以培养大学生的专业投资理财规划能力和实践创新能力为目标，通过对宏观经济分析与投资理财、财务分析与投资理财、金融工具与投资理财、消费支出规划与投资理财、保险规划与投资理财、税收策划与投资理财、投资理财综合设计七大模块的学习和创新设计，完成对学生投资理财创新思维的训练，提高学生未来的工作能力和收入水平，为社会和家庭创造更多的财富。

“投资理财综合实训”课程设计源于实践，成于实训，全面体现学生的自主学习能力和创新思维设计能力，对自己家庭的生活和投资理财进行设计可以全方位提升学生的理财设计策划能力、创新能力、风险管理能力、团队协作能力。

《投资理财综合实训》一书中的学生设计家庭理财案例分析来自编者对重庆工商大学的学生进行教学过程中学生自主设计的理财方案，编者选择了部分放入本书，以便于在以后的教学过程中对这些案例进行讨论，并分析这些理财方案的优点和存在的问题，从而达到提高学生投资理财技能的目的。在此，编者感谢这些同学对案例教学做出的贡献。实训准备知识主要参考和引用了证券业从业资格考试统编教材和“理财规划师”教程。

本书第二版主要修订内容为：第一，增加实训五“保险规划与投资理财”；第二，增加实训六“税收策划与投资理财”；第三，增加两位同学设计的家庭理财案例。

由于编者自身学识、能力和思考问题的视角可能存在的限制，本书结构和内容方面难免存在不当之处，恳请读者批评指正，或者通过电子邮件 tp2008@ctbu.edu.cn 反馈您宝贵的意见。

编　者

2018 年 6 月 15 日于南山书院

目 录

实训一 宏观经济分析与投资理财

【实训目的与要求】

1. 理解和掌握宏观经济分析对投资理财的重要意义；
2. 掌握宏观经济分析的基本方法；
3. 理解和掌握宏观经济运行各项指标对证券市场的影响；
4. 理解和掌握宏观经济变动与证券市场波动的关系；
5. 理解和掌握财政政策的手段及其对证券市场的影响；
6. 财政政策的种类及其对证券市场的影响；
7. 理解和掌握货币政策对证券市场的影响；
8. 利用 Eviews 软件建立模型，分析证券投资价值与宏观经济各变量之间的关系，判断证券投资时机、证券投资价值；
9. 根据我国当前的宏观经济运行形势，包括经济发展情况、物价变动情况、财政政策、货币政策（基准利率、法定存款准备金率、货币供给量）、收入政策等，并结合证券市场运行情况，进行投资策略设计；
10. 在教师的指导下独立完成实验，得出正确的结果，并完成实验报告。

【实训学时】

实训学时数一共 4 学时。学时分布情况：教师讲授占 5%，案例分析占 40%，学生项目设计占 55%。

【实训准备知识】

一、宏观经济分析的意义和方法

（一）宏观经济分析的意义

1. 把握证券市场的总体变动趋势

在证券投资领域中，宏观经济分析非常重要，只有把握住经济发展的大方向，投资者才能做出正确的长期决策；只有密切关注宏观经济因素的变化，尤其是货币政策和财政政策因素的变化，投资者才能抓住市场时机。

2. 判断整个证券市场的投资价值

证券市场的投资价值与国民经济整体素质及其结构变动密切相关。这里的证券市场的投资价值是指整个市场的平均投资价值。不同部门、不同行业与成千上万的不同企业相互影响、互相制约，共同作用于国民经济发展的速度和质量。

3. 掌握宏观经济政策对证券市场的影响力度与方向

证券投资与国家宏观经济政策息息相关。在市场经济条件下，国家通过财政政策和货币政策调节经济，或挤出泡沫，或促进经济增长，这些政策直接作用于企业，从而影响经济增长速度和企业效益。因此，证券投资必须认真分析宏观经济政策，这无论是对投资者、投资对象，还是对证券业本身乃至整个国民经济的快速健康发展都具有非常重要的意义。

4. 了解转型背景下宏观经济对股市的影响为什么不同于成熟市场

略。

5. 了解中国股市表现和宏观经济相背离的原因

略。

（二）宏观经济分析的基本方法及资料收集

1. 总量分析法

总量分析法是指影响宏观经济运行总量指标的因素及其变动规律的分析。总量分析主要是动态分析，同时也包括静态分析。总量是反映整个社会经济活动状态的经济变量。它包括两个方面：一是个量的总和，二是平均量或比例量。

2. 结构分析法

结构分析法指对经济系统中各组成部分及其对比关系变动规律的分析，主要是静态分析。总量分析和结构分析是相互联系的。总量分析侧重于动态（速度），结构分析侧重于静态（相互关系）。

3. 宏观分析资料的收集与处理

宏观分析所需的有效资料一般包括政府的重点经济政策与措施、一般生产统计资料、金融物价统计资料、贸易统计资料、每年国民收入统计与景气动向、突发性非经济因素等。

二、宏观经济运行分析

（一）宏观经济运行对证券市场的影响

证券市场有“经济晴雨表”之称。这表明证券市场是宏观经济的先行指标，也表明宏观经济的走向决定证券市场的长期走向趋势。宏观经济因素是影响证券市场长期走势的唯一因素。

宏观经济运行通过四个途径影响证券市场：企业经营效益、居民收入水平、投资者对股价的预期、资金成本。

（二）宏观经济变动与证券市场波动的关系

1. 国内生产总值变动

国内生产总值（以下简称为 GDP）是对一国经济成就的根本反映。从长期看，在上市公司的行业结构与该国产业结构基本一致的情况下，股票平均价格的变动与 GDP 的变化趋势是吻合的。但不能简单地认为 GDP 增长，证券市场就必将伴之以上升的走势，实际上有时恰恰相反。我们必须将 GDP 与经济形势结合起来进行考察，下面对几种基本情况进行阐述。

（1）持续、稳定、高速的 GDP 增长。第一，伴随经济发展，上市公司利润持续上升，股息和红利不断增长，企业经营环境不断改善，产销两旺，投资风险也越来越小，从而公司的股票和债券全面得到升值，促使价格上涨。第二，人们对经济形势形成了良好的预期，投资积极性得以提高，从而增加了对证券的需求，促使证券价格上涨。第三，随着 GDP 的持续增长，国民收入和个人收入都不断得到提高，收入增加也将增加证券投资的需求，从而使证券价格上涨。

（2）高通货膨胀率下的 GDP 增长。当经济处于严重失衡下的高速增长时，总需求大大超过总供给，这将表现为高的通货膨胀率。这是经济形势恶化的征兆，如不采取调控措施，必将导致未来的滞胀（通货膨胀与经济停滞并存）。这时经济中的矛盾会突出地表现出来，企业经营将面临困境，居民实际收入也将降低，因而失衡的经济增长必将导致证券价格下跌。

（3）宏观调控下的 GDP 减速增长。当 GDP 呈失衡的高速增长时，政府可能采用宏观调控措施以维持经济的稳定增长，这样必然减缓 GDP 的增长速度。如果调控目标得以顺利实现，GDP 仍以适当的速度增长而未导致 GDP 的负增长或低增长，说明宏观调控措施十分有效，经济矛盾逐步得以缓解，为进一步增长创造了有利条件。这时证券市场亦将反映这种好的形势而呈平稳渐升的态势。

（4）转折性的 GDP 变动。如果 GDP 一段时期以来呈负增长，当负增长速度逐渐减缓并呈现向正增长转变的趋势时，表明恶化的经济环境逐步得到改善，证券市场走势也将由下跌转为上升。当 GDP 由低速增长转向高速增长时，表明低速增长中，经济结构得到调整，经济的瓶颈制约得以改善，新一轮经济高速增长已经来临，证券价格亦将伴之以快速上涨之势。

证券市场一般提前对 GDP 变动做出反应。也就是说，证券市场是反映预期的 GDP 变动，而 GDP 的实际变动被公布时，证券市场只反映实际变动与预期变动的差别，因而对 GDP 变动进行分析时必须着眼于未来，这是最基本的原则。

股市指数与宏观经济走势之间的关联关系被不同程度地弱化，股市指数与国民经济增长速度经常呈现非正相关甚至负相关关系。

2. 经济周期变动

（1）经济总是处于在周期性运动中，股价波动是永恒的。股价伴随经济相应地波动，但股价的波动超前于经济运动，股价波动是永恒的。

（2）收集有关宏观经济资料和政策信息，随时注意经济发展动向，正确把握当前经济发展处于经济周期的何种阶段，对未来做出正确判断，切忌盲目从众。

（3）把握经济周期，认清经济形势。投资者不要因股价的小涨、小跌而去追逐小利或回避小失（这一点对中长期投资者尤为重要）。在把握经济周期的同时，配合技术分析的趋势线进行研究或许会大有收益。

3. 通货变动

通货变动包括通货膨胀和通货紧缩两种。

（1）通货膨胀对证券市场的影响

通货膨胀对证券市场特别是个股的影响方面，没有一成不变的规律可循，完全可能产生相反方向的影响，应具体情况具体分析。

（2）通货紧缩对证券市场的影响

通货膨胀紧缩将损害消费者和投资者的积极性，造成经济衰退和经济萧条，与通货膨胀一样不利于币值稳定和经济增长；同时，通货紧缩会带来经济负增长，使股票债券及房地产等资产价格大幅下降。

三、宏观经济政策分析

（一）财政政策

1. 财政政策的手段及其对证券市场的影响

财政政策的六种手段：国家预算、税收、国债、财政补贴、财政管理体制、转移支付制度。这些手段可以单独使用，也可以配合协调使用。

（1）国家预算。国家预算是财政政策的主要手段，反映国家的施政方针和社会经济政策，规定政府活动的范围和方向。

（2）税收。税收是国家凭借政治权力参与社会产品分配的重要形式。税收具有强制性、无偿性和固定性的特征。

（3）国债。如果一段时间内，国债发行量较大且具有一定的吸引力，将会分流证券市场的资金。

（4）财政补贴。财政补贴是指国家为了实现特定的政治经济和社会目标，向企业或个人提供的一种补偿。其主要是在一定时期内对生产或经营某些销售价格低于成本的企业或因提高商品销售价格而给予企业和消费者的经济补偿。

（5）财政管理体制。财政管理体制的实质是正确处理国家在财政资金分配上的集权与分权问题。国家的各项职能是由各级政府共同承担的，为了保证各级政府完成一定的政治经济任务，就必须在中央与地方政府、地方各级政之间，明确划分各自的财政收支范围、财政资金支配权和财政管理权。一般地说，各级政府有什么样的行政权力（事权），就应当有相应的财权，以便从财政上保证各级政府实现其职能。

（6）转移支付制度。转移支付制度是分级预算体制的重要组成部分。根据分级预算，上下级预算主体间、同级预算主体间的收支规模是不对称的，转移支付制度就是均衡各级预算主体间收支规模不对称的预算调节制度。

2. 财政政策的种类及其对证券市场的影响

（1）减少税收，降低税率，扩大减免税范围。其政策的经济效应：增加微观经济主体的收入，以刺激经济主体的投资需求，从而扩大社会供给，进而增加人们的收入，并同时增加了他们的投资需求和消费支出。对证券市场的影响：增加收入直接引起证券市场价格上涨，增加投资需求和消费支出又会拉动社会总需求；而总需求增加又反过来刺激投资需求，从而使企业扩大生产规模，增加企业利润；利润增加，又将刺激企业扩大生产规模的积极性，进一步增加利润总额，从而促进股票价格上涨。因市场需求活跃，企业经营环境改善，营利能力增强，进而降低了还本付息风险，债券价格也将上涨。

（2）扩大财政支出，加大财政赤字。其政策效应：扩大社会总需求，从而刺激投资，扩大就业。政府通过购买和公共支出增加商品和劳务需求，激励企业增加投入，提高产出水平，于是企业利润增加，经营风险降低，将使得股票价格和债券价格上升。同时，居民在经济复苏中增加了收入，持有货币增加，经济景气的趋势更增加了投资者的信心，证券市场趋于活跃，价格自然上扬。

（3）减少国债发行（或回购部分短期国债）。其政策效应是缩减证券市场上国债的供给量，从而对证券市场原有的供求平衡产生影响。国债是证券市场上重要的交易券种，国债发行规模的缩减，使市场供给量缩减，更多的资金转向股票、企业债券，推动证券价格上涨，从而使整个证券市场的总体价格水平趋于上涨。

（4）增加财政补贴。财政补贴往往使财政支出扩大。其政策效应是扩大社会总需求和刺激供给增加，从而使整个证券价格的总体水平趋于上涨。

3. 分析财政政策对证券市场影响应注意的问题

财政政策对证券市场的影响是十分深刻的，也是十分复杂的，正确地运用财政政策来为证券投资决策服务，应把握以下几个方面：

（1）关注有关的统计资料信息，认清经济形势。

（2）从各种媒介中了解经济界人士对当前经济形势的看法，关心政府有关部门主要负责人的日常讲话，分析其经济观点主张，从而预见政府可能采取的经济措施和采取措施的时机。

（3）分析过去类似形势下的政府行为及其经济影响，据此预期政策倾向和相应的经济影响。

（4）关注年度财政预算，从而把握财政收支问题的变化趋势，更重要的是对财政收支结构及其重点做出分析，以便了解政府的财政投资重点和倾斜政策。

（5）在预见和分析财政政策的基础上，进一步分析相应政策对经济形势的综合影响（比如通货膨胀、利率等），结合行业分析和公司分析做出投资选择。

（二）货币政策

货币政策是指政府（中央银行）为实现一定的宏观经济目标所制定的关于货币供

应和货币流通组织管理的基本方针和基本准则。

1. 货币政策及其作用

货币政策是指政府或中央银行为影响经济活动所采取的措施，尤指控制货币供给以及调控利率的各项措施。

（1）通过调控货币供应总量保持社会总供给与总需求的平衡。货币政策可通过调控货币供应量达到对社会总需求和总供给两方面的调节，使经济达到均衡。

当总需求膨胀导致供求失衡时，中央银行可通过控制货币量达到对总需求的抑制；当总需求不足时，可通过增加货币供应量，提高社会总需求，使经济继续发展。同时，货币供给的增加有利于贷款利率的降低，可减少投资成本，刺激投资增长和生产扩大，从而增加社会总供给；反之，货币供给的减少将促使贷款利率上升，从而抑制社会总供给的增加。

（2）通过调控利率和货币总量控制通货膨胀，保持物价总水平的稳定。无论通货膨胀的形成原因多么复杂，从总量上看，都表现为流通中的货币超过社会在不变价格下所能提供的商品和劳务总量。提高利率可使现有货币购买力推迟，减少即期社会需求，同时也使银行贷款需求减少；降低利率的作用则相反。中央银行还可以通过金融市场直接调控货币供应量。

（3）调节国民收入中消费与储蓄的比例。货币政策通过对利率的调节能够影响人们的消费倾向和储蓄倾向。低利率鼓励消费，高利率则有利于吸收储蓄。

（4）引导储蓄向投资的转化并实现资源的合理配置。储蓄是投资的来源，但储蓄不能自动转化为投资，储蓄向投资的转化依赖于一定的市场条件。货币政策可以通过利率的变化影响投资成本和投资的边际效率，提高储蓄转化的比重，并通过金融市场有效运作实现资源的合理配置。

2. 货币政策工具

货币政策工具可分为两大类：一般性政策工具、选择性政策工具。

一般性政策工具包含三种：法定存款准备金率、再贴现政策、公开市场业务。

（1）法定存款准备金率。法定存款准备金率是指中央银行规定的金融机构为满足客户提取存款和资金清算需要而准备的在中央银行的存款占其存款总额的比例。

（2）再贴现政策。再贴现政策是中央银行通过制定或调整再贴现利率来干预和影响市场利率及货币的供应和需求，从而调节市场货币的一种金融政策。提高再贴现率会收紧货币供应量。

（3）公开市场业务。公开市场业务是指中央银行在金融市场上公开买卖有价证券，以此来调节市场货币供应量的政策行为。当中央银行认为应该增加货币供应量时，就在金融市场上买进有价证券（主要是政府债券）；反之，就出售所持有的有价证券。

选择性政策工具包含两种：直接信用控制和间接信用指导。

（1）直接信用控制。它是指中央银行以行政命令或其他方式，直接对金融机构尤其是商业银行的信用活动进行控制。其具体手段包括：规定利率限额与信用配额、信用条件限制，规定金融机构流动性比率和直接干预等。

（2）间接信用指导。它是指中央银行通过道义劝告、窗口指导等办法来间接影响商业银行等金融机构行为的做法。

3. 货币政策的运作

货币政策的运作主要是指中央银行根据客观经济形势采取适当的政策措施调控货币供应量和信用规模，使之达到预定的货币政策目标，并以此影响整体经济的运行。

货币政策分为：紧的货币政策和松的货币政策。

紧的货币政策主要手段是：减少货币供应量，提高利率，加强信贷控制。

松的货币政策主要手段是：增加货币供应量，降低利率，放松信贷控制。

4. 货币政策对证券市场的影响

货币政策对证券市场的影响可以从四个方面进行分析：利率、中央银行的公开市场业务、调节货币供应量、选择性货币政策工具。

（1）利率对证券市场的影响。一般来说，利率下降时，股票价格就上升；而利率上升时，股票价格就下降。其原因：第一，利率是计算股票内在投资价值的重要依据之一。当利率水平上升，同一股票的内在投资价值下降，从而导致股票价格下跌；反之，则上升。第二，利率水平的变动直接影响公司的融资成本，从而影响股价。第三，利率水平的变动直接影响了投资者对股票的需求利率以及人们借以折现股票未来收益、评判股票价值的依据。

（2）中央银行的公开市场业务对证券价格的影响。当政府倾向于实施较为宽松的货币政策时，中央银行就会大量购进有价证券，从而使市场上货币供给量增加。这会推动利率下调，资金成本降低，从而企业和个人的投资和消费热情高涨，生产扩张，利润增加，这又会推动股票价格上涨；反之，股票价格将下跌。我们之所以特别强调公开市场业务对证券市场的影响，还在于中央银行的公开市场业务的运作是直接以国债为操作对象，从而直接关系到国债市场的供求变动，影响国债行市的波动。

（3）调节货币供应量对证券市场的影响。中央银行可以通过法定存款准备金率和再贴现政策调节货币供应量，从而影响货币市场和资本市场的资金供求，进而影响证券市场。如果中央银行提高法定存款准备金率，这在很大程度上限制了商业银行体系创造派生存款的能力，就等于冻结了一部分商业银行的超额准备。由于法定存款准备金率对应数额庞大的存款总量，并通过货币乘数的作用使货币供应量更大幅度地减少，证券行情趋于下跌。

（4）选择性货币政策工具对证券市场的影响。为了实现国家的产业政策和区域经济政策，我国在中央银行货币政策通过贷款计划实行总量控制的前提下，对不同行业和区域采取区别对待的方针。一般说来，该项政策会对证券市场行情整体走势产生影响，而且还会因为板块效应对证券市场产生结构性影响。当直接信用控制或间接信用指导降低贷款限额、压缩信贷规模时，从紧的货币政策使证券市场行情呈下跌走势；但如果在从紧的货币政策前提下，中央银行实行总量控制，通过直接信用控制或间接信用指导区别对待，紧中有松，那么一些优先发展的产业和国家支柱产业以及农业、能源、交通、通信等基础产业及优先重点发展的地区的证券价格则可能不受影响，甚至逆势而上。总的来说，此时贷款流向反映当时的产业政策与区域政策，并引起证券市场价格的比价关系做出结构性的调整。

（三）收入政策

1. 收入政策概述

收入政策是国家为实现宏观调控总目标和总任务，针对居民收入水平高低、收入差距大小在分配方面制定的原则和方针。收入政策具有更高层次的调节功能，制约着财政政策和货币政策的作用方向和作用力度，最终也要通过财政政策和货币政策来实现。

收入政策的两个目标：收入总量目标、收入结构目标。

2. 我国收入政策的变化及其对证券市场的影响

我国个人收入分配实行以按劳分配为主体，多种分配方式并存的收入分配政策。在以劳动收入为主体的前提下，国家依法保护法人和居民的一切合法收入和财产，鼓励城乡居民储蓄和投资，允许属于个人的资本等生产要素参与分配。

【实训数据】

宏观经济、证券交易、外汇交易数据的收集。中华人民共和国国家统计局、中国人民银行、中国证券监督管理委员会、中国银行业监督管理委员会等网站上收集相关的数据（如 GDP、GDP 增长率、CPI、利率水平、法定存款准备金率、上证综合指数、深证成分指数、沪深 300 股指期货、股票总市值、外汇交易）。

【实训内容】

1. 利用 Eviews 软件建立模型，分析证券投资价值与宏观经济各变量之间的关系，判断证券投资时机、证券投资价值。

2. 根据我国的当前宏观经济运行形势，包括经济发展情况、物价变动情况、财政政策、货币政策（基准利率、法定存款准备金率、货币供给量）、收入政策等，并结合证券市场运行情况，进行投资策略设计。

【实训步骤】

1. 收集相关宏观经济变量数据，超过 15 个时间序列数据组。

2. 根据收集的数据频率和时间范围，创建 Eviews 工作文件（Workfile），如图 1-1 所示。

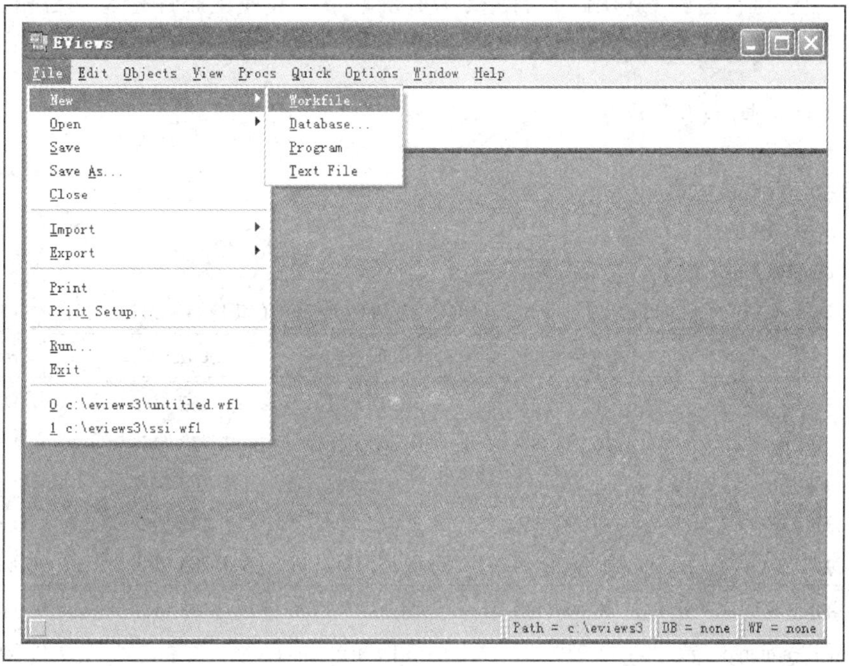

图 1-1

3. 录入数据，并对序列进行初步分析。分别绘制上证综合指数序列的折线图，初步分析序列的基本趋势和变量之间关系，如图 1-2 所示。

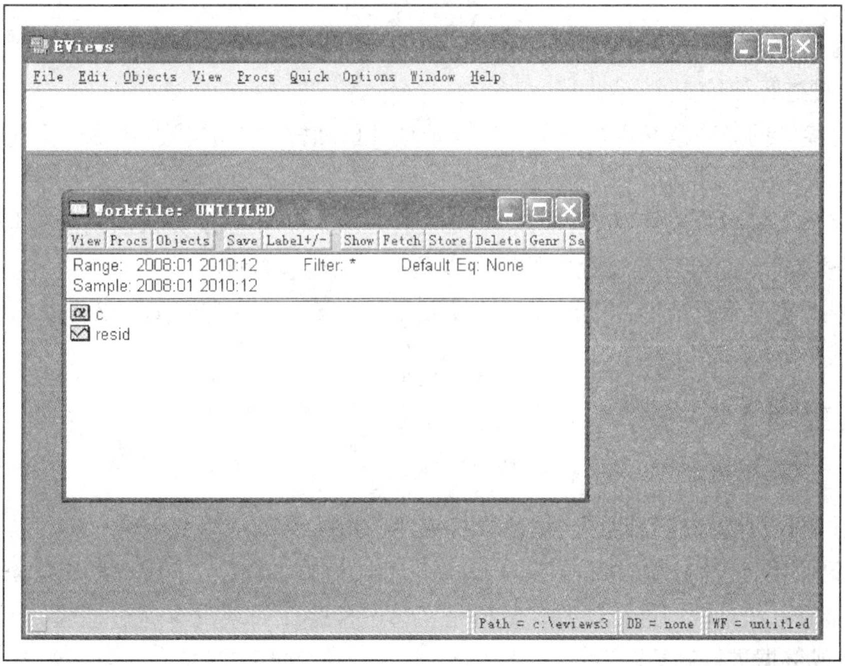

图 1-2

4. 对模型进行检验。利用 t 统计量、DW 统计量、残差正态性检验、自相关的 LM 检验、异方差的 *White* 检验等方法对模型进行检验。例如：

Dependent Variable：LOG(CSV1)

Method：Least Squares

Date：01/28/08 Time：20:46

Sample：2005:01 2007:12

Included observations：36

LOG(CSV1)=C(1)+C(2)LOG(M1)+C(3)LOG(TSV)+C(4)LOG(CPI)+C(5)LOG(R)

	Coefficient	Std. Error	t-Statistic	Prob.
C(1)	-44.112 93	13.157 81	-3.352 605	0.002 1
C(2)	0.999 407	0.365 606	2.733 560	0.010 3
C(3)	0.277 818	0.030 191	9.202 018	0.000 0
C(4)	8.397 819	2.415 708	3.476 339	0.001 5
C(5)	1.101 064	0.335 257	3.284 233	0.002 5

R-squared	0.990 194	Mean dependent var	9.985 171
Adjusted R-squared	0.988 929	S.D. dependent var	0.789 601
S.E. of regression	0.083 080	Akaike info criterion	-2.009 769
Sum squared resid	0.213 973	Schwarz criterion	-1.789 836
Log likelihood	41.175 84	F-statistic	782.612 1
Durbin-Watson stat	1.843 195	Prob(F-statistic)	0.000 000

5. 对模型进行评价。利用样本决定系数 R^2 和调整后的 R^2 等指标结合模型的检验结果对模型进行评价。

6. 对模型的经济意义进行解释。对参数估计值和样本决定系数 R^2 的经济意义进行解释。

7. 综合上述实验步骤得出的结果，得出最终结论（证券投资价值与宏观经济各变量之间的关系）。总结实验过程中的问题以及得到的经验教训。

8. 根据实证分析结论，进行当年的投资理财方案设计，完成实验报告。

【注意事项】

1. 数据收集要有准确性、连续性、权威性、相关性。

2. 要利用 t 统计量、DW 统计量、残差正态性检验、自相关的 LM 检验、异方差的 *White* 检验等方法对模型进行检验，分析是否通过检验；如果没有通过检验，要对模型中的变量或数据进行调整。

3. 要利用样本决定系数 R^2 和调整后的 R^2 等指标结合模型的检验结果对模型进行评价，分析模型的拟合度。

4. 要得出证券投资价值与宏观经济各变量之间的关系。
5. 要依据实证分析结论，进行当年的投资理财方案设计。

【问题思考】

1. 宏观经济各变量有哪些影响证券投资?
2. 线性回归模型的模型检验和模型评价的方法、指标有哪些? 如何使用?
3. 模型样本决定系数 R^2 有何经济含义?
4. 投资理财中的金融投资工具有哪些?
5. 怎样把握证券投资时机和证券投资价值?
6. 简述宏观经济变动与证券市场波动的关系。
7. 简述财政政策的手段及其对证券市场的影响。
8. 分析货币政策对证券市场的影响。
9. 简述我国收入政策的变化及其对证券市场的影响。

【案例分析】

基于宏观经济变量的中国股市波动实证分析

一、中国流通股票总市值的计量模型

1. 中国流通股票市值计量模型的建立

（1）流通股票总市值（CSV）。其为上海和深圳证券交易所全部上市公司流通股票市值的总和。我们把它作为因变量，分析各宏观经济变量的变化对它的影响情况。

（2）狭义的货币供给量（M_1）。狭义的货币供给量与流通股票总市值在理论上呈正相关。一般来说，货币供给量增加，市场流动性增强，流入股市的资金越多，股票价格上涨，流通股票总市值增加；反之，则减少。

（3）每月股票总成交金额（TSV）。成交量对股票的影响是复杂的。一般情况下，当股票上涨时，如果成交量有效放大，预期股票继续上涨的动力就越强；反之，则弱。当股票下跌时，如果成交量有效放大，预期股票继续下跌的动力就越强；反之，则弱。但是，如果在股市趋势反转时也可能出现与前面相反的情况。

（4）国内生产总值增长率（GDPR）。它反映国内经济总量增长的速度，是经济运行环境的重要指标，并在一定程度上能反映上市公司总体业绩水平。

（5）居民消费价格指数（CPI）。居民消费价格指数与通货膨胀预期密切相关，且呈正相关。它的变动会引起其他因素的变化，如实际利率水平，央行是否采取货币政策措施等。因此，它不是简单直接影响股票市场，而是一个综合性的影响因素。

（6）利率（R）。一般来说，利率越高，人们持有货币的机会成本越大，投机性货币需求就越少，实际利率变动对股票市值影响是反方向的。

（7）随机因素（U）。其包括未考虑的影响流通股票总市值的其他因素。

综上所述，我国流通股票总市值计量模型的基本形式为：

$$CSV_t = f(M_{1t}, TSV_t, GDPR_t, CPI_t, R_t, U_t)$$

式中，CSV_t：流通股票总市值；M_{1t}：狭义的货币供给量；$GDPR_t$：国内生产总值增长率；CPI_t：居民消费价格指数；R_t：央行公布的一年期存款基准利率；U_t：随机变量。

2. 对回归分析数据的简要解释

回归分析的数据选取是从中国国家统计局、中国人民银行和中国证券监督管理委员会官方网站上获得，数据具有准确性、权威性。

（1）流通股票总市值（CSV）是沪深流通股票市值总和。它的变动基本能反映中国股票市场波动情况。

（2）狭义的货币供给量（M_1）是由中国人民银行定期公布的 M_1。目前我国已经实行"银证通"结算方式，我们主要研究 M_1 的变化对流通股票总市值的影响。

（3）每月股票总成交量（TSV）数据来源于中国证券监督管理委员会统计。它的变动与股市波动有密切联系。

（4）国内生产总值增长率（GDPR）数据来源于国家统计局公布的季度数据并修正所得，是衡量国家经济增长的最重要的指标。

（5）居民消费价格指数（CPI）。它能反映通货膨胀的变化情况，由中国国家统计局网站获得，并以上年同月为基期，基期值为 100。

（6）利率（R）。我们采用一年期存款基准利率，由中国人民银行网站获得，既可采用短期利率，也可采用长期利率，由于目前我国利率结构较为合理，采用何种利率差别不大。

所有数据如表 1-1 所示：

表 1-1　　回归分析数据

时间	*CSV*	M_1	*TSV*	*GDPR*	*CPI*	*R*
2005. 1	11 067. 77	97 079. 03	1 740. 73	10. 5	101. 9	2. 25
2005. 2	12 161. 18	92 814. 95	1 984. 27	10. 5	103. 9	2. 25
2005. 3	10 996. 52	94 743. 19	2 977. 30	10. 5	102. 7	2. 25
2005. 4	10 658. 99	94 593. 72	2 964. 56	10. 5	101. 8	2. 25
2005. 5	9 989. 17	95 802. 01	1 457. 74	10. 5	101. 8	2. 25
2005. 6	10 004. 21	98 601. 25	3 086. 10	10. 5	101. 6	2. 25
2005. 7	9 814. 85	97 674. 1	2 176. 59	10. 2	101. 8	2. 25
2005. 8	10 633. 67	99 377. 7	4 641. 27	10. 2	101. 3	2. 25
2005. 9	10 692. 76	100 964	4 078. 22	10. 2	100. 9	2. 25

表1-1(续)

时间	*CSV*	M_1	*TSV*	*GDPR*	*CPI*	*R*
2005. 10	10 132. 09	101 751. 98	2 061. 20	10. 4	101. 2	2. 25
2005. 11	10 135. 70	104 125. 78	2 229. 10	10. 4	101. 3	2. 25
2005. 12	10 630. 52	107 278. 57	2 266. 06	10. 4	101. 6	2. 25
2006. 1	11 753. 75	107 250. 68	3 561. 05	10. 4	101. 9	2. 25
2006. 2	12 199. 52	104 357. 08	3 641. 96	10. 4	100. 9	2. 25
2006. 3	12 434. 27	106 737. 08	3 991. 18	10. 4	100. 8	2. 25
2006. 4	13 635. 17	106 389. 11	7 157. 85	11. 6	101. 2	2. 25
2006. 5	16 162. 83	109 219. 22	10 727. 61	11. 6	101. 4	2. 25
2006. 6	16 749. 07	112 342. 36	8 993. 55	11. 6	101. 5	2. 25
2006. 7	16 007. 41	112 653. 04	8 095. 25	10. 2	101. 0	2. 25
2006. 8	17 020. 92	114 845. 67	5 449. 35	10. 2	101. 3	2. 52
2006. 9	17 994. 37	116 814. 1	6 598. 02	10. 2	101. 5	2. 52
2006. 10	18 886. 24	118 359. 96	6 643. 81	10. 7	101. 4	2. 52
2006. 11	21 488. 91	121 644. 95	10 279. 56	10. 7	101. 9	2. 52
2006. 12	25 003. 64	126 028. 05	15 329. 47	10. 7	102. 8	2. 52
2007. 1	30 407. 68	128 484. 06	25 560. 35	11. 1	102. 2	2. 52
2007. 2	34 036. 09	126 258. 08	17 455. 61	11. 1	102. 7	2. 52
2007. 3	38 972. 49	127 881. 31	32 016. 42	11. 1	103. 3	2. 79
2007. 4	52 134. 96	127 678. 33	49 122. 64	11. 9	103. 0	2. 79
2007. 5	59 397. 86	130 275. 80	58 944. 93	11. 9	103. 4	3. 06
2007. 6	55 572. 81	135 847. 40	54 080. 03	11. 9	104. 4	3. 06
2007. 7	67 382. 75	136 237. 43	33 055. 86	11. 5	105. 6	3. 33
2007. 8	79 336. 24	140 993. 21	54 644. 32	11. 5	106. 5	3. 60
2007. 9	85 555. 73	142 591. 57	46 288. 16	11. 5	106. 2	3. 87
2007. 10	89 141. 56	144 649. 33	35 138. 90	11. 1	106. 5	3. 87
2007. 11	78 522. 63	148 009. 82	25 179. 08	11. 1	106. 9	3. 87
2007. 12	93 064. 35	152 519. 17	29 069. 92	11. 1	106. 5	4. 14

注：M_1 为名义的狭义货币供给，*GDPR* 为名义国内生产总值增长率，*R* 为名义利率，*CSV*、M_1、*TSV* 单位为亿人民币，*CPI*、*R* 为百分比。

二、中国流通股票市值模型的回归分析

对我国流通股票总市值计量模型中的所有变量取对数，再利用线性回归方程来进行估计，并假设我国股票市值计量模型如下：

$$\ln CVS_t = a_1 + a_2 \ln M_{1t} + a_3 \ln TSV_t + a_4 \ln GDPR_t + a_5 \ln CPI_t + a_6 \ln R_t$$

式中，各变量含义见前文，a_j 为截距，回归系数 $j=1, 2, 3, 4, 5, 6$。

我们按以上的回归方程，根据所查数据，利用 Eviews 软件进行回归分析，并按如下步骤进行：第一步，根据假设的流通股票总市值模型进行回归分析，得出各个变量的回归系数；第二步，将系数不显著的变量剔除，再进行第二次回归，得出与股票市值关系最为显著的变量构成回归方程。第一步结果表明，在方程回归中，*GDPR* 对 *CVS* 的统计不显著。因此，在第二步回归分析时剔除 *GDPR*，回归结果如下：

$\mathrm{Ln}(CVS) = -44.112\ 93 + 0.999\ 407\mathrm{Ln}(M_1) + 0.277\ 818\mathrm{Ln}(TSV) + 8.397\ 819\mathrm{Ln}(CPI) + 1.101\ 064\mathrm{Ln}(R)$

Prob.	0.002 1	0.010 3	0.000 0	0.001 5	0.002 5
Std. Error	13.157 81	0.369 401	0.030 191	2.415 708	0.335 257
t-Statistic	-3.352 605	2.733 560	9.202 018	3.476 339	3.284 233

$F=782.612$；$R=0.990\ 194$；$AR=0.988\ 929$；$DW=1.843\ 195$

对模型的回归结果，做如下解释：

1. 关于回归结果的总体检验

（1）方程回归分析中 *R-squared* 和 *Adjusted R-squared* 的值接近 1，表明各方程的拟合优度很高。

（2）方程回归分析都通过了显著水平为 1%的 *F* 检验（各方程的 *F* 值远远大于查阅统计颁布表的值 4.02），表明各方程在整体上都是高度显著的。

（3）方程回归分析的 *DW* 值为 1.843 195，落在［1.513，2.487］区间，并且在 2 的附近，通过了 1%的 *DW* 检验；再观察方程的残差图，我们发现，残差的分布是随机的，因此可以确定方程不存在一阶自相关问题。

（4）方程的截距和回归系数都通过了显著水平为 1%的 *T* 统计检验，*T* 的绝对值均大于表中得出的值 2.457，而且标准差都很小。因此，方程中的截距和回归系数都是显著的，且稳定性好。

2. 对各回归方程的分析

（1）在回归方程中，M_1 的回归系数与理论预期一致，呈正相关，即随着 M_1 的增加，金融市场流动性增加，流入股票市场的资金越多，股价上升，股票流通市值增加。

（2）在回归方程中，*TSV* 与 *CSV* 呈正相关，即沪深股市的月总交易量与股票市值是同向变动关系，说明 *CSV* 的增加伴随着股票交易量的推动。

（3）在回归方程中，*CPI* 与 *CSV* 呈正相关，即 *CPI* 上升，股票市值上涨。对这一现象的解释为：由于 *CPI* 的上升，实际利率相对下降，人们把资金投入股市的偏好增加，银行储蓄相对减少。

（4）在回归方程中，利率 *R* 与 *CSV* 都是正相关，与理论预期不一致。我们在对中国股市的长期观测中发现，央行宣布加息当天，大盘指数多数情况是上涨。其原因为：当有加息利空信息时，股市就会有下跌动因的提前反应，每当加息公布后，股市的利空已经释放，在牛市基础上没有发生根本性改变时，小幅加息后，实际利率为负的局面并没有改变，股市仍将向上。

（5）在回归方程中，国内生产总值增长率不能反映在 *CSV* 中，主要原因是在 2005—2007 年这三年中国内生产总值的增长率之间的差额并没有大的变化，而流通股票总市值增长了 8.41 倍。这一事实表明：近几年我国股市的牛市基础是持续健康的经济增长和其他偏好的宏观经济指标，以及上市公司业绩持续增长或超预期增长，而非经济增长率每年增加。

三、回归分析结论及政策调控的建议

1. 回归分析的结论

回归分析表明，中国股票市场的波动与宏观经济变量有紧密联系，变量的变动对股市趋势影响是正向时，股市的惯性增加；逆着股市趋势时，股市的惯性减少，甚至反转。因此，管理层可以通过调节宏观经济变量来增加或减弱股市的波幅，即在股市出现明显泡沫时，可以适当减少货币供给量，稳定物价，或者提高实际利率水平，减弱股市趋势向上的惯性，使股市趋势反转；同样，在股市持续低迷时，也可以适当采取相反的措施，实施管理层或政策“救市”，稳定市场和人心，这有利于我国股市长期健康发展。

（1）狭义的货币供给 M_1 与流通股票总市值成正向关系。货币供给增加导致股票总市值增加，货币供给减少会引起股票总市值减少。从回归方程可以看出，在其他变量不变时，M_1 变动一个单位，会引起股票总市值变动 0.999 407 个单位，表明央行可以通过调控货币供给量影响股市。

（2）每月股票总成交总金额与流通股票总市值呈正向关系，对股票总市值影响的弹性是 0.277 818。成交量的变化对股市的影响是复杂的，从回归方程来看，我国股票上涨伴随着成交量的放大，股票总市值也增加。

（3）*CPI* 在回归方程中的弹性是 8.397 819，*CPI* 的变动代表了居民消费物价的变动，*CPI* 增加越快，货币购买力下降越快。目前人们投资渠道比较少，在实际利率为负的情况下，有更多的人偏好股票投资，边际储蓄下降。

（4）利率的变化与股票总市值成正向关系，结论与理论不一致。其原因：一是我国利率调整的重要依据是 *CPI* 的变动，一般来说，利率的调整是在 *CPI* 公布之后，而 *CPI* 公布之前人们对它有一个预测，在股市中会提前反映出来，当利率公布调整时，股票市场的利空信息已经提前释放；二是方程使用的是名义利率，央行每次加息后实际利率还仍为负，因此人们偏好股票投资，部分资金可能就流入股市。

（5）近几年，我国经济增长率一直处于高位。股市的变化主要是看经济增长率的绝对值，而不是看每年增长率的增加。2006 年、2007 年中国股票牛市基础：经济仍保持高速增长、上市公司业绩平稳或有超预期增长、股权分置改革的成功、人民币升值等。

2. 政策调控的建议

央行货币政策的变化会使股票投资的未来收益率和未来分红的折现率发生改变，影响股票的当前价格、货币供应量或者基准利率的变动，也会促使投资者对股票的价值进行重新估值。因此，货币政策的改变引起投资者对金融资产进行调整，从而对股市运行趋势产生影响；同样，上市公司资金成本将引起变动，投资支出也将有所变动。最终，实体经济和虚拟经济都受到影响。印花税的变化直接影响股票投资者成本，从而影响投资者投资的决策行为和参与的热情。印花税会影响股市资金量，如果所有上市公司分红总额小于股市交易的印花税与佣金的总和，股市就是负和游戏，如果没有外围资金流入，而是一味地抽走，股票市值就会缩水，股市只能跟随下跌。印花税作为调节股票的财政税收政策，在调节非理性的股市波动时，应该具有一定的灵活性。

（1）利率是货币政策调控的重要手段。从2004年10月29日至今，我国已有八次将一年期基准存款利率提高0.27个点，从1.98%提高到了4.14%，但并没有使我们的实际利率变为正，也没有达到抑制经济偏热的效果。在我国股票市场中，提高利率，并没有使股市向下，每当利率小幅提高的信息公布后，股市反而选择向上攻。其原因：一是虽然中央银行连续加息，但是近期CPI的增长更快，并没有改变负利率的事实，小幅度提高利率并不能对我国股票市场产生明显的负面影响；二是利率并非影响现实中人们投资行为的关键变量，对现实经济的认知模式比利率更重要。政策建议：一是我国要进一步推进利率市场化改革，提高利率杠杆的作用，增大利率变动对投资需求的弹性，充分发挥利率工具的政策效应；二是疏通货币政策的利率传导渠道、金融资产价格传导渠道，提高货币政策工具的市场化程度，提高利率传导机制的成熟程度和传递速度，提高存贷期限的灵活性及利率水平的指数化程度，适度提高国际资本的流动性。

（2）法定存款准备金率是央行操纵货币供应的三大政策工具之一。2007年央行连续十次调高法定存款准备金率，2008年4月16日央行宣布，决定从2008年4月25日起，再次上调存款类金融机构人民币存款准备金率0.5个百分点，一般商业银行存款准备金率上调至16%。央行较为频繁地使用这一政策工具，其主要目的是解决目前我国商业银行流动性过剩问题，这在一定程度上阻止了资金流入股市，并对抑制股市泡沫发挥了积极的作用。受美国次级债危机影响，美国经济增长明显放缓，全球股市普遍下跌，此次危机对全球经济的影响会持续一定时期，为缓减对中国经济和股市产生负面影响，在2008年管理层应考虑减少使用提高法定存款准备金这一紧缩性货币政策工具的频率。

（3）股市中的印花税是专门针对股票交易而言的一种税收政策。从2007年5月30日起，印花税由1‰调至3‰，股市在以后5个交易日中，上证综合股指数连续下跌900多点。2006年我国股票交易印花税收入是180.81亿元，2007年高达2 062亿元，比2006年增长了10.4倍。世界主要股市印花税当属中国内地最高，中国香港股市交易印花税为1‰，英国单向征收为5‰，而美国、日本、德国、新加坡等国家的股票交易则是免收印花税。2007年全年印花税总额加上证券公司收取的佣金超过3 000亿元，远远大于上市公司1 800多亿元用于分红的利润。从这个意义上说，中国股票交易是负和游戏。印花税的征收大幅增加会造成：一是投资者的成本增加，影响投资者的收入水平和参与的积极性；二是更多的资金不能重新投入资本市场中，对投资者和中国股市的长期发展不利。因此，在股市持续非理性杀跌、人气低迷时，管理层应该考虑降低印花税率，以便稳定市场，稳定人气，防止股市出现崩盘。同时，当股市出现非理性的上涨，股市出现泡沫时，印花税税率也可根据具体情况适当地调高。

总之，随着中国股票市场规模的迅速扩大，财政货币政策应该积极关注股票价格的变化，在调控股市波动时，应该增强它的灵活性。在抑制股票泡沫膨胀时，央行要有选择地采取结构性货币政策工具，适当地对股票市场进行信用控制，加强监管，减少违规资金进入股市，或者由管理当局发布预警提示等，适当增加公众对股票投资的风险预期，以便达到挤出股票市场中过多的泡沫资金，防止泡沫的进一步膨胀和泡沫破灭后对经济产生严重危害。在防止股票深度下跌或崩盘时，管理层也应该根据当前股市的特点，及时采取一些积极的财政货币政策，以促进中国股市长期健康发展。印花税税率在调节股市时具有针对性强、效果明显等特点，在防止股市的大起大落时应该具有一定的灵活性。

实训二　公司财务分析与投资理财

【实训目的与要求】

1. 理解和掌握公司主要的财务报表；
2. 理解和掌握公司财务报表分析的目的与方法；
3. 能够运用证券分析系统（大智慧）及网站收集上市公司的财务报表；
4. 理解和掌握上市公司的变现能力分析；
5. 理解和掌握上市公司的营运能力分析；
6. 理解和掌握上市公司的盈利能力分析；
7. 理解和掌握杜邦财务分析方法；
8. 理解和掌握上市公司的投资收益分析；
9. 理解和掌握上市公司的现金流量分析；
10. 应用上市公司的财务报表分析结果判断投资价值；
11. 理解企业资产负债率的高低对债权人和股东会产生的影响；
12. 在教师的指导下独立完成实验，得出正确的结果，并完成实验报告。

【实训学时】

实训学时数一共3学时。学时分布情况：教师讲授占10%，案例分析占30%，学生项目设计占60%。

【实训准备知识】

一、公司主要的财务报表

在财务报表中，最为重要的有资产负债表、利润表和现金流量表。

（一）资产负债表

资产负债表是反映企业在某一特定日期财务状况的会计报表，它表明企业在某一特定日期所拥有或控制的经济资源、所承担的现有义务和所有者对净资产的要求权。

总资产=负债+净资产（资本、股东权益）

资产负债表分为左方和右方，左方列示资产各项目，右方列示负债和所有者权益各项目。同时，资产负债表还提供年初数和期末数的比较资料。

（二）利润及利润分配表

利润表是反映企业一定期间生产经营成果的会计报表，表明企业运用所拥有的资产进行获利的能力。利润表把一定期间的营业收入与其同一会计期间相关的营业费用进行配比，以计算企业一定时期的净利润（或净亏损）。

利润表主要反映五个方面的内容。

（1）构成营业收入的各项要素。

营业收入由主营业务收入和其他业务收入组成。

（2）构成营业利润的各项要素。

营业收入减去营业成本、税金及附加、销售费用、财务费用、资产减值损失，加上公允价值变动收益、投资收益，即为营业利润。

（3）构成利润总额（或亏损总额）的各项要素。

利润总额（或亏损总额）由在营业利润的基础上加营业外收入，减营业外支出后得到。

（4）构成净利润（或净亏损）的各项要素。

净利润（或净亏损）由在利润总额（或亏损总额）的基础上，减去本期计入损益的所得税费用后得出。

（5）每股收益。

普通股或潜在普通股已公开交易的企业以及处于公开发行普通股或潜在普通股过程中的企业，还应在利润表中列示每股收益的信息，包括基本每股收益和稀释每股收益两项指标。

（三）现金流量表

现金流量表反映企业一定期间现金的流入和流出，表明企业获得现金和现金等价物的能力。现金流量表主要由经营活动、投资活动和筹资活动产生的现金流量三个部分组成。现金流量表能评估企业未来取得净现金流入的能力、未来偿还负债能力，分析企业盈利能力和分析本期营业取得净现金流入与本期净收益之间差异的原因，反映企业用现金或非现金的投资与筹资活动以及向外界提供所需要的现金流量信息，也可分析企业财务管理水平和制订营运资金计划，以加强财务管理和用好企业的营运资金。

现金流量表的主要作用有：

（1）现金流量表可以提供公司的现金流量信息，从而对公司整体财务状况做出客观评价。

（2）现金流量表能够说明公司一定期间内现金流入和流出的原因，能全面说明公司的偿债能力和支付能力。

（3）管理者通过现金流量表能够分析公司未来获取现金的能力，并可预测公司未来财务状况的发展情况。

(4) 现金流量表能够提供不涉及现金的投资和筹资活动的信息。

二、公司财务报表分析的目的与方法

(一) 主要目的

财务报表分析的目的是为向有关各方提供可以用来做出决策的信息。

根据使用的主体不同，分析目的也不同。

(1) 对于公司的经理人员：通过分析财务报表判断公司的现状及可能存在的问题，以便进一步改善经营管理。

(2) 对于公司的现有投资者及潜在投资者：主要关心公司的财务状况、盈利能力。

(3) 对于公司的债权人：主要关心自己的债权能否收回。

财务报表的一般目的可以概括为：评价过去的经营业绩、衡量现在的财务状况、预测未来的发展趋势。

(二) 分析方法与原则

1. 财务报表分析的方法有比较分析法和因素分析法两大类

财务报表的比较分析是指对两个或几个有关的可比数据进行对比，揭示财务指标的差异和变动关系，是财务报表分析中最基本的方法。

财务报表的因素分析是依据分析指标和影响因素的关系，从数量上确定各因素对财务指标的影响程度。

最常用的比较分析方法：单个年度的财务比率分析、不同时期的财务报表比较分析、与同行业其他公司之间的财务指标比较分析。

2. 财务报表分析的原则

(1) 坚持全面原则；

(2) 坚持考虑个性原则。

三、公司财务比率分析

财务比率是指同一张财务报表的不同项目之间、不同类别之间、同一年度不同财务报表的有关项目之间，各会计要素的相互关系。

财务比率是指比较分析的结果，但同时财务比率分析也是对公司财务报表进行更深层次的比较分析或因素分析的基础。

比率指标可归为以下六大类：变现能力分析、营运能力分析、长期偿债能力分析、盈利能力分析、投资收益分析、现金流量分析。

(一) 变现能力分析

变现能力是公司产生现金的能力，它取决于可以在近期转变为现金的流动资产的多少，是考察公司短期偿债能力的关键。由于偿还短期债务要减少现金，所以在计量变现能力时要扣除短期负债。

反映变现能力的财务比率主要有流动比率和速动比率。

1. 流动比率

$$流动比率=\frac{流动资产}{流动负债}$$

流动比率反映企业可在短期内转变为现金的流动资产偿还到期流动债务的能力。就总体而言，该项比率过高反映了企业的资金没有得到充分利用，过低则说明企业偿债的安全性较差。一般来说，该比率应保持在 2∶1 的比率。该指标排除了企业规模不同的影响，更适合企业间及同一企业不同历史时期的比较，受营业周期、流动资产中的应收账款数额、存货的周转速度等的影响。

2. 速动比率

速动比率，也称酸性测试比率，是流动资产金额减去存货金额后，再除以流动负债的比值。

$$速动比率=\frac{流动资产-存货}{流动负债}$$

把存货从流动资产中剔除的原因：

（1）在流动资产中，存货的变现能力最差；

（2）由于某种原因，部分存货可能已损失报废，还没进行处理；

（3）部分存货已抵押给某债权人；

（4）存货估价还存在着成本与当前市价相差悬殊的问题。

通常认为正常的速动比率是 1，低于 1 的速动比率被认为是短期偿债能力偏低。

3. 保守速动比率

流动资产中除存货存在不确定因素外，还有一些流动资产，其流动性也较差，与当期现金流量无关的项目，如待摊费用、预付费用等，因此，扣除这些项目后的现金比率反映短期偿债能力更准确。

$$保守速动比率=\frac{现金+短期证券+应收票据+应收账款净额}{流动负债}$$

保守速动比率又称超速动比率。

（二）营运能力分析

营运能力是指公司经营管理中利用资金运营的能力，一般通过公司资产管理比率来衡量，主要表现为资产管理及资产利用的效率。其主要包括：存货周转率、应收账款周转率、流动资产周转率和总资产周转率。

1. 存货周转率和存货周转天数

$$存货周转率=\frac{销售成本}{平均存货}（次）$$

$$存货周转天数=\frac{360}{存货周转率}（天）$$

公式中的销售成本数据来自于利润表，“平均存货”数据来自资产负债表中“存货”期初数与期末数的平均数。一般来说，存货周转速度越快，存货的占用水平越低，流动性越强，存货转化为现金或应收账款的速度越快。

2. 应收账款周转率和应收账款周转天数

应收账款周转率反映年度内应收账款转为现金的平均次数，说明应收账款流动的速度。

$$平均应收账款=(期初应收账款+期末应收账款)\div 2$$

$$应收账款周转率=\frac{销售收入}{平均应收账款}(次)$$

应收账款周转天数表示公司从取得应收账款的权利到收回款项转换为现金所需要的时间，是用时间表示的应收账款周转速度。

$$应收账款周转天数=\frac{360}{应收账款周转率}(天)$$

3. 流动资产周转率

流动资产周转率反映了企业流动资产的周转速度，是从企业全部资产中流动性最强的流动资产角度对企业资产的利用效率进行分析，以进一步揭示影响企业资产质量的主要因素。要实现该指标的良性变动，应以主营业务收入增幅高于流动资产增幅做保证。

$$流动资产周转率=\frac{销售收入}{平均流动资产}(次)$$

平均流动资产总额是指企业流动资产总额的年初数与年末数的平均值。

$$平均流动资产总额=(流动资产年初数+流动资产年末数)\div 2$$

该指标的对比分析可以促使企业加强内部管理，充分有效地利用流动资产，如降低成本、调动暂时闲置的货币资金用于短期投资创造收益等，还可以促进企业采取措施扩大销售，提高流动资产的综合使用效率。一般情况下，该指标越高，表明企业流动资产周转速度越快，利用越好。

4. 总资产周转率

总资产周转率是考察企业资产运营效率的一项重要指标，体现了企业经营期间全部资产从投入到产出的流转速度，反映了企业全部资产的管理质量和利用效率。

$$总资产周转率=\frac{销售收入}{平均资产总额}(次)$$

平均资产总额是指企业资产总额年初数与年末数的平均值。该指标的对比分析可以反映企业本年度以及以前年度总资产的运营效率和变化，发现企业与同类企业在资产利用上的差距，促使企业挖掘潜力、积极创收、提高产品市场占有率、提高资产利用效率。一般情况下，该数值越高，表明企业总资产周转速度越快，销售能力越强，资产利用效率越高。

（三）长期偿债能力分析

长期偿债能力是公司偿付到期长期债务的能力，通常以反映债务与资产、净资产的关系的负债比率来衡量。其包括：资产负债率、产权比率、有形资产净值债务率、已获利息倍数（利息保障倍数）、长期债务与营运资金比率。

1. 资产负债率

$$资产负债率=\frac{负债总额}{资产总额}\times 100\%$$

要判断资产负债率是否合理，首先要看你站在谁的立场。资产负债率这个指标反映债权人所提供的资本占全部资本的比例，也被称为举债经营比率。

（1）从债权人的立场看，他们最关心的是贷给企业的款项的安全程度，也就是能否按期收回本金和利息。如果股东提供的资本与企业资本总额相比，只占较小的比例，则企业的风险将主要由债权人负担，这对债权人来讲是不利的。因此，他们希望债务比例越低越好，企业偿债有保证，则贷款给企业不会有太大的风险。

（2）从股东的角度看，企业通过举债筹措的资金与股东提供的资金在经营中发挥同样的作用，因此，股东所关心的是全部资本利润率是否超过借入款项的利率，即借入资本的代价。在企业所得的全部资本利润率超过因借款而支付的利息率时，股东所得到的利润就会加大；如果相反，运用全部资本所得的利润率低于借款利息率，则对股东不利，因为借入资本的多余的利息要用股东所得的利润份额来弥补。因此，从股东的立场看，在全部资本利润率高于借款利息率时，负债比例越大越好；否则反之。

（3）从经营者的立场看，如果举债很大，超出债权人心理承受程度，企业就借不到钱。如果企业不举债，或负债比例很小，说明企业畏缩不前，对前途信心不足，利用债权人资本进行经营活动的能力很差。从财务管理的角度来看，企业应当审时度势，全面考虑，在利用资产负债率制定借入资本决策时，必须充分估计预期的利润和增加的风险，在二者之间权衡利害得失，做出正确决策。

2. 产权比率

产权比率是负债总额与所有者权益总额的比率。其指股份制企业股东权益总额与企业资产总额的比率，是评估资金结构合理性的一种指标。

$$产权比率=\frac{负债总额}{股东权益}\times 100\%$$

产权比率越高，说明企业偿还长期债务的能力越弱；产权比率越低，说明企业偿还长期债务的能力越强。

产权比率用来表明由债权人提供的和由投资者提供的资金来源的相对关系，反映企业基本财务结构是否稳定。一般来说，所有者提供的资本大于借入资本为好，但也不能一概而论。该指标同时也表明债权人投入的资本受到所有者权益保障的程度，或者说是企业清算时对债权人利益的保障程度。

产权比率不仅反映了由债务人提供的资本与所有者提供的资本的相对关系，而且反映了企业自有资金偿还全部债务的能力，因此它又是衡量企业负债经营是否安全有利的重要指标。

一般来说，这一比率越低，表明企业长期偿债能力越强，债权人权益保障程度越高，承担的风险越小。一般认为这一比率为 1∶1，即 100%以下时，应该是有偿债能力的，但还应该结合企业的具体情况加以分析。当企业的资产收益率大于负债成本率时，负债经营有利于提高资金收益率，获得额外的利润，这时的产权比率可适当高些。产权比率高，是高风险、高报酬的财务结构；产权比率低，是低风险、低报酬的财务结构。

3. 有形资产净值债务率

有形资产净值债务率是企业负债总额与有形净值的百分比。有形净值是所有者权益减去无形资产净值后的净值，即所有者具有所有权的有形资产净值。有形净值债务率用于揭示企业的长期偿债能力，表明债权人在企业破产时的被保护程度。

$$有形资产净值债务率=\frac{负债总额}{股东权益-无形资产净值}\times 100\%$$

4. 已获利息倍数

已获利息倍数，也称利息保障倍数，是指上市公司息税前利润相对于所需支付债务利息的倍数，可用来分析公司在一定盈利水平下支付债务利息的能力。其计算公式为：

$$已获利息倍数=\frac{税前利润}{利息费用}（倍）$$

公式中的税前利润是指利润表中未扣除利息费用和所得税之前的利润。它可以用利润总额加利息费用来测算。利息费用是指本期发生的全部应付利息，不仅包括财务费用中的利息费用，还应包括计入固定资产成本的资本化利息。

这一比率越高，说明公司的利润为支付债务利息提供的保障程度越高。如果公司在支付债务利息方面资信高，即能够一贯按时、足额地支付债务利息，那么，公司就可以借新债还旧债，永远不需要偿还债务本金。如果利息保障倍数较低，则说明公司的利润难以为支付利息提供充分保障，就会使公司失去对债权人的吸引力。一般而言，利息保障倍数至少要大于1；否则，公司就不能举债经营。

5. 长期债务与营运资金比率

$$长期债务与营运资金比率=\frac{长期负债}{流动资产-流动负债}$$

一般情况下，长期债务不应超过营运资金。长期债务会随时间延续不断转化为流动负债，并需运用流动资产来偿还。保持长期债务不超过营运资金，就不会因这种转化而造成流动资产小于流动负债，从而使长期债权人和短期债权人感到贷款有安全保障。

（四）盈利能力分析

盈利能力就是公司赚取利润的能力。一般来说，公司的盈利能力只涉及正常的营业状况。非正常的营业状况也会给公司带来收益或损失，但这只是个别情况，不能说明公司的能力。

1. 销售净利率

$$销售净利率=\frac{净利}{销售收入}\times 100\%$$

该指标反映每1元销售收入带来的净利润是多少，表示销售收入的收益水平。从销售净利率的指标关系看，净利额与销售净利率成正比关系，而销售收入额与销售净利率成反比关系。

2. 销售毛利率

$$销售毛利率=\frac{销售收入-销售成本}{销售收入}\times 100\%$$

销售毛利率表示每1元销售收入扣除销售成本后，有多少钱可以用于各项期间费用和形成盈利。销售毛利率是公司销售净利率的基础，没有足够高的毛利率便不能盈利。它反映企业主营业务活动获利能力的指标，体现了企业的获利空间和基础。

3. 资产净利率

资产净利率是公司净利润与平均资产总额的百分比。该指标表明公司资产的利用效果，指标越高，表明资产的利用效果越好，说明公司在增收节支和加速资金周转方面取得了良好效果。资产净利率是一个综合指标，资产净利率的计算公式为：

$$资产净利率=\frac{净利润}{平均资产总额}\times 100\%$$

4. 净资产收益率（净值报酬率、权益报酬率）

净资产收益率又称股东权益收益率，是净利润与平均股东权益的百分比。该指标反映股东权益的收益水平，指标值越高，说明投资带来的收益越高。净资产收益率是公司税后利润除以净资产得到的百分比率，用以衡量公司运用自有资本的效率。

$$净资产收益率=\frac{净利润}{年末净资产}\times 100\%$$

净资产收益率可衡量公司对股东投入资本的利用效率。它弥补了每股税后利润指标的不足。例如，在公司对原有股东送红股后，每股盈利将会下降，从而在投资者中造成错觉，以为公司的获利能力下降了，而事实上，公司的获利能力并没有发生变化，用净资产收益率来分析公司获利能力就比较适宜。

（五）投资收益分析

1. 每股收益

该指标直接揭示了公司本年度的盈利状况。它反映普通股的获利水平。在分析时，可以进行公司间的比较，以评价该公司的相对盈利能力；可以进行不同时期的比较，了解该公司盈利能力的变化趋势。

$$每股收益=\frac{净利润}{年末普通股份总数}$$

$$全面摊薄每股收益=\frac{净利润}{期末发行在外普通股总数}$$

注意以下问题：

（1）每股收益不反映股票所含有的风险；

（2）不同股票的每一股在经济上不等量，它们所含有的净资产和市价不同，即换取每股收益的投入量不同，限制了公司间每股收益的比较；

（3）每股收益多，不一定意味着多分红，还要看公司的股利分配政策。

2. 市盈率

市盈率是一个反映股票收益与风险的重要指标，也叫市价盈利率。它是用当前每股市场价格除以该公司的每股税后利润。其计算公式如下：

$$市盈率=\frac{每股市价}{每股收益}（倍）$$

一般来说，市盈率表示该公司需要累积多少年的盈利才能达到目前的市价水平，因此市盈率指标数值越低越小越好，越小说明投资回收期越短，风险越小，投资价值一般就越高；倍数大则意味着翻本期长，风险大。

使用市盈率指标时应注意以下问题：

（1）该指标不能用于不同行业公司的比较，成长性好的新兴行业的市盈率普遍较高，而传统行业的市盈率普遍较低，这并不说明后者的股票没有投资价值。

（2）在每股收益很小或亏损时，由于市价不至于降为零，公司的市盈率会很高，如此情形下的高市盈率不能说明任何问题。

（3）市盈率的高低受市价的影响，观察市盈率的长期趋势很重要。

3. 股利支付率

股利支付率是指净收益中股利所占的比重。它反映公司的股利分配政策和股利支付能力。其计算公式为：

$$股利支付率=\frac{每股股利}{每股收益}\times100\%$$

与股利支付率指标关系比较紧密的一个指标是股票获利率，是指每股股利与股票市价的比率。其公式如下：

$$股票获利率=\frac{普通股每股股利}{普通股每股收益}\times100\%$$

股票获利率主要应用于非上市公司的少数股权，目的在于获得稳定的股利收益。

4. 每股净资产（每股账面价值、每股权益）

股票的净值又称为账面价值，也称为每股净资产，是用会计统计的方法计算出来的每股股票所包含的资产净值。股份公司的账面价值越高，则股东实际拥有的资产就越多。由于账面价值是财务统计、计算的结果，数据较精确而且可信度很高，所以它是股票投资者评估和分析上市公司实力的重要依据之一。

$$每股净资产=\frac{年末净资产}{年末普通股份总数}$$

该指标反映发行在外的每股普通股所代表的净资产成本即账面权益，只能有限地使用这个指标。每股净资产在理论上提供了股票的最低价值。

5. 市净率

市净率指的是市价与每股净资产之间的比值，比值越低意味着风险越低。净资产代表了全体股东共同享有的权益，企业通过经营逐年累积，净资产通常变化幅度不大，因此市净率更多取决于股价高低，股票价格则包含净资产和期权价值。由于市净率能反映市场对上市公司未来经营预期，通过评判市净率就能得知个股的风险状况。市净率越小，说明股票的投资价值越高，股价的支撑越有保证。

$$市净率=\frac{每股市价}{每股净资产}（倍）$$

（六）现金流量分析

现金流量分析不仅要依靠现金流量表，还要结合资产负债表和利润表。

1. 流动性分析

所谓流动性，是指将资产迅速转变为现金的能力。

（1）现金到期债务比

$$现金到债务比=\frac{经营现金净流量}{本期到期的债务}$$

公式中，经营现金净流量是现金流量表中的经营活动产生的现金流量净额，本期到期的债务是指本期到期的长期债务和本期应付的应付票据。

（2）现金流动负债比

$$现金流动负债比=\frac{经营现金净流量}{流动负债}$$

这一指标中，比率的值与现金偿债能力呈反比，即该比率偏低，说明企业依靠现金偿还债务的压力较大；若较高，则说明企业能轻松地依靠现金偿债。

（3）现金债务总额比

$$现金债务总额比=\frac{经营现金净流量}{债务总额}$$

此项比率超高，表明公司承担债务的能力超强。

2. 获取现金能力分析

（1）销售现金比率

$$销售现金比率=\frac{经营现金净流量}{销售收入}$$

公式中的销售收入是指销售收入和应向购买者收取的增值税税额。该比率反映每1元销售收入得到的净现金，其数值越大越好。

（2）每股营业现金流量

$$每股营业现金流量=\frac{经营现金净流量}{普通股股数}$$

该指标反映公司最大的分派股利能力，也反映每股经营所得到的净现金，其值越大越好。

（3）全部资产现金回收率

$$全部资产现金回收率=\frac{经营现金净流量}{资产总额}$$

全部资产现金回收率是经营现金净流量与全部资产的比值，说明企业资产产生现金的能力。

3. 财务弹性分析

财务弹性是指公司适应经济环境变化和利用投资机会的能力。

$$现金股利保障倍数=\frac{每股营业现金净流量}{每股现金股利}$$

已知SSA公司每股营业现金净流量为0.15元，每股现金股利为0.15元，则：现金股利保障倍数$=\frac{0.15}{0.15}=1$（倍）。

4. 收益质量分析

收益质量是指报告收益与公司业绩之间的关系。如果收益能如实反映公司业绩，则认为收益的质量好；如果收益不能很好地反映公司业绩，则认为收益的质量不好。从现金流量表的角度来看，收益质量分析主要是分析会计收益与现金净流量的比率关系，其主要的财务比率是营运指数。

$$营运指数=\frac{经营现金净流量}{经营所得现金}$$

$$经营所得现金=经营净收益+非付现费用$$

$$=净利润-非经营收益+非付现费用$$

【实训数据】

通过证券分析系统大智慧软件或世华财讯金融交易系统收集个股基本数据资料，并计算出延伸的相关数据（如：每股收益、每股净资产、每股未分配利润、每股经营现金流、目前流通股总额、主营收入同比增长率、净资产收益率、流动比率、速动比率、保守速动比率、存货周转率、应收账款周转率、总资产周转率、资产负债率、产权比率、长期债务与营运资金比率、销售净利率、销售毛利率、资产收益率、市盈率、股利支付率、市净率、现金到期债务比、每股营业现金净流量、全部资产现金回收率等）。

【实训内容】

1. 利用大智慧股票分析系统、世华财讯金融分析系统和其他相关金融网站，收集上市公司（如贵州茅台，600519）基本财务数据（如中国证券监督管理委员会的数据统计，http://www.csrc.gov.cn/pub/newsite/）。
2. 做出上市公司三张财务报表：资产负债表、利润分配表、现金流量表。
3. 对上市公司做变现能力分析。
4. 对上市公司做营运能力分析。
5. 对上市公司做长期偿债能力分析。
6. 对上市公司做盈利能力分析。
7. 对上市公司做投资收益分析。
8. 对上市公司做现金流量分析。

【实训步骤】

1. 学生登录世华财经系统（http：//cqstrade. caixun. com），如图 2-1 所示：

（1）学生登录世华财经系统，注册建立账号进入，并请记住自己的账号和密码，进入后请填写自己的真实姓名和学号。

（2）进入系统，对照在线帮助说明，熟悉操作环境。

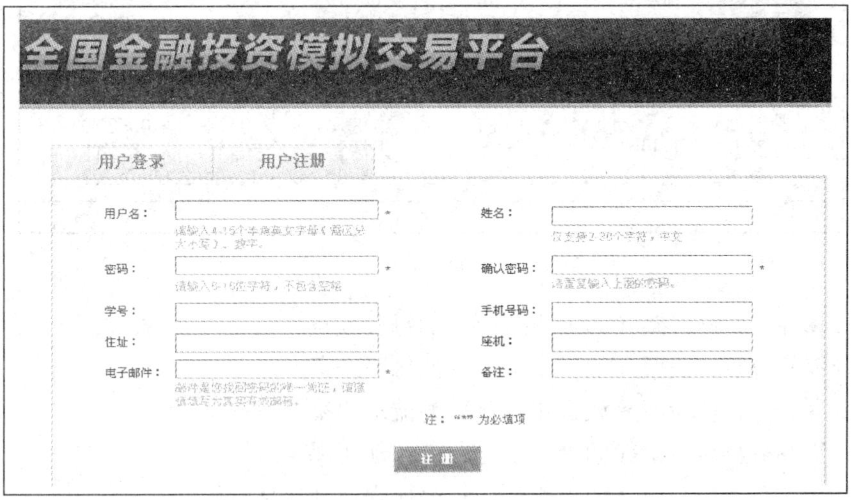

图 2-1

2. 学生进入大智慧系统，选择股票（如 600519，贵州茅台）。

3. 按 F10，查看个股（贵州茅台）的基本财务数据。如图 2-2、图 2-3 所示：

◆ 财务透视 ◆　　◇万国测评制作:更新时间:2011-04-23◇

主要财务指标	2011一季	2010末期	2010三季	2010中期
基本每股收益　(元)	2.0000	5.3500	4.4200	3.2800
基本每股收益(扣除后)	1.9900	5.3500	4.4200	3.2900
摊薄每股收益(元)	1.9962	5.3520	4.4227	3.2843
每股净资产(元)	21.4900	19.4900	18.5700	17.4300
每股未分配利润(元)	16.7273	14.7311	14.3039	13.1655
每股公积金(元)	1.4568	1.4568	1.4568	1.4568
销售毛利率(%)	90.71	90.95	91.20	91.36
营业利润率(%)	62.84	61.56	63.23	66.50
净利润率(%)	44.64	43.42	44.75	47.06
加权净资产收益率(%)	9.74	30.91	26.00	19.58
摊薄净资产收益率(%)	9.29	27.45	23.82	18.85
股东权益(%)	69.55	71.91	76.82	77.10
流动比率	2.76	2.89	3.54	3.62
速动比率	2.08	2.10	2.59	2.64
每股经营现金流量(元)	3.6100	6.5700	4.2000	1.8700
会计师事务所意见	未审计	无保留	未审计	未审计
报表公布日	2011-04-23	2011-03-21	2010-10-29	2010-08-12

图 2-2

	2010一季	2009末期	2009三季	2009中期
基本每股收益　(元)	1.3400	4.5700	4.0100	2.9600
基本每股收益(扣除后)	1.3400	4.5600	4.0100	2.9600
摊薄每股收益(元)	1.3410	4.5692	4.0125	2.9564
每股净资产(元)	16.6700	15.3300	14.7700	13.7100
每股未分配利润(元)	12.5315	11.1905	10.8895	9.8335
每股公积金(元)	1.4568	1.4568	1.4568	1.4568
销售毛利率(%)	90.28	90.17	90.48	90.41
营业利润率(%)	59.07	62.83	67.96	70.41
净利润率(%)	41.63	44.60	48.51	50.31
加权净资产收益率(%)	8.38	33.55	--	22.08
摊薄净资产收益率(%)	8.05	29.81	27.17	21.56
股东权益(%)	77.00	73.17	83.29	81.03
流动比率	3.66	3.06	5.11	4.37
速动比率	2.68	2.24	3.76	3.20
每股经营现金流量(元)	0.8700	4.4800	2.2000	0.5800
会计师事务所意见	未审计	无保留	未审计	未审计
报表公布日	2010-04-26	2010-04-02	2009-10-24	2009-08-07

图 2-3

4. 计算并分析该股票（如贵州茅台）的每股收益。
5. 计算并分析该股票（如贵州茅台）的每股净资产。
6. 计算并分析该股票（如贵州茅台）的流动比率。
7. 计算并分析该股票（如贵州茅台）的速动比率。
8. 计算并分析该股票（如贵州茅台）的保守速动比率。
9. 计算并分析该股票（如贵州茅台）的存货周转率。
10. 计算并分析该股票（如贵州茅台）的应收账款周转率。
11. 计算并分析该股票（如贵州茅台）的总资产周转率。
12. 计算并分析该股票（如贵州茅台）的资产负债率。
13. 计算并分析该股票（如贵州茅台）的产权比率。
14. 计算并分析该股票（如贵州茅台）的长期债务与营运资金比率。
15. 计算并分析该股票（如贵州茅台）的销售净利率和销售毛利率。
16. 计算并分析该股票（如贵州茅台）的资产收益率。
17. 计算并分析该股票（如贵州茅台）的净资产收益率。
18. 计算并分析该股票（如贵州茅台）的市盈率。
19. 计算并分析该股票（如贵州茅台）的股利支付率。
20. 计算并分析该股票（如贵州茅台）的市净率。
21. 计算并分析该股票（如贵州茅台）的现金到期债务比。
22. 计算并分析该股票（如贵州茅台）的每股营业现金净流量。
23. 计算并分析该股票（如贵州茅台）的全部资产现金回收率。

【注意事项】

1. 注意年报数据与季度数据的区别。
2. 年报数据要用最新公布的数据。
3. 股票的各项财务比率算出结果后，要进行不同时期的比较，也要对同种行业的上市公司进行比较。

【问题思考】

1. 什么是资产负债表？
2. 什么是利润及利润分配表现？
3. 利润表主要反映的内容有哪些？
4. 什么是现金流量表？
5. 现金流量表的主要作用有哪些？
6. 简述衡量上市公司的变现能力分析的指标及计算公式。
7. 简述衡量上市公司的营运能力分析的指标及计算公式。
8. 简述衡量上市公司的盈利能力分析的指标及计算公式。
9. 什么是杜邦财务分析方法？
10. 简述衡量上市公司的投资收益分析的指标及计算公式。
11. 简述衡量上市公司的现金流量分析的指标及计算公式。
12. 上市公司资产负债率的高低对债权人和股东会产生什么影响？
13. 上市公司的应收账款周转率偏低，可能是什么原因造成的？会给企业带来什么影响？
14. 为什么说上市公司的营运能力可以反映其经营管理水平？企业应当如何提高营运能力？
15. 你认为在评价上市公司的盈利能力时，哪个财务指标应当作为核心指标？为什么？

【案例分析】

上市公司财务分析

根据以下的SSA公司资产负债表、利润表和现金流量表（如表2-1、表2-2、表2-3所示），对公司进行财务分析。

表 2-1 SSA 公司资产负债表

（2016 年 12 月 31 日） 单位：万元

资产	年末数	年初数	负债和所有者权益	年末数	年初数
流动资产：			流动负债：		
现金	87 789	72 861	短期借款	107 799	93 600
交易性金融资产	0	160	交易性金融负债	-72	0
应收票据	19 234	19 274	应付票据	26 903	29 647
应收账款	148 122	76 975	应付账款	52 097	40 534
预付款项	38 583	35 217	预收款项	11 904	11 893
其他应收款	51 602	85 893	应付职工薪酬	897	867
存货	83 071	65 609	应交税费	-5 350	8 380
流动资产合计	428 401	355 988	其他应付款	77 003	28 012
非流动资产：			一年内到期的非流动负债	0	10 000
长期股权投资	107 693	107 493	流动负债合计	271 181	222 933
固定资产	77 176	76 023	非流动负债：		
在建工程	3 183	2 424	长期借款	72 187	62 247
工程物资	0	3 436	递延所得税负债	4 128	0
固定资产清理	0	0	非流动负债合计	76 315	62 247
无形资产	4 230	3 735	负债合计	347 496	285 180
开发支出	0	0	股东权益：		
商誉	0	0	股本（实收资本）	48 000	48 000
长期待摊费用	0	0	资本公积	61 936	61 936
递延所得税资产	3 680	1 944	盈余公积	23 199	23 199
其他非流动资产	0	0	未分配利润	143 732	132 728
非流动资产合计	195 962	195 055	股东权益合计	276 867	265 863
资产总计	624 363	551 043	负债和股东权益合计	624 363	551 043

表 2-2 SSA 公司利润表

（2016 年） 单位：万元

项目	本年金额	上年金额
一、营业收入	234 419	80 260
减：营业成本（销售成本）	195 890	63 599
税金及附加	6	160
销售费用	13 077	10 596
管理费用	8 574	5 247
财务费用（利息费用）	3 539	2 507

表2-2(续)

项目	本年金额	上年金额
加：公允价值变动收益	72	0
投资收益	63	5 657
二、营业利润	13 468	3 808
加：营业外收入	19	301
减：营业外支出	88	3
其中：非流动资产处置损失	29	-131
三、税前总额	13 399	4 106
减：所得税费用	2 395	434
四、净利润	11 004	3 672

表 2-3　　SSA 公司现金流量表

（2016 年）　　单位：万元

项目	本年金额	上年金额
一、经营活动产生的现金流量		
销售商品、提供劳务收到的现金	197 817	89 237
收到其他与经营活动有关的现金	186	304
经营活动现金流入小计	198 003	89 541
购买商品、接受劳务支付的现金	169 045	68 745
支付给职工以及为职工支付的现金	6 718	4 018
支付的各项税费	4 638	318
支付其他与经营活动有关的现金	10 311	10 977
经营活动现金流出小计	190 712	84 058
经营活动产生的现金流量净额	7 291	5 483
二、投资活动产生的现金流量		
收回投资收到的现金	223	996
处置固定资产、无形资产	2	4 708
投资活动现金流入小计	225	5 704
购建固定资产、无形资产	4 252	275
投资支付现金	0	444
投资活动现金流出小计	4 252	719
投资活动产生的现金流量净额	-4 027	4 985
三、筹资活动产生的现金流量		
取得借款收到的现金	47 839	52 714
偿还债务支付的现金	33 600	38 700

表2-3(续)

项目	本年金额	上年金额
分配股利、利润或偿付利息支付的现金	2 410	2 254
支付其他与筹资活动有关的现金	164	0
筹资活动现金流出小计	36 174	40 954
筹资活动产生的现金流量净额	11 665	11 760
四、现金及现金等价物净增额	14 928	22 229
加：期初现金及现金等价物余额	72 861	50 632
五、期末现金及现金等价物余额	87 789	72 861

（3）2016年年末公司发行在外股票数为25 000万股，2017年12月31日股票市价为24元/股。

（4）假设SSA公司普通股股利为7 500万元，本期到期的长期债务为550万元。

（5）根据以上资料计算2017年该公司如下指标：

①变现能力分析，包括流动比率、速动比率、保守速动比率；

②营运能力分析，包括存货周转率、应收账款周转率、总资产周转率；

③ 长期偿债能力分析，包括资产负债率、产权比率、长期债务与营运资金比率；

④盈利能力分析，包括销售净利率、销售毛利率、资产收益率；

⑤投资收益分析，包括每股收益、市盈率、每股净资产、股利支付率、市净率；

⑥现金流量分析，现金到期债务比、每股营业现金净流量、全部资产现金回收率。

实训三　金融工具与投资理财

【实训目的与要求】

1. 理解和掌握各种金融投资工具的基本内涵以及投资特点；
2. 运用金融投资交易系统，熟练掌握和运用金融投资工具；
3. 理解和掌握各种金融投资工具对投资理财的重要性；
4. 掌握宏观经济分析与金融投资的关系；
5. 理解和掌握现金流贴现模型；
6. 理解和掌握股票定价的零增长模型；
7. 理解和掌握股票定价的不变增长模型；
8. 理解和掌握股票定价的可变增长模型；
9. 理解和掌握影响股票投资价值的内部因素；
10. 理解和掌握影响股票投资价值的外部因素；
11. 熟练掌握和运用股票的基本分析方法和技巧；
12. 熟练掌握债券估值和投资分析的基本方法和技巧；
13. 熟练掌握基金估值和投资分析的基本方法和技巧；
14. 熟练掌握和运用股票技术分析方法，并对股票进行投资分析；
15. 能够熟练运用证券分析系统对金融投资理财进行综合分析；
16. 在教师的指导下独立完成实验，得出正确的结果，并完成实验报告。

【实训学时】

实训学时数一共 8 学时。学时分布情况：教师讲授占 10%，案例分析占 30%，学生项目设计占 60%。

【实训准备知识】

一、股票及股票投资

（一）股票的内涵

股票是一种有价证券，它是股份有限公司签发的证明股东所持有股份的凭证。《中华人民共和国公司法》（以下简称《公司法》）规定，股票采用纸面形式或者国务院证券监督管理机构规定的其他形式。股票应载明的事项主要有：公司名称、公司成立的日期、股票种类、票面金额及代表的股份数、股票的编号。股票由法定代表人签名，公司盖章。发起人的股票，应当标明“发起人股票”字样。

（二）股票的特征

1. 收益性

收益性是股票最基本的特征，它是指股票可以为持有人带来收益的特性。股票收益来源可分成两类：一是来自股票公司，其大小取决于公司的经营状况和盈利水平。二是来自股票流通，其收益大小是买卖股票的价差，又称资本得利。

2. 风险性

风险性是指持有股票可能产生经济利益损失的特征。股票的风险性是与股票的收益性相对应的。认购了股票，投资者既有可能获取较高的投资收益，同时也要承担较大的投资风险。

3. 流动性

判断流动性强弱的三个方面：市场深度、报价紧密度、价格弹性（恢复能力）。需要注意的是，由于股票的转让可能受各种条件或法律法规的限制，所以并非所有股票都具有相同的流动性。通常情况下，大盘股流动性强于小盘股，上市公司股票的流动性强于非上市公司股票，而上市公司股票又可能因市场或监管原因而受到转让限制，从而具有不同程度的流动性。

4. 永久性

永久性是指股票所载有权利的有效性是始终不变的，因为它是一种无期限的法律凭证。股票是一种无期限的法律凭证，它反映着股东与公司之间比较稳定的经济关系；同时，投资者购买了股票就不能退股，股票的有效存在又是与公司的存续期间相联系的。

5. 参与性

股票的持有者即发行股票的公司的股东，有权出席股东大会、选举公司的董事会、参与公司的经营决策。股票持有者的投资意志和享有的经济利益，通常是通过股东参与权的行使而实现的。股东参与公司经营决策的权利大小，取决于其所持有的股份的多少。

（三）与股票相关的部分概念

1. 股利政策

股利政策是指股份公司对公司经营获得的盈余公积和应付利润采取现金分红或派息、发放红股等方式回馈股东的制度与政策。股利政策体现了公司的发展战略和经营思路，稳定可预测的股利政策有利于股东利益最大化，是股份公司稳健经营的重要指标。获取经常性收入是投资者购买股票的重要原因之一，分红派息是股票投资者的主要收入来源。从理论上说，不管公司盈利前景如何被看好，如果一家上市公司永远不分红，则它的股票将毫无价值。

（1）派现。派现也称现金股利，指股份公司以现金分红方式将盈余公积和当期应付利润的部分或全部发放给股东，股东为此应支付所得税。我国对个人投资者获取上市公司现金分红使用的利息税率为20%，目前减半征收。机构投资者由于本身需要缴纳所得税，为避免双重税负，在获取现金分红时不需要缴税。现金股利的发放致使公司的资产和股东权益减少同等数额，导致企业现金流出，是真正的股利。稳定的现金股利政策对公司现金流管理有较高的要求，通常将那些经营业绩较好，具有稳定且较高的现金股利支付的公司股票称为蓝筹股。

（2）送股。送股也称股票股利，是指股份公司对原有股东采取无偿派发股票的行为。送股时，将上市公司的留存收益转入股本账户，留存收益包括盈余公积和未分配利润，现在的上市公司一般只将未分配利润部分送股。送股实质上是留存利润的凝固化和资本化，表面上看，送股后，股东持有的股份数量因此而增长，但其实，股东在公司里占有的权益份额和价值均无变化。投资者获上市公司送股时也需缴纳所得税（目前10%）。

（3）资本公积金转增股本。资本公积金是在公司的生产经营之外，由资本、资产本身及其他原因形成的股东权益收入。股份公司的资本公积金，主要来源于股票发行的溢价收入、接受的赠与、资产增值、因合并而接受其他公司资产净额等。其中，股票发行溢价是上市公司最常见、最主要的资本公积金来源。资本公积金转增股本是在股东权益内部，把公积金转到“实收资本”或者“股本”账户，并按照投资者所说持有公司的股份额比例的大小分到各个投资者的账户中，以此增加每个投资者的投资资本。资本公积金转增股本同样会增加投资者持有的股份数量，但实质上，它不属于利润分配行为，因此投资者无需纳税。

（4）四个重要日期。股利宣布日，即公司董事会将分红派息的消息公布于众的时间。股权登记日，即统计和确认参加本期股利分配的股东的日期，在此日期持有公司股票的股东方能享受股利发放。除息除权日，通常为股权登记日之后的1个工作日，本日之后（含本日）买入的股票不再享有本期股利。派发日，即股利正式发放给股东的日期。

2. 股票分割与合并

股票分割又称拆股、拆细，是将1股股票均等地拆成若干股。股票合并又称并股，是将若干股股票合并为1股。从理论上说，不论是分割还是合并，并不影响股东权益的数量及占公司总股权的比重，因此，也应该不会影响调整后股价。但事实上，股票分割与合并通常会刺激股份上升，其中原因颇为复杂，但至少存在以下理由：股票分割通常适用于高价股，拆细之后每手股票总金额下降，便于吸引更多的投资者购买；并股则常见于低价股。

3. 增发、配股、转增股本与股份回购

（1）增发。增发指公司因业务发展需要增加资本额而发行新股。上市公司可以向公众公开增发，也可以向少数特定机构或个人增发。增发之后，公司注册资本相应增加。增资之后，若会计期内增量资本未能产生相应效益，将导致每股收益下降，则称为稀释效应，会促成股价下跌；从另一角度看，若增发价值高于增发前每股净资产，则增发后可能会导致公司每股净资产增加，有利于股价上涨；再者，增发总体上增加了发行在外的股票总量，短期内增加了股票供给，若无相应需求增长，股价可能下跌。

（2）配股。配股是面向原有股东，按持股数量的一定比例增发新股，原股东可以放弃配股权。现实中，由于配股价通常低于市场价格，配股上市之后可能导致股价下跌。在实践中我们经常发现，对那些业绩优良、财务结构健全、具有发展潜力的公司而言，增发和配股意味着将增加公司经营实力，会给股东带来更多回报，股价不仅不会下跌，可能反而还会上涨。

（3）转增股本。转增股本是将原本股东权益的资本公积转为实收资本，股东权益总量和每位股东占公司的股份比例均未发生任何变化，唯一的变动是发行在外的总股数增加了。

（4）股份回购。上市公司利用自有资金，从公开市场上买回发行在外的股票，称为股份回购。

通常，股份回购会导致公司股价上涨。其原因主要包括：首先，股份回购改变了原有供求平衡，增加需求，减少供给；其次，公司通常在股价较低时实施回购行为，而市场一般认为公司基于信息优势做出的内部估值比外部投资者的估值更准确，从而向市场传达了积极的信息。

二、因素股票投资的价值

（一）股票的内在价值

股票的内在价值即理论价值，也即股票未来收益的现值。股票的内在价值决定股票的市场价格，股票的市场价格总是围绕其内在价值波动。

（二）影响股票投资价值的内部因素

1. 公司净资产

净资产或资产净值是总资产减去总负债后的净值，它是全体股东的权益，是决定股票投资价值的重要基准。理论上净值应与股价保持一定比例：净值增加，股价上涨；净值减少，股价下跌。

2. 公司盈利水平

一般情况，预期公司盈利增加，可分配股利也会相应增加，股票市场价格上涨；

预期公司盈利减少，可分配股利也会相应减少，股票市场价格下降。但值得注意的是，股票价格的涨跌和公司盈利的变化并不完全同时发生。

3. 公司的股利政策

股份公司的股利政策直接影响股票投资价值。在一般情况下，股票价格与股利水平呈正比。股利水平越高，股票价格越高；反之，股利水平越低，股票价格越低。股利来自于公司的税后盈利，但公司盈利的增加只为股利分配提供了可能，并非盈利增加股利一定增加。公司为合理地扩大再生产和回报股东之间分配盈利，都会有一定的股利政策。股利政策体现了公司的经营作风和发展潜力，不同的股利政策对各期股利收入有不同影响。此外，公司对股利的分配方式也会给股价波动带来影响。

4. 股份分割

股份分割又称“拆股”“拆细”，是将原有股份均等地拆成若干较小的股份。股份分割一般在年度决算月份进行，通常会刺激股价上升。股份分割给投资者带来的不是现实的利益，因为股份分割前后投资者持有的公司净资产和以前一样，得到的股利也相同。但是，投资者持有的股份数量增加了，给投资者带来了今后可多分股利和更高收益的预期，因此股份分割往往比增加股利分配对股价上涨的刺激作用更大。

5. 增资和减资

公司因业务发展需要增加资本额而发行新股的行为，对不同公司股票价格的影响不同。在没有产生相应效益前，增资可能会使每股净资产下降，因而可能会促使股价下跌。但对那些业绩优良、财务结构健全且具发展潜力的公司而言，增资意味着将增加经营实力，会给股东带来更多回报，股价不仅不会下跌，可能还会上涨。

当公司宣布减资时，多半因为经营不善、亏损严重，需要重新整顿，因此股价会大幅下降。

6. 公司资产重组

公司重组总会引起公司价值的巨大变动，因而其股价也随之产生剧烈的波动。但需要分析公司重组对公司是否有利，重组后是否会改善公司的经营状况，因为这些是决定股价变动方向的决定因素。

（三）影响股票投资价值的外部因素

1. 宏观经济因素

宏观经济走向和相关政策是影响股票投资价值的重要因素。宏观经济走向包括经济周期、通货变动以及国际经济形势等因素。国家的货币政策、财政政策、收入分配政策、证券市场监管政策等都会对股票投资价值产生影响。

2. 行业因素

产业发展状况和趋势对于该产业上市公司的影响是巨大的，因而产业的发展状况和趋势、国家产业政策和相关产业发展等都会对该产业上市公司的股票投资价值产生影响。

3. 市场因素

证券市场上投资者对股票走势的心理预期会对股票价格走势产生重要的影响。市场中散户投资者往往有从众心理，对股市产生助涨助跌的作用。

三、股票内在价值的计算方法

（一）现金流贴现模型

1. 一般公式

现金流贴现模型是运用收入的资本化定价方法来决定普通股票的内在价值的方法。

$$V = \frac{D_1}{1+k} + \frac{D_2}{(1+k)^2} + \frac{D_3}{(1+k)^3} + \cdots + \frac{D_\infty}{(1+k)^\infty} = \sum_{t=1}^{\infty} \frac{D_t}{(1+k)^t} \tag{3.1}$$

式中：V——股票在期初的内在价值；

D_t——时期 t 末以现金形式表示的每股股息；

k——一定风险程度下现金流的合适贴现率（即必要收益率）。

根据公式（3.1），可以引出净现值的概念。净现值（NPV）等于内在价值（V）与成本（P）之差，即

$$NPV = V - P = \sum_{t=1}^{\infty} \frac{D_t}{(1+k)^t} - P \tag{3.2}$$

式中：P——在 $t=0$ 时购买股票的成本。

如果 $NPV>0$，意味着所有预期的现金流入的现值之和大于投资成本，即这种股票被低估价格，因此购买这种股票可行。

如果 $NPV<0$，意味着所有预期的现金流入的现值之和小于投资成本，即这种股票价格被高估，因此不可购买这种股票。

2. 内部收益率

内部收益率就是指使得投资净现值等于零的贴现率。

$$NPV = V - P = \sum_{t=1}^{\infty} \frac{D_t}{(1+k^*)^t} - P = 0$$

所以：

$$P = \sum_{t=1}^{\infty} \frac{D_t}{(1+k^*)^t} \tag{3.3}$$

由此可见，内部收益率实际上是使得未来股息流贴现值恰好等于股票市场价格的贴现率。由上述（3.3）式以解出内部收益率 k^*，将 k^* 与具有同等风险水平股票的必要收益率 k 相比较：$k^*>k$，可考虑购买这种股票；$k^*<k$，则不要购买这种股票。

运用现金流贴现模型决定普通股票内在价值存在着一个困难，即投资者必须预测所有未来时期支付的股息。由于普通股票没有一个固定的生命周期，因此通常要给无穷多个时期的股息流加上一些假定，以便于计算股票的内在价值。

这些假定始终绕着股息增长率 g_t。一般假定相邻两个时期的股息 D_{t-1} 和 D_t 之间满足如下关系：

$$D_t = D_{t-1}(1+g_t)$$
$$g_t = \frac{D_t - D_{t-1}}{D_{t-1}} \times 100\% \tag{3.4}$$

不同股息增长率的假定派出不同类型的贴现现金流模型

（二）零增长模型

从本质上来说，零增长模型和不变增长模型都可以看作是可变增长模型的特例。零增长模型实际上是不变增长模型的一个特例。

1. 公式

零增长模型假定股息增长率等于零，即 $g=0$。也就是说，未来的股息按一个固定数量支付。根据这个假定，我们用 D_0 来替换 D_t，得：

$$V = \sum_{t=1}^{\infty} \frac{D_0}{(1+k)^t} = D_0 \sum_{t=1}^{\infty} \frac{1}{(1+k)^t} \tag{3.5}$$

因为 $k>0$ 按照数学中无穷级数的性质可知：

$$\sum_{t=1}^{\infty} \frac{1}{(1+k)^t} = \frac{1}{k} \tag{3.6}$$

因此零增长模型公式为：

$$V = \frac{D_0}{K}$$

式中：V——股票的内在价值；

D_0——在未来每期支付的每股股息；

K——到期收益率。

2. 内部收益率

零增长模型也可用于计算投资于零增长证券的内部收益率。用证券的当前价格 P 代替 V，用 k^*（内部收益率）替换 k，零增长模型可变形为：

$$P = \sum_{t=1}^{\infty} \frac{D_0}{(1+k^*)^t} = \frac{D_0}{k^*} \tag{3.7}$$

进行转换可得：

$$k^* = \frac{D_0}{P} \times 100\%$$

3. 应用

零增长模型的应用似乎受到一定的限制，毕竟假定对某一种股票永远支付固定的股息是不合理的，但在特定的情况下，对于决定普通股票的价值仍然是有用的。在决定优先股的内在价值时这种模型相当有用，因为大多数优先股支付的股息是固定的。

（三）不变增长模型

不变增长模型可以分为两种形式：一种是股息按照不变的增长率增长，另一种是股息以固定不变的绝对值增长。如果我们假设股息永远按不变的增长率增长，就可以建立不变增长模型。假设时期 t 的股息为：

1. 公式

$$D_t=D_{t-1}(1+g)=D_0(1+g)^t$$

将 $D_t=D_0(1+g)^t$ 代入现金流贴现模型（3.1）式中可得：

$$V=\sum_{t=1}^{\infty}D_0\frac{(1+g)^t}{(1+k)^t}=D_0\sum_{t=1}^{\infty}\frac{(1+g)^t}{(1+k)^t}$$

运用数学中无穷级数的性质，如果 $k>g$ 可得：

$$\sum_{t=1}^{\infty}\frac{(1+g)^t}{(1+k)^t}=\frac{1+g}{k-g}$$

从而得出不变增长模型：

$$V=D_0\frac{1+g}{k-g} \tag{3.8}$$

由于 $D_t=D_{t-1}(1+g)$，有时把公式（3.8）写成如下形式：

$$V=\frac{D_1}{k-g} \tag{3.9}$$

2. 内部收益率 k^*

利用不变增长模型同样可以用于求解股票的内部收益率。首先，用股票的市场价格 P 代替 V。其次，用 k^* 代替 k，其结果是：

$$P=D_0\frac{1+g}{k^*-g}$$

经过变换可得：

$$k^*=(D_0\frac{1+g}{P}+g)\times100\%=(\frac{D_1}{P}+g)\times100\%$$

3. 应用

零增长模型实际上是不变增长模型的一个特例。不变增长模型是多元增长模型的基础。

（四）可变增长模型

零增长模型和不变增长模型都对股息的增长率进行了一定的假设。事实上，股息的增长率是变化不定的，因此，零增长模型和不变增长模型并不能很好地在现实中对股票的价值进行评估。下面，我们主要对可变增长模型中的二元增长模型进行介绍。

1. 公式

二元增长模型假定在时间 L 以前，股息以一个不变的增长速度 g_1 增长；在时间 L 后，股息以另一个不变的增长速度 g_2 增长。在此假定下，我们可以建立二元可变增长模型：

$$\begin{aligned}V&=\sum_{t=1}^{L}D_0\frac{(1+g_1)^t}{(1+k)^t}+\sum_{t=L+1}^{\infty}D_L\frac{(1+g_2)^{t-L}}{(1+k)^t}\\&=\sum_{t=1}^{L}D_0\frac{(1+g_1)^t}{(1+k)^t}+\frac{1}{(1+k)^L}\sum_{t=L+1}^{\infty}D_L\frac{(1+g_2)^{t-L}}{(1+k)^{t-L}}\end{aligned}$$

$$= \sum_{t=1}^{L} D_0 \frac{(1+g_1)^t}{(1+k)^t} + \frac{1}{(1+k)^L} \frac{D_{L+1}}{(k-g_2)} \tag{3.10}$$

$$D_{L+1} = D_0 (1+g_1)^t (1+g_2)$$

例：A 公司目前股息为每股 0.20 元，预期回报率为 16%，未来 5 年中超常态增长率为 20%，随后的增长率为 10%，即 $D_0=0.20$，$g_1=0.20$，$g_2=0.10$，$L=5$，$k=0.16$，代入（3.10）得：

$$V = \sum_{t=1}^{L} D_0 \frac{(1+g_1)^t}{(1+k)^t} + \frac{1}{(1+k)^L} \times \frac{D_{L+1}}{(k-g_2)}$$

$$= \sum_{t=1}^{5} 0.20 \times \frac{(1+0.20)^t}{(1+0.16)^t} + \frac{1}{(1+0.16)^5} \times \frac{D_{L+1}}{0.16-0.10}$$

$$= 1.11 + 4.34$$

$$= 5.45(\text{元})$$

其中：

$$D_{L+1} = D_0 (1+g_1)^t \times (1+g_2)$$

$$= 0.2 \times (1+0.2)^5 \times (1+0.10)$$

$$= 0.547$$

因此，A 公司股票的理论价值为 5.45 元。当市场价格高于 5.45 元，则投资者应该买进该股票。

2. 内部收益率

在可变增长模型中，用股票的市场价格 P 代替 V，k^* 代替 k，同样可以计算出收益率 k^*。不过，由于可变增长模型相对较为复杂，不容易直接得出内部收益率，因此，主要采取试错法来计算 k^*。

试错法的主要思路是，估计一个收益水平 k_1^*，再将其代入可变增长模型中。

3. 应用

如果计算出在此收益率水平下股票的理论价值高于股票的市场价格，则认为估计的收益率水平低于实际的内部收益率 k^*。同理，如果计算出在此收益率水平下股票的理论价值高于股票的市场价格，则认为估计的收益率水平低于实际的内部收益率 k^*。这样，通过反复试错，所估计的收益率水平将逐步逼近实际的收益率水平。

四、债券的基本概述

（一）债券的定义

债券是一种有价证券，是社会各类经济主体为筹集资金而向债券投资者出具的、承诺按一定利率定期支付利息并到期偿还本金的债权债务凭证。债券上规定资金借贷的权责关系主要有三点：第一，所借贷货币的数额；第二，借款时间；第三，在借贷时间内应有的补偿或代价是多少（即债券的利息）。债券包含四个方面的含义：第一，发行人是借入资金的经济主体；第二，投资者是出借资金的经济主体；第三，发行人需要在一定时期付息还本；第四，债券反映了发行者和投资者之间的债权、债务关系，而且是这一关系的法律凭证。

(二) 债券的票面要素

1. 债券的票面价值

债券的票面价值是债券票面标明的货币价值，是债券发行人承诺在债券到期日偿还给债券持有人的金额。

债券的票面价值要标明的内容主要有：币种、票面的金额。票面金额大小不同，可以适应不同的投资对象，同时也会产生不同的发行成本。票面金额定得较小，有利于小额投资者，购买持有者分布面广，但债券本身的印刷及发行工作量大，费用可能较高；票面金额定得较大，有利于少数大额投资者认购，且印刷费用等也会相应减少，但使小额投资者无法参与。因此，债券票面金额的确定也要根据债券的发行对象、市场资金供给情况及债券发行费用等因素综合考虑。

2. 债券的到期期限

债券到期期限是指债券从发行之日起至偿清本息之日止的时间，也是债券发行人承诺履行合同义务的全部时间。

决定偿还期限的主要因素：资金使用方向、市场利率变化、债券变现能力。

一般来说，当未来市场利率趋于下降时，应发行期限较短的债券；而当未来市场利率趋于上升时，应发行期限较长的债券，这样有利于降低筹资者的利息负担。

3. 债券的票面利率

影响票面利率的因素：第一，借贷资金市场利率水平；第二，筹资者的资信；第三，债券期限长短。

一般来说，期限较长的债券流动性差，风险相对较大，票面利率应该定得高一些；而期限较短的债券流动性强，风险相对较小，票面利率就可以定得低一些。

(三) 债券的分类

1. 政府债券

政府债券的发行主体是政府。中央政府发行的债券称为国债，其主要用途是解决由政府投资的公共设施或重点建设项目的资金需要和弥补国家财政赤字。有些国家把政府担保的债券也划归为政府债券体系，称为政府保证债券。

2. 金融债券

金融债券发行主体是银行或非银行的金融机构。金融机构一般有雄厚的资金实力，信用度较高，因此，金融债券往往也有良好的信誉。它们发行债券的目的的主要有：筹资用于某种特殊用途，改变本身的资产负债结构。金融债券的期限以中期较为多见。

3. 公司债券

公司债券是公司依照法定程序发行、约定在一定期限还本付息的有价证券。

五、证券投资基金概述

(一) 证券投资基金的概念

证券投资基金是指通过公开发售基金份额募集资金，由基金托管人托管，由基金管理人管理和运用资金，为基金份额持有人的利益，以资产组合方式进行证券投资的一种利益共享、风险共担的集合投资方式。

各国或地区对证券投资基金的称谓不尽相同，如美国称“共同基金”，英国和中国香港地区称“单位信托基金”，日本和中国台湾地区则称“证券投资信托基金”等。英国1868年由政府出面组建了海外和殖民地政府信托组织，公开向社会发售受益凭证。基金起源于英国，基金产业已经与银行业、证券业、保险业并驾齐驱，成为现代金融体系的四大支柱之一。

（二）证券投资基金的特点

1. 集合投资

基金的特点是将零散的资金汇集起来，交给专业机构投资于各种金融工具，以谋取资产的增值。基金对投资的最低限额要求不高，投资者可以根据自己的经济能力决定购买数量，有些基金甚至不限制投资额大小。

2. 分散风险

以科学的投资组合降低风险、提高收益是基金的另一大特点。

3. 专业理财

将分散的资金集中起来以信托方式交给专业机构进行投资运作，既是证券投资基金的一个重要特点，也是它的一个重要功能。

（三）证券投资基金的分类

1. 按基金的组织形式不同，基金可分为契约型基金和公司型基金

契约型基金又称为单位信托，是指将投资者、管理人、托管人三者作为基金的当事人，通过签订基金契约的形式发行受益凭证而设立的一种基金。

公司型基金是依据基金公司章程设立，在法律上具有独立法人地位的股份投资公司。公司型基金在组织形式上与股份有限公司类似，由股东选举董事会，由董事会选聘基金管理公司，基金管理公司负责管理基金的投资业务。

2. 按基金运作方式不同，基金可分为封闭式基金和开放式基金

封闭式基金是指经核准的基金份额总额在基金合同期限内固定不变，基金份额可以在依法设立的证券交易场所交易，但基金份额持有人不得申请赎回原基金。决定基金期限长短的因素主要有两个：一是基金本身投资期限的长短，二是宏观经济形势。开放式基金是指基金份额总额不固定，基金份额可以在基金合同约定的时间和场所申购或者赎回的基金。

封闭式基金与开放式基金有以下主要区别：①期限不同。②发行规模限制不同。③基金份额交易方式不同（绝大多数开放式基金不上市交易）。④基金份额的交易价格计算标准不同。封闭式基金与开放式基金的基金份额除了首次发行价都是按面值加一定百分比的购买费计算外，以后的交易计价方式不同。封闭式基金的买卖价格受市场供求关系的影响，常出现溢价或折价现象，并不必然反映单位基金份额的净资产值。开放式基金的交易价格则取决于每一基金份额净资产值的大小，其申购价一般是基金份额净资产值加一定的购买费，赎回价是基金份额净资产值减去一定的赎回费，不直

接受市场供求影响。⑤基金份额资产净值公布的时间不同。封闭式基金一般每周或更长时间公布一次，开放式基金一般在每个交易日连续公布。⑥交易费用不同。投资者在买卖封闭式基金时，在基金价格之外要支付手续费；投资者在买卖开放式基金时，则要支付申购费和赎回费。⑦投资策略不同。封闭式基金在封闭期内基金规模不会减少，因此可进行长期投资，基金资产的投资组合能有效地在预定计划内进行。

3. 特殊类型的基金

（1）ETF。ETF是英文“Exchange Traded Funds”的简称，常被译为“交易所交易基金”，上海证券交易所则将其定名为“交易型开放式指数基金”。ETF是一种在交易所上市交易的、基金份额可变的一种基金运作方式。ETF结合了封闭式基金与开放式基金的运作特点，一方面可以像封闭式基金一样在交易所二级市场进行买卖，另一方面又可以像开放式基金一样申购、赎回。不同的是，它的申购是用一篮子股票换取ETF份额，赎回时也是换回一篮子股票而不是现金。这种交易方式使该类基金存在一、二级市场之间的套利机制，可有效防止类似封闭式基金的大幅折价现象。

（2）LOF。上市开放式基金（Listed Open-ended Funds，LOF）是一种既可以同时在场外市场进行基金份额申购、赎回，又可以在交易所进行基金份额交易和基金份额申购或赎回，并通过份额转托管机制将场外市场与场内市场有机地联系在一起的一种开放式基金。

（3）QDII基金。QDII是Qualified Domestic Institutional Investors（合格的境内机构投资者）的首字缩写。QDII基金是指在一国境内设立，经该国有关部门批准从事境外证券市场的股票、债券等有价证券投资的基金。它为国内投资者参与国际市场投资提供了便利。2007年我国推出了首批QDII基金。

六、证券投资基金的费用

（一）基金管理费

基金管理费通常按照每个估值日基金净资产的一定比率（年率）逐日计提，累计至每月月底，按月支付。管理费率的大小通常与基金规模成反比，与风险成正比。基金规模越大，风险越小，管理费率就越低；反之，则越高。不同的国家及不同种类的基金，管理费率不完全相同。我国基金的年管理费率最初为2.5%，随着基金规模的扩大和竞争的加剧，管理费有逐步调低的倾向。目前，我国股票基金大部分按照1.5%的比例计提基金管理费，债券基金的管理费率一般低于1%，货币基金的管理费率为0.33%。管理费通常从基金的股息、利息收益中或从基金资产中扣除，不另向投资者收取。

（二）基金托管费

基金托管费是指基金托管人为保管和处置基金资产而向基金收取的费用。托管费通常按照基金资产净值的一定比率提取，逐日计算并累计，按月支付给托管人。托管费从基金资产中提取，费率也会因基金种类不同而异。目前，我国封闭式基金按照0.25%的比例计提基金托管费，开放式基金根据基金合同的规定比例计提，通常低于

0.25%；股票型基金的托管费率要高于债券型基金及货币市场基金的托管费率。我国规定，基金托管人可磋商酌情调低基金托管费，经中国证监会核准后公告，无须为此召开基金持有人大会。

（三）基金交易费

基金交易费指基金在进行证券买卖交易时所发生的相关交易费用。目前，我国证券投资基金的交易费用主要包括印花税、交易佣金、过户费、经手费、证管费。交易佣金由证券公司按成交金额的一定比例向基金收取，印花税、过户费、经手费、证管费等则由登记公司或交易所按有关规定收取。参与银行间债券交易的，还需向中央国债登记结算有限责任公司支付银行间账户服务费，向全国银行间同业拆借中心支付交易手续费等服务费用。

（四）基金运作费

基金运作费指为保证基金正常运作而发生的应由基金承担的费用，包括审计费、律师费、上市年费、信息披露费、分红手续费、持有人大会费、开户费、银行汇划手续费等。按照有关规定，发生的这些费用如果影响基金份额净值小数点后第五位的，即发生的费用大于基金净值十万分之一，应采用预提或待摊的方法计入基金损益；发生的费用如果不影响基金份额净值小数点后第五位的，即发生的费用小于基金净值十万分之一，应于发生时直接计入基金损益。

（五）基金销售服务费

目前只有货币市场基金以及其他经中国证监会核准的基金产品收取基金销售服务费，基金管理人可以依照相关规定从基金财产中持续计提一定比例的销售服务费。收取销售服务费的基金通常不再收取申购费。

七、证券投资基金资产估值及利润分配

（一）基金资产净值

基金资产总值是指基金所拥有的各类证券的价值、银行存款本息、基金应收的申购基金款以及其他投资所形成的价值总和。基金资产净值是指基金资产总值减去负债后的价值。基金份额净值是指某一时点上某一投资基金每份基金份额实际代表的价值。

基金资产净值和基金份额净值计算公式如下：

基金资产净值=基金资产总值-基金负债

基金份额净值=基金资产净值/基金总份额

基金资产净值是衡量一个基金经营业绩的主要指标，也是基金份额交易价格的内在价值和计算依据。

（二）基金资产估值

基金资产估值是指通过对基金所拥有的全部资产及所有负债按一定的原则和方法进行估算，进而确定基金资产公允价值的过程。

1. 估值的目的

基金资产估值的目的是客观、准确地反映基金资产的价值。经基金资产估值后确定的基金资产净值而计算出的基金份额净值，是计算基金份额转让价格尤其是计算开放式基金申购与赎回价格的基础。

2. 估值对象

估值对象为基金依法拥有的各类资产，如股票、债券、权证等。

3. 估值日的确定

基金管理人应于每个交易日当天对基金资产进行估值。

4. 估值暂停

基金管理人虽然必须按规定对基金净资产进行估值，但遇到下列特殊情况，可以暂停估值：

（1）基金投资所涉及的证券交易所遇法定节假日或因其他原因暂停营业时。

（2）因不可抗力或其他情形致使基金管理人、基金托管人无法准确评估基金资产价值时。

（3）占基金相当比例的投资品种的估值出现重大转变，而基金管理人为保障投资人的利益，已决定延迟估值。

（4）如出现基金管理人认为属于紧急事故的任何情况，会导致基金管理人不能出售或评估基金资产的。

（5）中国证监会和基金合同认定的其他情形。

（三）证券投资基金的收入及利润分配

1. 证券投资基金的收入来源

证券投资基金收入是基金资产在运作过程中所产生的各种收入，主要包括利息收入、投资收益以及其他收入。基金资产估值引起的资产价值变动作为公允价值变动损益计入当期损益。

2. 证券投资基金的利润分配

基金利润（收益）分配通常有两种方式：一是分配现金，这是最普遍的分配方式；二是分配基金份额，即将应分配的净利润折为等额的新的基金份额送给受益人。按照《中华人民共和国证券投资基金管理办法》的规定，封闭式基金的收益分配每年不得少于一次，封闭式基金年度收益分配比例不得低于基金年度已实现收益的90%。封闭式基金一般采用现金方式分红。

开放式基金的基金合同应当约定每年基金利润分配的最多次数和基金利润分配的最低比例。开放式基金的分红方式有现金分红和分红再投资转换为基金份额两种。根据规定，基金利润分配应当采用现金方式。开放式基金的基金份额持有人可以事先选择将所获分配的现金利润按照基金合同有关基金份额申购的约定转为基金份额；基金份额持有人事先未做出选择的，基金管理人应当支付现金。

八、金融期货合约与金融期货市场

（一）金融期货的定义和特征

1. 金融期货定义

期货合约是由交易双方订立的，约定在未来某日按成交时约定的价格交割一定数量的某种商品的标准化协议。

2. 金融期货的特征

与金融现货相比，金融期货的特征具体表现为：

（1）交易对象不同。金融现货交易的对象是某一具体形态的金融工具，金融期货交易的对象是金融期货合约。

（2）交易目的不同。金融工具现货交易的首要目的是筹资或投资，金融期货交易主要目的是套期保值。

（3）交易价格的含义不同。现货价格是实时的成交价，期货价格是对金融现货未来价格的预期。

（4）交易方式不同。现货交易要求在成交后的几个交易日内完成资金与金融工具的全额交割。期货交易实行保证金和逐日盯市制度，交易者并不需要在成交时拥有或借入全部资金或基础金融工具。

（5）结算方式不同。以基础金融工具与货币的转手而结束交易活动。绝大多数的期货合约是通过做相反交易实现对冲而平仓的。

（二）金融期货的主要交易制度

1. 集中交易制度

金融期货是在期货交易所或证券交易所进行集中交易。期货交易所是期货市场的核心。

2. 标准化期货合约和对冲机制

期货合约是由交易所设计、经主管机构批准后向市场公布的标准化合约。

3. 保证金及其杠杆作用

设立保证金的主要目的是当交易者出现亏损时能及时制止，防止出现不能偿付的现象。双方成交时交纳的保证金叫初始保证金。

4. 结算所和无负债结算制度

结算所是期货交易的专门清算机构，通常附属于交易所，但又以独立的公司形式组建。所有的期货交易都必须通过结算会员由结算机构进行，而不是由交易双方直接交收清算。结算所实行无负债的每日结算制度，又称逐日盯市制度，就是以每种期货合约在交易日收盘前最后一分钟或几分钟的平均成交价作为当日结算价，与每笔交易成交时的价格作对照，计算每个结算所会员账户的浮动盈亏，进行随市清算。由于逐日盯市制度以一个交易日为最长的结算周期，对所有账户的交易头寸按不同到期日分别计算，并要求所有的交易盈亏都能及时结算，从而能及时调整保证金账户，控制市场风险。

5. 限仓制度

限仓制度是交易所为了防止市场风险过度集中和防范操纵市场的行为，而对交易者持仓数量加以限制的制度。

6. 大户报告制度

大户报告制度的实施便于交易所审查大户是否有过度投机和操纵市场行为。

限仓制度和大户报告制度是降低市场风险，防止人为操纵，提供公开、公平、公正市场环境的有效机制。

7. 每日价格波动限制及断路器规则

为防止期货价格出现过大的非理性变动，交易所通常对每个交易时段允许的最大波动范围做出规定，一旦达到涨（跌）幅限制，则高于（低于）该价格的多头（空头）委托无效。

（三）金融期货的种类

金融期货按照基础工具划分为外汇期货、利率期货、股权类期货。

1. 外汇期货

外汇期货又称货币期货，是金融期货中最先产生的品种，主要用于规避外汇风险。外汇期货交易产生：1972 年芝加哥商业交易所（CME）所属国际货币市场（IMM）率先推出。

2. 利率期货

利率期货主要是为了规避利率风险而产生的。利率期货产生于 1975 年 10 月美国芝加哥期货交易所（CBOT）。

利率期货品种：

（1）债券期货：以国债期货为主的债券期货是各主要交易所最重要的利率期货品种。1992 年 12 月 18 日，上海证券交易所开办国债期货交易，并于 1993 年 10 月 25 日向社会公众开放。“327 国债期货事件”主要是因为期货交易规则不完善而造成的。1995 年 5 月 17 日，证监会暂停国债期货试点。

（2）主要参考利率期货

常见参考利率：伦敦银行间同业拆放利率（1IBOR）、香港银行间同业拆放利率（HIBOR）、欧洲美元定期存款单利率和联邦基金利率等。

3. 股权类期货

股权类期货：以单只股票、股票组合、股票价格指数为基础资产的期货合约。

（1）股指期货

股票价格指数期货是以股票价格指数为基础变量的期货交易。

1982 年，美国堪萨斯期货交易所正式开办世界上第一个股票指数期货交易。

2006 年 9 月 8 日，中国金融期货交易所正式成立。

（2）单只股票期货

单只股票期货是以单只股票作为基础工具的期货，买卖双方约定，以约定的价格在合约到期日买卖规定数量的股票。

（3）股票组合期货

股票组合期货是以标准化的股票组合为基础资产的金融期货。

（四）沪深300股指期货

选择沪深300指数为中国金融期货交易所首个股票指数期货标的，主要考虑了以下三个方面：

第一，沪深300指数市场覆盖率高，主要成分股权重比较分散，有利于防范指数操纵行为。

第二，沪深300指数成分股涵盖能源、原材料、工业、可选消费、主要消费、健康护理、金融、信息技术、电信服务、公共事业十个行业，各行业公司流通市值覆盖率相对均衡，使得该指数能够较好地对抗行业的周期性波动。

第三，沪深300指数的编制吸收了国际市场成熟的指数编制理念，有利于市场发挥和后续产品创新。

（五）金融期货的基本功能

1. 套期保值功能

（1）套期保值原理

期货交易之所以能够套期保值，其基本原理在于某一特定商品或金融工具的期货价格和现货价格受相同经济因素的制约和影响，从而它们的变动趋势大致相同；而且，现货价格与期货价格在走势上具有收敛性，即当期货合约临近到期日时，现货价格与期货价格将逐渐趋同。

若同时在现货市场和期货市场建立数量相同、方向相反的头寸，则到期时不论现货价格上涨或是下跌，两种头寸的盈亏恰好抵消，使套期保值者避免承担风险损失。

（2）套期保值的基本做法

套期保值的基本做法：在现货市场买进或卖出某种金融工具的同时，做一笔与现货交易品种、数量、期限相当但方向相反的期货交易，以期在未来某一时间通过期货合约的对冲，以一个市场的盈利来弥补另一个市场的亏损，从而规避现货合约的对冲，以一个市场的盈利来弥补另一个市场的亏损，从而规避现货价格变动带来的风险，实现保值的目的。

套期保值的基本类型有两种：一是多头套期保值。二是空头套期保值。

由于期货交易的对象是标准化产品，因此，套期保值者很可能难以找到与现货头寸在品种、期限、数量上均恰好匹配的期货合约。如果选用替代合约进行套期保值操作，则不能完全锁定未来现金流，由此带来的风险称为“基差风险”（基差=现货价格-期货价格）。

示例：股指期货空头套期保值。

2010年3月1日，沪深300指数现货报价为3 324点，在仿真交易市场，2010年9月到期（9月17日到期）的沪深300股指期货合约报价为3 400点，某投资者持有价值为1亿元人民币的市场组合，为防范在9月18日之前出现系统性风险，可卖出9月份沪深300指数期货进行保值。

如果该投资者做空100张9月到期合约［100 000 000÷(3 324×300)-100］，则到9月17日收盘时：

现货头寸价值：1亿元×9月17日现货收盘价÷3月1日现货报价

期货头寸盈亏：300元×(9月17日期货结算价-3月1日期货报价)×做空合约张数

在不同指数点位下，头寸变化如表3-1所示。

表3-1　　沪深300指数期货套期保值

9月17日沪深300指数	现货头寸价值（元）	期货头寸盈亏（元）	合计（元）
2 900	87 244 284	12 720 000	99 964 284
3 000	90 252 707.58	9 720 000	99 972 707.58
3 100	93 261 131.17	6 720 000	99 981 131.17
3 200	96 269 554.75	3 720 000	99 989 554.75
3 300	99 277 978.34	720 000	99 997 978.34
3 400	102 286 401.9	-2 280 000	100 006 401.9
3 500	105 294 825.5	-5 280 000	100 014 825.5
3 600	108 303 249.1	-8 280 000	100 023 249.1
3 700	111 311 672.7	-11 280 000	100 031 672.7

由表3-1可知，经空头套期保值后，不论2010年9月沪深300指数如何变化，该投资者的账户总值基本维持不变。

2. 价格发现功能

价格发现功能是指在一个公开、公平、高效、竞争的期货市场中，通过集中竞价形成期货价格的功能。期货价格具有预期性、连续性和权威性的特点，能够比较准确地反映出未来商品价格的变动趋势。期货市场之所以具有价格发现功能，是因为期货市场将众多影响供求关系的因素集中于交易所内，通过买卖双方公开竞价，集中转化为一个统一的交易价格。

3. 投机功能

与所有有价证券交易相同，期货市场上的投机者也会利用对未来期货价格走势的预期进行投机交易，预计价格上涨的投机者会建立期货多头；反之则建立空头。期货投机具有：T+0、可以进行日内投机、高风险特征。

4. 套利功能

套利的理论基础在于经济学中的一价定律，即忽略交易费用的差异，同一商品只能有一个价格。

九、K 线理论

（一）K 线的画法和主要形状

K 线的画法：K 线又称为日本线，起源于日本。

K 线中涉及的四个价格分别是：开盘价、最高价、最低价和收盘价。其中收盘价最为重要。K 线是一条柱状的线条，由影线和实体组成。中间的矩形部分是实体，实体的上下端为开盘价和收盘价。实体上方的直线为上影线，上端点是最高价；实体下方的直线为下影线，下端点是最低价。根据开盘价和收盘价的关系，K 线又分为阳线和阴线两种，收盘价高于开盘价时为阳线（红线），收盘价低于开盘价时为阴线（黑线）。

（二）K 线的组合应用

K 线图反映的是一段时间以来买卖双方战斗的结果。

1. 单根 K 线的应用

应用单根 K 线研判行情，主要是从实体的长短、阴阳、上下影线的长短以及实体长短与上下影线长短之间的关系等几个方面进行。

总之，应用一根 K 线进行分析时，多空双方力量的对比取决于影线的长短与实体的大小。一般来说，指向一个方向的影线越长，越不利于股价今后朝这个方向变动。阴线实体越长，越有利于下跌；阳线实体越长，越有利于上涨。

2. 由多根 K 线的组合推测行情（见图 3-1）

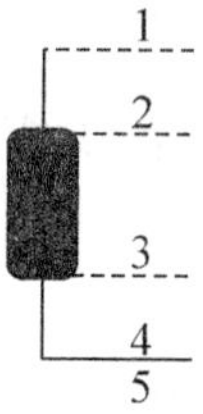

图 3-1　K 线图

对于两根 K 线的组合来说，第二天的 K 线是进行行情判断的关键。简单地说，第二天多空双方争斗的区域越高，越有利于上涨；越低，越有利于下跌。也就是说，从区域 1 到区域 5 是多方力量减少、空方力量增加的过程。

K 线多的组合要比 K 线少的组合得出的结论更可靠。

（三）应用 K 线理论应注意的问题

由它们的组合得到的结论都是相对的，不是绝对的。

尽量使用根数多的 K 线组合。一般说来，多根 K 线组合得到的结果不大容易与事实相反。

十、切线理论

切线理论为顺势而为，不逆势而动。

（一）趋势分析

1. 趋势的含义

趋势是指股票价格的波动方向。

2. 趋势的方向

趋势的方向有三类：①上升方向；②下降方向；③水平方向（无趋势方向）。

3. 趋势的类型

按道氏理论的分类，趋势分为三个类型：主要趋势、次要趋势和短暂趋势。

（二）支撑线和压力线

支撑线又称为抵抗线，是指当股价下跌到某个价位附近时，会出现买方增加、卖方减少的情况，从而使股价停止下跌，甚至有可能回升。支撑线起阻止股价继续下跌的作用。压力线又称阻力线，是指当股价上涨到某价位附近时，会出现卖方增加、买方减少的情况，股价会停止上涨，甚至回落。压力线起到阻止股价继续上升的作用。市场中主要有三种人：多头、空头和旁观者。

一条支撑线或压力线对当前影响的重要性有三个方面的考虑：一是股价在这个区域停留时间的长短；二是股价在这个区域伴随的成交量大小；三是这个支撑区域或压力区域发生的时间距离当前这个时期的远近。很显然，股价停留的时间越长、伴随的成交量越大、离现在越近，则这个支撑或压力区域对当前的影响就越大；反之就越小。

（三）趋势线和轨道线

1. 趋势线

（1）趋势线的含义

由于证券价格变化的趋势是有方向的，因而可以用直线将这种趋势表示出来，这样的直线称为趋势线。反映价格向上波动发展的趋势线称为上升趋势线；反映价格向下波动发展的趋势线则称为下降趋势线。由于股票价格的波动可分为长期趋势、中期趋势及短期趋势三种，因此，描述价格变动的趋势线为长期趋势线、中期趋势线与短期趋势线三种。

由于价格波动经济变化，可能由升转跌，也可能由跌转升，甚至在上升或下跌途中转换方向，因此，反映价格变动的趋势线不可能一成不变，而是要随着价格波动的实际情况进行调整。

（2）趋势线的确认及其作用

要得到一条真正起作用的趋势线，要经多方面的验证才能最终确认，不合条件的一般应删除。首先，必须确实有趋势存在。也就是说，在上升趋势中，必须确认出两个依次上升的低点；在下降趋势中，必须确认两个依次下降的高点，才能确认趋势的存在。其次，画出直线后，还应得到第三个点的验证才能确认这条趋势线是有效的。一般说来，所画出的直线被触及的次数越多，其作为趋势线的有效性越能得到确认，用它进行预测越准确有效。另外，这条直线延续的时间越长，越具有有效性。

2. 轨道线

两条平行线组成的一个轨道，就是常说的上升和下降轨道。轨道的作用是限制股价的变动范围，让它不能变得太离谱，一个轨道一旦得到确认，那么价格将在这个通道里变动。对上面或下面的直线的突破将意味着行情有一个大的变化。

轨道线也是一个被确认的问题。一般而言，轨道线被触及的次数越多，延续的时间越长，其被认可的程度和重要性越高。

（四）应用切线理论应注意的问题

切线为我们提供了很多价格移动可能存在的支撑线和压力线，这些直线有很重要的作用。但是，支撑线、压力线有被突破的可能，它们的价位只是一种参考，不能把它们当成万能的工具。

十一、形态理论

（一）股价移动规律和两种形态类型

1. 股价的移动规律

股价的移动是由多空双方力量大小决定的。股价移动的规律是完全按照多空双方力量对比大小和所占优势的大小而行动的。

股价的移动应该遵循这样的规律：第一，股价应在多空双方取得均衡的位置上下来回波动。第二，原有的平衡被打破后，股价将寻找新的平衡位置。即持续整理，保持平衡→打破平衡→新的平衡→再打破平衡→再寻找新的平衡→……

2. 股价移动的两种形态类型

股价曲线的形态分成两个大的类型：①持续整理形态；②反转突破形态。前者保持平衡，后者打破平衡。

（二）反转突破形态（趋势方向的反转）

反转变化形态主要有头肩形态、多重顶（底）形态、圆弧顶（底）形态、喇叭形以及 V 形反转形态等多种形态。

1. 头肩形态

头肩形态是实际股价形态中出现最多的一种形态，也是最著名和最可靠的反转突破形态。它一般可分为头肩顶、头肩底以及复合头肩形态三种类型。

（1）头肩顶形态（可靠的卖出时机）

头肩顶形态的形成过程大体如下：

①股价长期上升后，成交量大增，获利回吐压力亦增加，导致股价回落，成交量较大幅度下降，左肩形成。

②股价回升，突破左肩之顶点，成交量亦可能因充分换手而创纪录，但价位过高使持股者产生恐慌心理，竞相抛售，股价回跌到前一低点水准附近，头部完成。

③股价第三次上升，但前段的巨额成交量将不再重现，涨势亦不再凶猛，价位到达头部顶点之前即告回落，形成右肩。这一次下跌时，股价急速穿过颈线，再回升时，股价也仅能达到颈线附近，然后成为下跌趋势，头肩顶形态宣告完成。

当颈线被突破，反转确认以后，大势将下跌。下跌的深度，可以借助头肩顶形态的测算功能进行。

从突破点算起，股价将至少要跌到与形态高度相等的距离。

（2）头肩底形态（买进时机）

头肩底跟随下跌市势而行，并发出市况逆转的讯号。图形以左肩、头、右肩及颈线组成。三个连续的谷底以中谷底（头）最深，第一及最后谷底（分别为左、右肩）较浅及接近对称，因而形成头肩底形态。当价格一旦升穿阻力线（颈线），则出现较大幅上升。

成交量可为头肩底形态充当一个重要的指标，大多数例子中，左肩较右肩和头部为大，下降的成交量加上头部创新低可充当一个警号，警戒市势正在水平线上逆转。

第二个警号是当价格由头部的顶峰上升时，即价格向上突破颈线后，再次回落至颈线支持位，然后才大升。最后逆转讯号是在价格向上窗破颈线后，把握时机入货，若未能跟进，则可望出现“后抽”回试颈线支持位时买入。

在大多数图形中，当阻力线被穿破，相同的阻力线在后市中转变为支持线。

（3）复合头肩形态

复合头肩形态是肩部、头部或两者同时出现多次。

2. 双重顶和双重底形态

双重顶和双重底就是M头和W底，这种形态在实际中出现得也非常频繁。

突破颈线就是突破轨道线、突破支撑线，因此也有突破被认可的问题。

双重顶反转突破形态一旦得到确认，同样具有测算功能，即从突破点算起，股价将至少要跌到与形态高度相等的距离。需要注意的是，双重底的颈线突破时，必须有大成交量的配合，否则即可能为无效突破。

双重顶反转形态一般具有如下特征：①双重顶的两个高点不一定在同一水平，两者相关少于3%就不会影响形态的分析意义；②向下突破颈线时不一定有大成交量伴随，但日后继续下跌时成交量会扩大；③双重顶形态完成后的最小跌幅度量度方法是由颈线开始，至少会下跌从双头最高点到颈线之间的差价距离。

3. 三重顶（底）形态

比起头肩形态来说，三重顶（底）形态更容易演变成持续形态，而不是反转形态。

4. 圆弧形态（成交量是两头多，中间少）

圆弧形态在实际中出现的机会较少，但是一旦出现则是绝好的机会，它的反转深度和高度是不可测的。

圆弧形态具有如下特征：①形态完成、股价反转后，行情多属暴发性，涨跌急速，持续时间也不长，一般是一口气走完，中间极少出现回档或反弹。因此，形态确信后应立即顺势而为，以免踏空、套牢。②在圆弧顶或圆弧底形态的形成过程中，成交量的变化都是两头多，中间少。越靠近顶或底成交量越少，到达顶或底时成交量达到最少。在突破后的一段，都有相当大的成交量。③圆弧形态形成所花的时间越长，今后反转的力度就越强，越值得人们去相信这个圆弧形。一般来说，应该与一个头肩形态形成的时间相当。

5. 喇叭形（缺乏理性的市场）

喇叭形态具有如下特征：①喇叭形一般是一个下跌形态，暗示升势将到尽头，只有在少数情况下股价在高成交量配合下向上突破时，才会改变其分析意义；②在成交量方成，整个喇叭形态形成期间都会保持不规则的大成交量，否则难以构成该形态；③喇叭形走势的跌幅是不可量度的，一般说来，跌幅都会很大；④喇叭形源于投资者的非理性，因而在投资意愿不强、气氛低沉的市道中，不可能形成该形态。

6. V形反转（失控）

V形走势是一种很难预测的反转形态，它往往出现在市场剧烈的波动之中。

（三）持续整理形态

持续整理形态包括：三角形、矩形、楔形和旗形。

1. 三角形

其可分为：对称三角形、上升三角形和下降三角形。

根据经验，突破的位置一般应在三角形的横向宽度的1/2~3/4的某个位置。三角形的横向宽度指三角形的顶点到底的高度。

2. 矩形（可进行短线操作）

矩形又叫箱形，也是一种典型的整理形态，股票价格在两条横着的水平直线之间上下波动，做横向延伸运动。

当矩形突破后，其涨跌幅度通常等于矩形本身宽度，这是矩阵形态的测算功能。

3. 旗形和楔形

这两个形态的特殊之处在于，它们都有明确的形态方向，如向上或向下，并且形态方向与原有的趋势方向相反。

（1）旗形

旗形大多发生在市场极度活跃、股价运动近乎直线上升或下降的情况下。在市场急速而又大幅的波动中，股价经过一连串紧密的短期波动后，形成一个稍微与原来趋势呈相反方向倾斜的长方形，这就是旗形走势。

旗形也有测算功能。旗形的形态高度是平行四边形左右两条边的长度。旗形被突破后，股价将至少要走到形态高度的距离，大多数情况是走到旗杆高度的距离。

应用旗形时，有几点要注意：

①旗形出现之前，一般应有一个旗杆，这是由于价格的直线运动形成的。

②旗形持续的时间不能太长，时间一长，保持原来趋势的能力将下降。经验告诉我们，持续时间应该短于三周。

③旗形形成之前和被突破之后，成交量都很大。在旗形的形成过程中，成交量从左向右逐渐减少。

（2）楔形

如果将旗形中上倾或下倾的平等四边形变成上倾或下倾的三角形，就会得到楔形。楔形可分为上升楔形和下降楔形两种。

上升楔形是指股价经过一次下跌后产生强烈技术性反弹，价格升至一定水平后又掉头下落，但回落点比前次高，然后又上升至新高点，再回落，在总体上形成一浪高于一浪的势头。如果把短期高点相连，形成一条向上倾斜直线，且两者呈收敛之势。

在楔形形成过程中，成交量渐次减少；在楔形形成之前和突破之后，成交量一般都很大。与旗形的另一个不同是，楔形形成所花费的时间较长，一般需要两周以上的时间方可完成。

（四）缺口

缺口，通常又称为跳空，是指证券价格在快速大幅波动中没有留下任何交易的一段真空区域。缺口的宽度表明这种运动的强弱。一般来说，缺口愈宽，运动的动力愈大；反之，则愈小。不论向何种方向运动所形成的缺口，都将成为日后较强的支撑或阻力区域，不过这种支撑或阻力效能依不同形态的缺口而定。缺口划分为四种：普通缺口、突破缺口、持续性缺口、消耗性缺口。

1. 普通缺口

普通缺口经常出现在股价整理形态中，特别是出现在矩形或对称三角形等整理形态中。普通缺口的特征：三日内回补，成交量小，很少有主动的参与者。普通缺口的这种短期内必补的特征，给投资者短线操作带来了一个机会。

2. 突破缺口

突破缺口是证券价格向某一方向急速运动，跳出原有形态所形成的缺口。

突破缺口形态确认以后，无论价位（指数）的升跌情况如何，投资者都必须立即做出买入或卖出的指令，即向上突破缺口被确认立即买入：向下突破缺口被确认立即卖出，因为突破缺口一旦形成，行情走势必将向突破方向纵深发展。

3. 持续性缺口

持续性缺口是在证券价格向某一方向有效突破之后，由于急速运动而在途中出现的缺口，它是一个趋势的持续信号。

持续性缺口一般不会在短期内被封闭。

4. 消耗性缺口

消耗性缺口一般发生在行情趋势的末端，表明股价变动的结束。

消耗性缺口容易与持续性缺口混淆，它们的最大区别：消耗性缺口出现在行情趋势的末端，而且伴随着大的成交量。

（五）应用形态理论应注意的问题

（1）站在不同的角度，不同的形态会有不同的解释；

（2）进行实际操作时，要求形态完全明朗才能行动。

十二、波浪理论

（一）波浪理论的形成历史及其基本思想

1. 波浪理论的形成过程

波浪理论的全称是艾略特波浪理论。波浪理论以周期为基础。

2. 波浪理论的基本思想

艾略特认为，由于证券市场是经济的晴雨表，而经济发展具有周期性，所以股价的上涨和下跌也应该遵循周期发展的规律。不过股价波动的周期规律比经济发展的周期要复杂得多。每个周期都是由上升（或下降）的五个过程和下降（或上升）的三个过程组成。艾略特不仅找到了股价移动的规律，而且还找到了股价移动发生的时间和位置，这是波浪理论较之于道氏理论更为优越的地方。艾略特波浪理论中所用到的数字2、3、5、8、13、21、34……都来自斐波那契数列。

（二）波浪理论考虑的因素

波浪理论考虑的因素有三个方面：

（1）股价走势所形成的形态；

（2）股价走势图中各个高点和低点所处的相对位置；

（3）完成某个形态所经历的时间长短。

其可简单地概括为：形态、比例和时间。

（三）波浪理论的应用及其应注意的问题

首先要明确当前所处的位置。要认真准确地识别3浪结构和5浪结构。

十三、趋势型指标

1. MA（移动平均线）

MA是指用统计分析的方法，将一定时期内的证券价格（指数）加以平均，并把不同时间的平均值连接起来，形成一根线MA，用以观察证券价格变动趋势的一种技术指标。

（1）MA的计算公式

移动平均线可分为算术移动平均线（SMA）、加权移动平均线（WMA）和指数平滑移动平均线（EMA）三种。

根据计算期的长短，MA又可分为短期、中期和长期移动平均线。通常以5日、10日线观察证券市场的短期走势，称为“短期移动平均线”；以30日、60日线观察中期走势，称为“中期移动平均线”；以13周、26周研判长期趋势，称为“长期移动平均线”。西方投资机构重视200天移动平均线，并以此作为长期投资的依据：若行情在200天均线以下，属空头市场；反之，为多头市场。

（2）MA的特点

MA的基本思想是消除股价随机波动的影响，寻求股价波动的趋势。它有以下几个特点：

①追踪趋势。MA能够表示股价的趋势方向，并追踪这个趋势。如果能从股价的图表中找出上升或下降趋势，那么，MA将与趋势方向保持一致。原始数据的股价图表不具备这个追踪趋势的特性。

②滞后性。在股价原有趋势发生反转时，由于MA追踪趋势的特征，使其行动往往过于迟缓，调头速度落后于大趋势。这是MA一个极大的弱点。

③稳定性。根据移动平均线的计算方法，要想较大地改变移动平均的数值，当天的股价必须有很大的变化，因为 MA 是股价几天变动的平均值。

④助涨助跌性。当股价突破移动平均线时，无论是向上还是向下突破，股价都有继续向突破方向发展的愿望。

⑤支撑线和压力线的特性。

（3）MA 的应用法则——葛兰威尔法则（简称“葛氏法则”）

在 MA 的应用上，最常见的是葛兰威尔的“移动平均线八大买卖法则”。

葛氏法则的内容：平均线从下降开始走平，股价从下上穿平均线；股价跌破平均线，但平均线呈上升态势；股价连续上升远离平均线，突然下跌，但在平均线附近再度上升；股价跌破平均线，并连续暴跌，远离平均线。以上四种情况均为买入信号。

移动平均线呈上升状态，股价突然暴涨且远离平均线；

平均线从上升转为盘局或下跌，而股价向下跌破平均线；

股价走在平均线之下，且朝着平均线方向上升，但未突破平均线又开始下跌；

股价向上突破平均线，但又立刻向平均线回跌，此时平均线仍持续下降。

以上四种情况均为卖出信号。

葛氏法则的不足是没有明确指出投资者在股价距平均线多远时才可以买进卖出，这可用后面的乖离率指标弥补。

（4）MA 的组合应用

①“黄金交叉”与“死亡交叉”

当现在价位站稳在长期与短期 MA 之上，短期 MA 向上突破长期 MA 时，为买进信号，此种交叉称为“黄金交叉”；反之，若现在行情价位于长期与短期 MA 之下，短期 MA 又向下突破长期 MA 时，则为卖出信号，交叉称之为“死亡交叉”。

②长、中、短期移动平均线的组合使用

在实际应用中，常将长期 MA（250 日“年线”、120 日“半年线”）、中期（60 日）、短期（10 日）结合起来使用，分析他们之间的相互关系，判断股市趋势。三种移动平均线的移动方向有时趋于一致，有时不一致，可从如下两个方面来分析、研判。

方向一致的情况。在空头市场中，经过长时间的下跌，股价与短、中、长期均线的排列关系从下到上依次为股价、短期均线、中期均线、长期均线。若股市出现转机，股价开始回升，反映最灵敏的是短期均线（如 5 日、10 日），最先跟随股价从下跌转为上升；随着股价继续攀升中期均线才开始转为向上移动。至于长期均线（如 120 日半年线、250 日年线），则意味着股市基本趋势的转变，多头市场的来临。若股市仅出现次级移动，股价上升数星期或两三个月，使得短期均线和中期均线向上移动；当次级移动结束后，股价再朝原始方向移动，平均线则从短期均线、中期均线依次向下移动。在多头市场中，情形则恰恰相反。

方向不一致的情况。当股价进入整理盘整后，短期平均线、中期平均线很容易与股价纠缠在一起，不能正确地指明运动方向。有时短期均线在中期均线之下或之上，此种情形表示整个股市缺乏弹性，静待多方或空方打破僵局，使行情再度上升或下跌。

另一种不协调的现象是中期平均先向上移动，股价和短期平均线向下移动，这表明股市上升趋势并未改变，暂时出现回档调整的现象。只有当股价和短期均线相继跌破中期均线，并且中期均线也有向下反转之迹象，则上升趋势改变。或是中期平均线仍向下移动，股价与短期平均线向上移动，表明下跌趋势并未改变，中间出现一波反弹情况而已。只有当股价和短期均线都回到均线之上，并且中期均线也有向上反转，则趋势才改变。

2. MACD（指数平滑异同移动平均线）

（1）MACD 的计算公式

MACD 是由正负差（DIF）和异同平均数（DEA）两部分组成，DIF 是核心，DEA 是辅助。

DIF 是快速平滑移动平均线与慢速平滑移动平均线的差。

DIF=EMA（12）-EMA（26）

（2）MACD 的应用法则

第一，以 DIF 和 DEA 的取值和这两者之间的相对取值对行情进行预测。其应用法则：

①DIF 和 DEA 均为正值时，属多头市场。DIF 向上突破 DEA 是买入信号。

②DIF 和 DEA 均为负值时，属空头市场。DIF 向下突破 DEA 是卖出信号。

③当 DIF 向下跌破 0 轴线时，为卖出信号。

第二，指标背离原则。

MACD 的优点是剔除了 MA 频繁的买入卖出信号，缺点在股市没有明显趋势而进入盘整时，失误的时候较多。

十四、超买、超卖型指标

1. WMS（威廉指标）

威廉指标 WMS 起源于期货市场。

（1）WMS 的计算公式

$$WMS(n)=\frac{H_n-C_t}{H_n-L_n}\times 100$$

（2）应用法则

从两方面考虑：

一是 WMS 的数值大小。

如果 WMS 的值比较小，则当天的价格处在相对较高的位置，要提防回落；如果 WMS 的值较大，则说明当天的价格处在相对较低的位置，要注意反弹。WMS 的取值范围为 0~100。

当 WMS 高于 80 时，处于超卖状态，行情即将见底，应当考虑买进。

当 WMS 低于 20 时，处于超买状态，行情即将见顶，应当考虑卖出。

二是 WMS 曲线的形状。

这里介绍背离原则以及撞顶和撞底次数的原则。

①在 WMS 进入低数值区位后（此时为超买），一般要回头。如果这时股价还继续

上升，就会产生背离，是卖出的信号。

②在 WMS 进入高数值区位后（此时为超卖），一般要反弹。如果这时股价还继续下降，就会产生背离，是买进的信号。

③WMS 连续几次撞顶（底），局部形成双重或多重顶（底），则是卖出（买进）的信号。

2. KDJ（随机指标）

KDJ 指标又称随机指标，由三个指标组成。

（1）KDJ 的计算公式

$$RSV(n)=\frac{C_t-L_n}{H_n-L_n}\times 100$$

（2）KDJ 的应用法则

①从 KD 的取值方面考虑。KD 的取值范围都是 0~100，将其划分为几个区域：80 以上为超买区，20 以下为超卖区，其余为徘徊区。

当 KD 超过 80 时，是卖出信号；低于 20 时，是买入信号。应该说明的是，上述划分只是 KD 指标应用的初步过程，仅仅是信号，完全按这种方法进行操作很容易招致损失。

②从 KD 指标曲线的形态方面考虑。当 KD 指标在较高或较低的位置形成头肩形和多重顶（底）时，是采取行动的信号。这些形态一定要在较高位置或较低位置出现，位置越高或越低，结论越可靠。

③从 KD 指标的交叉方面考虑

以 K 线从下向上与 D 线交叉为例：K 线上穿 D 线是金叉，为买入信号。但是出现了金叉是否应该买入，还要看别的条件。

第一个条件是金叉的位置应该比较低，是在超卖区的位置，越低越好。

第二个条件是与 D 线相交的次数。有时在低位，K 线、D 线要来回交叉好几次。交叉的次数以两次为最少，越多越好。

第三个条件是交叉点相对于 K、D 线低点的位置，这就是常说的“右侧相交”原则。K 线是在 D 线已经抬头向上时才同 D 线相交，比 D 线还在下降时与之相交要可靠得多。

④从 KD 指标的背离方面考虑。从 KD 指标的背离方面考虑。当 KD 处在高位或低位，如果出现与股价走向的背离，则是采取行动的信号。当 KD 处在高位，并形成两个依次向下的峰，而此时股价还在一个劲地上涨，这叫顶背离，是卖出的信号；与之相反，KD 处在低位，并形成一底比一底高，而股价还继续下跌，称为底背离，是买入信号。

3. RSI（相对强弱指标）

RSI 以一定时期内股价的变动情况推测价格未来的变动方向，并根据股价涨跌幅度显示市场的强弱。

（1）RSI 的计算公式

$$RSI(n)=[A/(A+B)]\times 100$$

式中：A——n 日中股价向上波动的大小；

B——n 日中股价向下波动的大小；

$A+B$——股价总的波动大小。

RSI 的参数是天数 n，一般取 5 日、9 日、14 日等。RSI 的取值范围介于 0~100。

（2）RSI 的应用法则

①根据 RSI 取值的大小判断行情。将 100 分成四个区域，根据 RSI 的取值落入的区域进行操作，如表 3-2 所示。

表 3-2

RSI 值	市场特征	投资操作
80~100	极强	卖出
50~80	强	买入
20~50	弱	卖出
0~20	极弱	买入

“极强”与“强”的分界线和“极弱”与“弱”的分界不太确定的，它们实际上是一个区域。比如，也可以取 30、70 或者 15、85。应该说明的是，分界线位置的确定与 RSI 的参数和选择的股票有关。一般而言，参数越大，分界线离 50 越近；股票越活跃，RSI 所能达到的高度越高，分界线离 50 应该越远。

②两条或多条 RSI 曲线的联合使用。我们称参数小的 RSI 为短期 RSI，参数大的 RSI 为长期 RSI。两条或多条 RSI 曲线的联合使用法则与两条均线的使用法则相同，即短期 RSI >长期 RSI，应属多头市场；短期 RSI<长期 RSI，则属空头市场。

③从 RSI 的曲线形状判断行情。当 RSI 在较高或较低的位置形成头肩形和多重顶（底），是采取行动的信号。这些形态一定要出现在较高位置和较低位置，离 50 越远，结论越可靠。

④从 RSI 与股价的背离方面判断行情。RSI 处于高位，并形成一峰比一峰低的两个峰，而此时，股价却对应的是一峰比一峰高，为顶背离，是比较强烈的卖出信号。与此相反的是底背离：RSI 在低位形成两个底部抬高的谷底，而股价还在下降，是可以买入的信号。

4. BIAS（乖离率指标）

BIAS 是测算股价与移动平均线偏离程度的指标。其基本原理：如果股价偏离移动平均线太远，不管是在移动平均线上方或下方，都有向平均线回归的要求。

（1）BIAS 的计算公式

n 日乖离率=(当日收盘价-n 日移动平均数)/n 日移动平均数×100%

$$BIAS(n)=\frac{C_t-MA(n)}{MA(n)}\times 100\%$$

（2）BIAS 的应用法则

①从 BIAS 的取值大小和正负考虑。一般来说，正的乖离率越大，表示短期多头的获利愈大，获利回吐的可能性愈高；负的乖离率愈大，则空头回补的可能性也愈高。

对于综合指数：BIAS（10）>30%为抛出时机，BIAS（10）<-10%为买入时机；

对于个股：BIAS（10）>35%为抛出时机，BIAS（10）<-15%为买入时机。

②从 BIAS 的曲线形状方面考虑。形态学和切线理论在 BIAS 也可以适用，主要是顶背离和底背离的原理。

③从两条 BIAS 线结合方面考虑。当短期 BIAS 在高位下穿长期 BIAS 时，是卖出信号；在低位，短期 BIAS 上穿长期 BIAS 时是买入信号。

十五、人气型指标

1. PSY（心理线指标）

PSY 是将一定时期内投资者看多或看空的心理事实转化为数值，来研判股价未来走势的技术指标。

（1）PSY 的计算公式

$$PSY(N)=(A/N)\times 100$$

PSY 的取值范围是 0~100，以 50 为中心，50 以上是多方市场，50 以下是空方市场。

（2）PSY 的应用法则

①在盘整局面，PSY 的取值应该在以 50 为中心的附近，上下限一般定为 25 和 75。PSY 取值在 25~75 说明多空双方基本处在平衡状况。如果 PSY 的取值，超出了这个平衡状态，就是超买或超卖，我们就应该注意了，准备采取行动。

②PSY 的取值如果高得过头或低得过头，都是行动的信号。一般说来，如果 PSY 小于 90 和大于 90 这两种极端低和极端高的局面出现，就可以不考虑别的因素而单独采取买入和卖出行动。

③当 PSY 的取值第一次进入采取行动的区域时，往往容易出错，要等到第二次出现行动信号时才保险。这一条本来是对全部技术分析方法都应该说明的，但这一条对 PSY 来说尤为重要。几乎每次 PSY 行动都要求 PSY 进入高位或低位两次才能真正称得上是安全的。第一次低于 25 或高于 75，就采取买入或卖出行动，一般都会出错。

④PSY 的曲线如果在低位或高位出现大的 W 底或 M 头也是买入或卖出的行动信号。别的形态对 PSY 也适用。

⑤PSY 线一般最好同股价曲线相配合使用，这样更能从股价的变动中了解超买或超卖的情形。我们常碰到的背离现象在 PSY 中也是适用的。

2. OBV（能量潮指标）

（1）OBV 不能单独使用，必须与股价曲线结合使用才能发挥作用。

（2）当 OBV 曲线与股价走势出现“背离”现象时，则可用以判别目前市况中，是否存在机构大户“收集”或“派发”筹码的情况。所谓“收集”意指机构做手暗地里在市场中一边出货打压行情，一边吃货，实际上是出少进多；而“派发”则指机构做手暗地逢高卖出、逢低买进，实际上是出多进少。因此，OBV 曲线则能帮助投资者推测市况是否处在“收集阶段”或“派发阶段”。

（3）OBV 曲线的上升和下降对进一步确认当前股价的趋势有很重要的作用。

①当股价上升而 OBV 曲线也跟随上升时，可确认当前是上升趋势。

②当股价上升但 OBV 并未相应地上升，则投资者应对目前的上升趋势持谨慎观望的态度，因为 OBV 与股价背离的现象已提前告诉我们上升趋势的后劲已不足，随时有反转的可能。

③当股价下跌而 OBV 线上升时，表明有大户在收集筹码，下档承接力强，股价随时有可能止跌回升。

当股价下跌而 OBV 曲线也跟随下跌时，可确认当前是下降趋势。其表明大主力在逐步“派发”，应立即离场观望。

操盘秘诀：在实战操盘中，笔者喜欢把 Y 轴的数值撇开不看，仅按其数值所占 Y 轴的比例分为 20%、40%、60%、80%、100%五个区域。通常，在大牛市或熊市中选择半年以上的时间为横坐标 X；在箱形整理的行情中则选择以 1~3 个月的时间为横坐标 X 来观察 OBV 曲线。

秘诀一：OBV 线的“底背离现象”和“异常动向”往往对于选“黑马”有着相当明确的指示作用。比如：当股价经过大幅的下跌之后，OBV 值在 0~20%的区域内明显止跌回稳，并出现超过一个月以上，近似水平的横向移动时，表明市场正处于一段漫长的盘整期，大部分投资者没有耐心而纷纷离场，然而此时往往预示着做空的能量已慢慢减少，逢低吸纳的资金已逐渐增强，大行情随时都有可能发生。当 OBV 值能够有效向上爬升时，则表明主力收集阶段已经完成，投资者可根据该收集阶段的股价来计算主力吸货阶段的成本价。计算方法为：

主力成本价=吸货区域的(最高价+最低价)÷2。例如，江泉实业（600212）的庄家收集阶段为 1999 年的 8 月至 2000 年 6 月，其中最高价为 15.8 元，最低价为 11 元，则计算其主力成本价=(15.8+11)÷2=13.4 元。由于主力吸货区域的成本价往往会成为拉升阶段的最低支撑价，因此投资者可在成本价以内大胆吸纳。

秘诀二：当 OBV 线脱离 0~20%的区域直线向上飙升时，则表明主力已吸筹完毕，进入对敲拉升阶段，此时成交量持续放大，只要 OBV 曲线与股价同步上升，则投资者可大胆追涨买入。

秘诀三：当 OBV 值在 60%~80%的区域窄幅横盘，而股价却大幅下跌，甚至跌幅高达 30%以上时，则预示着受大势或利空因素的影响，中小散户和跟庄的投资者纷纷仓皇斩仓离场，而庄家由于持筹过多无法出局，因此形成庄家被套的局面。此时，喜欢投机的短线高手可配合 BRAR、KDJ、BOLL 等技术指标积极抢反弹，抄庄家的底。

秘诀四：当 OBV 线已上升至 80%~100%的区域内时，其 OBV 曲线已明显形成 V 形顶、M 顶、圆形顶的形态，则预示着多头资金即将耗尽，庄家随时都有可能“派发”筹码，因此一旦 OBV 掉头向下或“顶背离”出现，则操作上清仓为主。

缺憾：由于 OBV 指标的适用范围比较偏向于中短期的进出，因此是预测股市中短期波动的技术指标。虽然 OBV 可以从局部显示出庄家资金的流向情况，帮助投资者确定股市突破盘局后的发展方向，但却无法解释资金移动的理由，而且以上所述的操盘秘诀仅适用于某些强庄股，而大多数的弱势股却无法用 OBV 曲线来明确的辨别，因此在使用 OBV 指标的同时还应参考其他的技术分析方法。

【实训数据】

证券交易数据的收集。中华人民共和国国家统计局、中国人民银行、中国证券监督管理委员会等网站上收集相关的数据（如上证综合指数、深证成分指数、沪深 300 股指期货、股票总市值、个股股票交易数据、银行间债券市场交易数据、基金交易数据、GDP 增长率、CPI、利率水平、法定存款准备金率）。

【实训内容】

1. 熟练掌握证券交易系统基本操作方法。
2. 熟练掌握证券交易的基本常识和证券交易的基本规定。
3. 理解和掌握 K 线理论，并灵活运用和掌握 K 线理论与证券投资机会。
4. 根据形态理论知识，了解价格波动的规律和一些基本的形态类型，把握形态理论与证券市场趋势的关系，并灵活运用和掌握形态理论与证券投资机会。
5. 根据波浪理论的基本知识，了解波浪理论在证券市场行情分析中的具体作用及其不足。把握波浪理论与证券市场趋势的关系，并灵活运用和掌握波浪理论与证券投资机会。
6. 技术分析中常见技术指标有哪些，这些指标的基本含义、构成以及简单运用。
7. 熟练掌握技术指标的基本原理和应用法则，判别证券市场运行趋势，把握证券投资机遇。
8. 运用证券交易模拟系统进行证券交易。
9. 掌握证券市场价格指数走势分析的基本方法。
10. 掌握证券市场单个股票价格走势分析的基本方法。

【实训步骤】

1. 学生登录世华财经系统（http://cqstrade.caixun.com），如图 3-2 所示：

（1）学生登录世华财经系统，注册建立账号进入，并请记住自己的账号和密码，进入后请填写自己的真实姓名和学号。

（2）进入系统，对照在线帮助说明，熟悉操作环境。

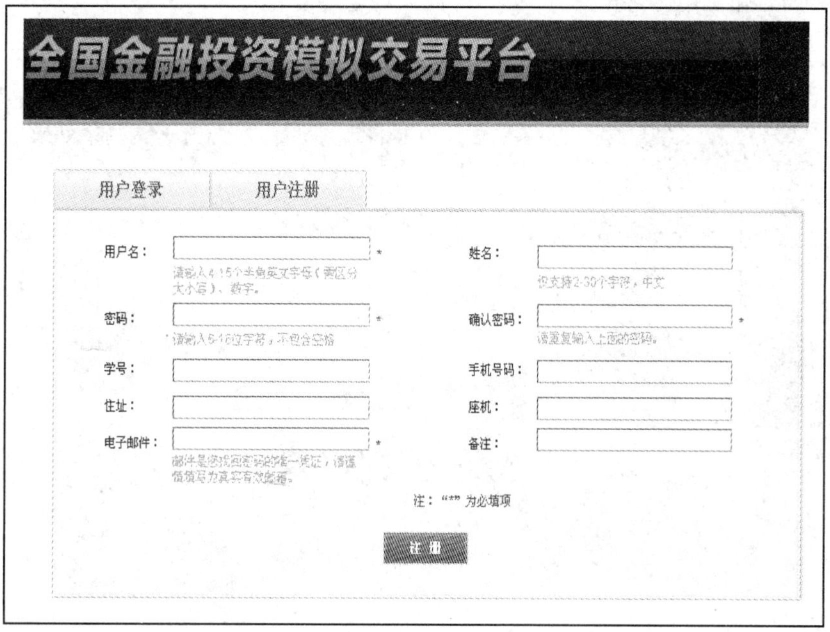

图 3-2　全国金融投资模拟交易平台

2. 学生借助世华财经系统和大智慧分析系统，进行金融工具投资实验，如图 3-3 所示。

（1）了解上海证券交易所和深圳证券交易所。

（2）熟悉中国证券交易系统。

（3）熟悉中国证券分析系统。

（4）熟悉证券分析页面基本内容。

（5）熟悉证券投资分析技术分析方法的基本内容。

（6）熟悉掌握金融投资模拟交易平台。

（7）熟悉掌握交易所的申报和交易时间。

（8）熟悉掌握证券交易费用的标准。

（9）熟悉掌握股票的竞价原则。

（10）熟悉掌握股票的竞价方式。

（11）熟悉掌握股票的开盘价与收盘价产生的过程。

（12）熟悉掌握申购新股的全过程。

（13）掌握和运用上证综合指数。

（14）掌握和运用深证成分股指数。

（15）掌握和运用沪深 300 指数。

（16）掌握和运用中小企业板指数。

（17）掌握和运用道·琼斯指数。

（18）掌握和运用金融时报指数。

（19）掌握和运用日经股价指数。

（20）掌握和运用香港恒生指数。

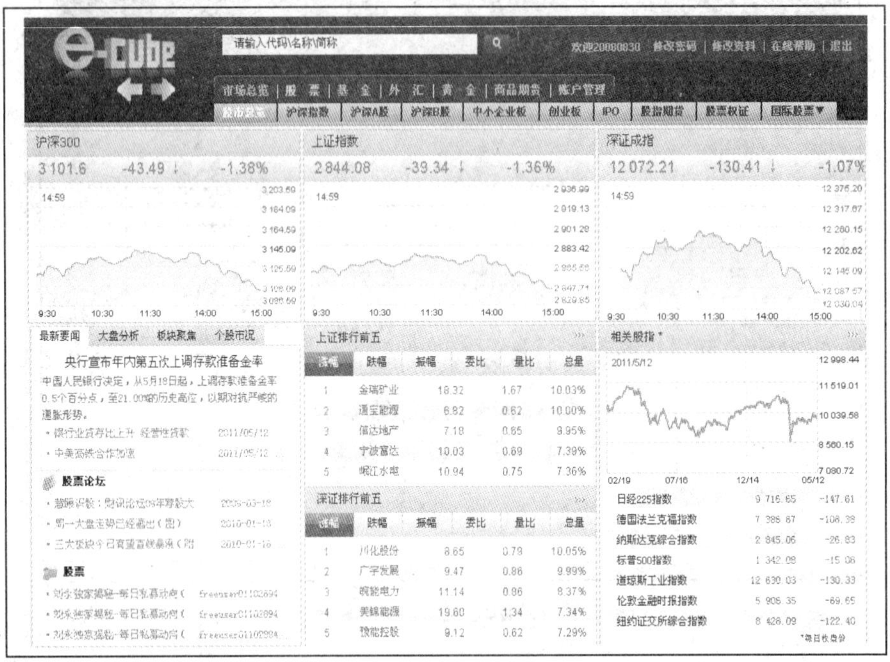

图 3-3 金融投资分析软件

3. 学生借助证券分析系统，对 K 线理论、切线理论、形态理论、波浪理论和量价关系理论进行综合试验，如图 3-4 所示为贵州茅台行情图（a）。

（1）熟悉 K 线的画法。

（2）熟悉 K 线主要形状。

（3）进行单根 K 线和组合 K 线简单分析，掌握 K 线理论与股票买卖时机。

（4）了解价格移动的规律和两种形态类型。

（6）熟悉和理解反转突破形态。

（7）熟悉和理解三角形态和矩形形态。

（8）熟悉和理解喇叭形态、菱形、旗形和 V 形。

（9）熟悉和理解波浪理论价格走势的基本形态结构。

（10）熟悉和理解波浪的层次。

（11）熟悉和理解波浪的数目。

（12）熟悉和理解波浪理论基本的分析方面。

（13）成交量与股价趋势——葛兰碧九大法则。

①价格随着成交量的递增而上涨，为市场行情的正常特征。

②在一个波段的涨势中，股价随着递增的成交量而上涨，突破前一波的高峰，创下新高价，继续上扬。

③股价随着成交量的递增而回升，股价上涨，成交量却逐渐萎缩。

④有时股价随着缓慢递增的成交量而逐渐上升，渐渐地，走势突然成为垂直上升

的喷发行情，成交量急剧增加，股价跃升暴涨；紧随着此波走势，继之而来的是成交量大幅萎缩，同时股价急速下跌。

⑤股价走势因成交量的递增而上升，是正常现象。

⑥当第二谷底的成交量低于第一谷底时，是股价将要上升的信号。

⑦随着恐慌大量卖出之后，往往是空头市场的结束。

⑧股价下跌，向下突破股价形态、趋势或移动平均线，同时出现了大量成交量，是股价下跌的信号。

⑨当市场行情持续上涨数月后，出现急剧增加的成交量，而股价却上涨无力，此为股价下跌的先兆。

（14）涨跌停板制度下量价关系分析

①涨停量小，将继续上扬；跌停量小，将继续下跌。

②涨停或跌停中途被打开的次数越多、时间越久，成交量越大，越有利于反转。

③涨停或跌停关门的时间越早，次日继续原来方向的可能性越大。

④封住涨停或跌停的成交量越大，继续原来方向的概率越大。

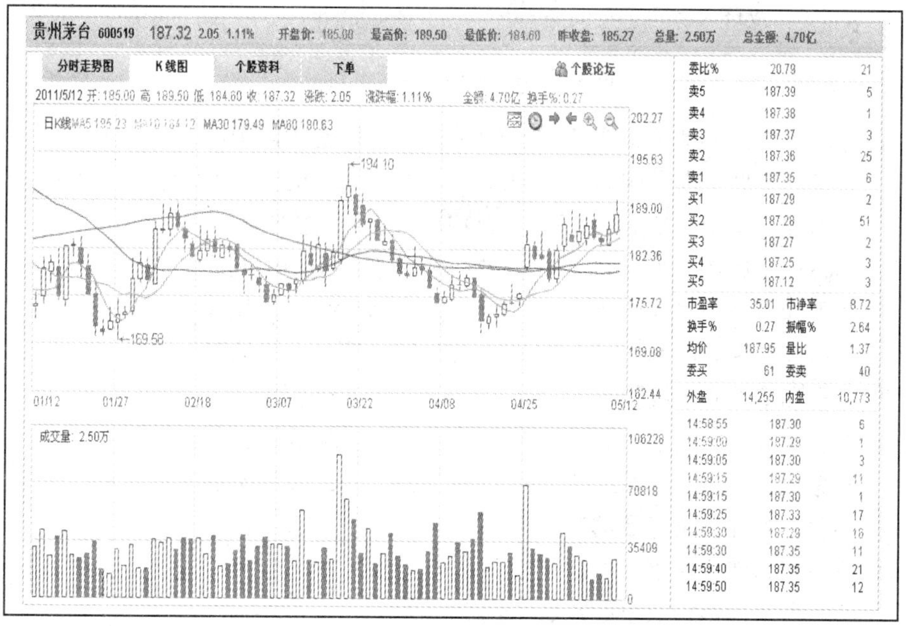

图 3-4 贵州茅台行情图（a）

4. 学生借助证券分析系统，对技术分析指标 MA、MACD、KDJ、WMS、RSI、BAIS、PSY、OBV 等进行综合试验，如图 3-5 所示为贵州茅台行情图（b）。

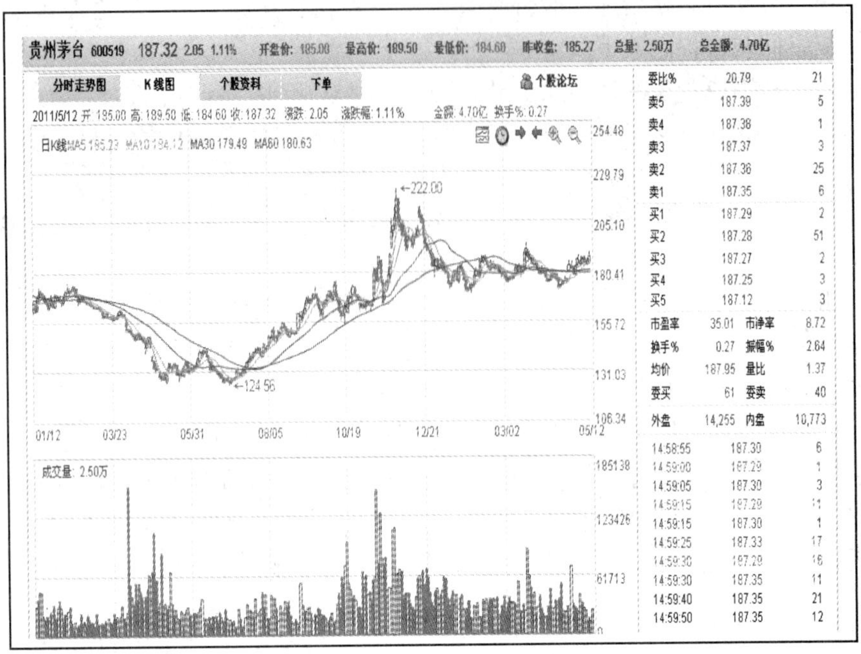

图 3-5　贵州茅台行情图（b）

（1）熟悉和掌握移动平均线（MA）的构建原理及运用法则。

（2）熟悉和掌握平滑异同移动平均线（MACD）的构建原理及运用法则。

（3）熟悉和掌握随机指标（KDJ）的构建原理及运用法则。

（4）熟悉和掌握威廉指标（WMS）的构建原理及运用法则。

（5）熟悉和掌握相对强弱指标（RSI）的构建原理及运用法则。

（6）熟悉和掌握乖离率指标（BIAS）的构建原理及运用法则。

（7）熟悉和掌握心理线指标（PSY）的构建原理及运用法则。

（8）熟悉和掌握能量潮指标（OBV）的构建原理及运用法则。

5. 学生借助证券分析系统，对大盘指标进行试验，如图 3-6 所示。

（1）熟悉和掌握价格指数的基本编制方法。

（2）熟悉和掌握价格指数的常见基本走势。

（3）熟悉和掌握市场权重股走势。

（4）熟悉和掌握价格指数分时形态。

（5）熟悉和掌握成交量与价格指数的关系。

（6）熟悉和掌握大盘趋势分析。

（7）熟悉和掌握大盘形态分析。

（8）熟悉和掌握大盘波浪分析。

（9）熟悉和掌握大盘指标分析。

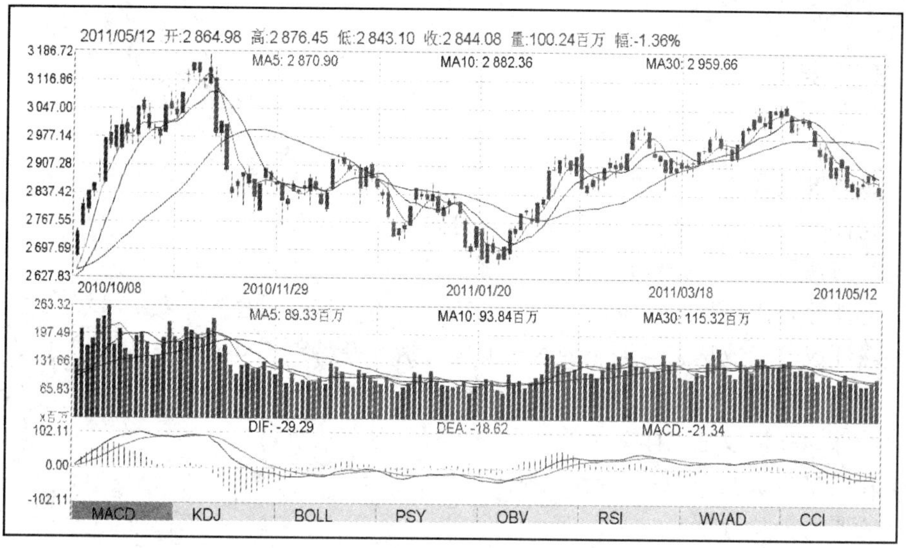

图 3-6　大盘行情图

6. 学生完成试验报告

（1）完成试验报告并交教师批阅。

（2）退出系统。

【注意事项】

1. 注意金融投资工具的不同种类以及投资特点。

2. 注意金融投资工具的投资风险。

3. 不同时期选择的金融工具投资方式应该不同。

4. 注意证券投资的基本分析方法。

5. 注意证券投资的技术分析方法。

6. 应用技术指标分析方法时，应该注意多种指标结合起来使用。

7. 进行金融投资时要注意当前的宏观经济运行环境，特别注意货币政策对金融投资收益的影响。

8. 进行证券投资时，基本面分析要与技术面分析结合起来使用，可以提高证券投资分析方法的正确率。

9. 进行证券投资时，要注意中长期投资与短期投资的区别。

10. 注意债券投资所面临的通货膨胀风险性。

11. 注意金融衍生工具投资的杠杆性和高风险性。

【问题思考】

1. 金融投资理财工具有哪些?
2. 在投资理财中金融投资理财工具各自的投资特点及风险怎样?
3. 目前在我国金融投资理财产品有哪些?
4. 上证综合指数是怎样编制的?它的运行情况及特点怎样?
5. 深证成分指数是怎样编制的?它的运行情况及特点怎样?
6. 中小企业板指数是怎样编制的?它的运行情况及特点怎样?
7. 沪深300指数是怎样编制的?它的运行情况及特点怎样?
8. 什么是股票?它的基本特点是什么?
9. 股票的分类有哪些?
10. 什么是债券?它的基本特点是什么?
11. 根据发行主体不同,债券有哪些种类?
12. 什么是基金?它的基本特点是什么?
13. 基金的分类有哪些?
14. 什么是金融衍生工具?它的基本特点是什么?
15. 金融衍生工具的分类有哪些?
16. 什么是证券投资技术分析?
17. 什么是K线理论?它与股票的买卖时机有何关系?
18. 什么是切线理论?它与股票的买卖时机有何关系?
19. 什么是形态理论?它与股票的买卖时机有何关系?
20. 什么是波浪理论?它与股票的买卖时机有何关系?
21. 什么是量价关系理论?它与股票的买卖时机有何关系?
22. 常用的技术指标分析有哪些?
23. 什么是MA指标?它有何特点?其构造原理是什么?其应用法则是什么?
24. 什么是MACD指标?它有何特点?其构造原理是什么?其应用法则是什么?
25. 什么是KDJ指标?它有何特点?其构造原理是什么?其应用法则是什么?
26. 什么是WMS指标?它有何特点?其构造原理是什么?其应用法则是什么?
27. 什么是RSI指标?它有何特点?其构造原理是什么?其应用法则是什么?
28. 什么是OBV指标?它有何特点?其构造原理是什么?其应用法则是什么?
29. 什么是PSY指标?它有何特点?其构造原理是什么?其应用法则是什么?
30. 什么是BIAS指标?它有何特点?其构造原理是什么?其应用法则是什么?
31. 股票投资有什么风险?
32. 大盘趋势如何分析?
33. 个股行情及趋势如何分析?

【案例分析】

对股票买卖技巧进行分析

一、股票基本面分析

1. 该股票属于哪一类板块的股票

股票板块的特征有的可能是地理上的，例如“重庆板块”“世博板块”；有的可能是业绩上的，如“绩优板块”；有的可能是上市公司经营行为方面的，如“购并板块”；还有的是行业分类方面的，如“钢铁板块”“科技板块”“金融板块”“房地产板块”等，不一而足。总之，几乎什么都可以冠以板块的名称，只要有这一名称就能成为股市炒作的题材。

2. 流通盘大小

投资者一般都喜欢选择流通盘比较小的，因为庄家坐庄时选择流通盘小的动用资金相对较少，也容易控盘。小盘股比较活跃，在业绩的支撑下股价能够上涨得很高。比如东方园林（002310），只有 1 450 万股，股价上冲 159 元，除权以后也是高价股。投机性的股民一般还是喜欢小盘股。但是大盘股也有它的优越性，不会大起大落，是大盘的定海神针。

3. 每股收益

每股收益是衡量上市公司盈利能力最重要的财务指标，它反映普通股的获利水平。在分析时，可以进行公司间的比较，以评价该公司的相对盈利能力；可以进行不同时期的比较，了解该公司盈利能力的变化趋势。

4. 公积金

公积金是公司的最后储备，它既是公司未来扩张的物质基础，也可以是股东未来转赠红股的希望所在。没有公积金的上市公司，就是没有希望的上市公司。

5. 未分配利润

未分配利润是企业留待以后年度进行分配的结存利润。未分配利润有两个方面的含义：一是留待以后年度分配的利润，二是尚未指定特定用途的利润。资产负债表中的未分配利润项目反映了企业期末在历年结存的尚未分配的利润数额，若为负数则为尚未弥补的亏损。

6. 主营业务收入增长率及净利润增长

主营业务收入增长率可以用来衡量公司的产品生命周期，判断公司发展所处的阶段。一般地说，如果主营业务收入增长率超过 10%，说明公司产品处于成长期，将继续保持较好的增长势头，尚未面临产品更新的风险，属于成长型公司。如果主营业务收入增长率为 5%~10%，说明公司产品已进入稳定期，不久将进入衰退期，需要着手开发新产品。如果该比率低于 5%，说明公司产品已进入衰退期，保持市场份额已经很困难，主营业务利润开始滑坡，如果没有已开发好的新产品，将步入衰落。

净利润是指利润总额减所得税后的余额，是当年实现的可供出资人（股东）分配的净收益，也称为税后利润。它是一个企业经营的最终成果，净利润多，企业的经营效益就好；净利润少，企业的经营效益就差，它是衡量一个企业经营效益的重要指标。

7. 换手率

股票的换手率越高，意味着该只股票的交投越活跃，人们购买该只股票的意愿越高，属于热门股；反之，股票的换手率越低，则表明该只股票少人关注，属于冷门股。底部放的股票，其换手率高，表明新资金介入的迹象较为明显，未来的上涨空间相对较大，越是底部换手充分，上行中的抛压越轻。此外，目前市场的特点是局部反弹行情，换手率高有望成为强势股，强势股就代表了市场的热点，因而有必要对其加以重点关注。相对高位成交量突然放大，主力派发的意愿是很明显的，然而，在高位放出量来也不是容易的事，一般伴随有一些利好出台时，才会放出成交量，主力才能顺利完成派发。

8. 公司前十大股东及其变化

注意公司前十大股东及其变化，即当前该股票流通股的前十大股东中，有多少是本公司、有多少基金、多少是 QFII、多少是个人股东。近期它们是在增加持有，还是在减少持有。

二、股票技术面分析

1. MA（移动平均线）

移动平均线简称均线（MA），是利用统计分析方法，将一定时期内的证券价格（指数）加以平均，并把不同时间的平均值连接起来，形成一根 MA，用以观察证券价格变动趋势的一种技术指标。它是目前股票市场适用性最强，应用范围最广泛并且也是计算方法最简便易行的技术指标分析方法。

（1）移动平均线的计算方法

MA 计算方法就是连续若干天的收盘价的算术平均。MA 的参数是时间天数。例如，参数为 5 的移动平均线就是包括当天在内的连续 5 日的收盘价的算术平均价格，记号为 MA（5）。例如，002317（众生药业）4 月 5 日收盘价为 76.95 元，6 日为 77.86 元，7 日为 79.48 元，8 日为 76.80 元，9 日为 77.20 元，那么 5 日均线就为：

$$MA(5)=\frac{76.95+77.86+79.48+76.80+77.20}{5}=77.658\approx77.66(\text{元})$$

（2）移动平均线的特点

①平均成本：如果将一定期间的股价加起来做平均价，则知道目前股价的平均成本。当日股价在移动平均线之上，则说明一定期间内的投资者都是赢利的。如果这股价远离移动平均线，说明投资者赢利较大，股价下跌的可能性较大；相反，股价在移动平均线之下，对投资人是亏损的，亏损过大，会有反弹的要求。

②追踪趋势：移动平均线能够表示股价的趋势方向，并追踪这个趋势。如果从股价的 K 线图上能够找出上升或下降趋势，那么，移动平均线的曲线将保持与趋势方向一致，能消除中间股价在这个过程出现的起伏。K 线图不具备这个保持追踪趋势的特性。

③稳定性：由移动平均线的计算方法可以知道，要比较大地改变移动平均线的数值，无论是向上还是向下，都比较困难，必须当天的股价有很大的变动，因为移动平均线的变动不是一天的变动，而是几天的变动。某一天股价的较大变动，在移动平均线上将表现得不明显。这种稳定性有优点，也有缺点，在应用时应多加注意，掌握好分寸。

④滞后性：在股票价格原有趋势开始发生反转时，由于移动平均线的追踪趋势的特性，移动平均线的行动往往比较迟缓，调头速度落后于大趋势。这是移动平均线的一个极大的弱点。等移动平均线发出反转信号时，股价调头的深度已有很大了。

⑤助涨助跌性：当股价向上突破移动平均线时，股价有继续向上走的愿望，这是均线的助涨性。当股价向下击穿移动平均线时，股价会继续走向下一段，这就是均线的助跌性。

⑥支撑线和阻力线的特性：当股价在移动平均线之上时，均线对股价有支撑的作用；当股价在移动平均线之下运行时，均线对股价有阻力的作用。

移动平均线的转点，是指移动平均线由下跌转为上升的最低点或是由上升转为下跌的最高点。移动平均线的转点出现时，往往是投资者买入或卖出的最佳时机。在上升趋势中，要想保持移动平均线以相同的斜率上升，股价应继续上涨。此时若移动平均线出现转点，移动平均线上升就会改变方向，走平或下跌，这种情形对多方不利；相反，在下跌趋势中，移动平均线也应向下走，如果此时移动平均线出现转点，移动平均线下行就会趋缓走平或上升，这对空方不利。

（3）移动平均线的转点

当5日平均线由下往上穿越其他的平均线时，5日均线在上，其他的均线在下，其交叉点就是黄金交叉，黄金交叉是多头的表现，出现黄金交叉后，股市有一定的涨幅空间，这是进场的最佳时机。

当5日平均线由上往下穿越其他的平均线时，形成其他的平均线在上，5日均线在下时，其交点称之为死亡交叉，死亡交叉预示空头市场来监，股市将下跌，此时是出场的最佳时机。

2. MACD（指数平滑异同移动平均线）

MACD由正负差（DIF）和异同平均数（DEA）两部分组成。DIF是核心，DEA是辅助。DIF是快速指数平均线与慢速指数平均线之差，DIF的正负差的名称由此而来。快速和慢速的区别在于进行指数平滑所采用的参数。参数小的是快速，参数大的是慢速。

（1）MACD的计算公式

指数平滑线EMA的计算采用递推的方法，公式为：

今日EMA $=a\times$今日收盘价$+1-a\times$前交易一日的EMA

其中$a>0$是计算平滑线的参数。a的选择不同，得到不同速度的EMA。此外，第一个EMA值等于第一天的收盘价。下面以常数的参数12和26为例：

如果取$a=2/(12+1)$，就得到快速指数平滑线EMA（12）的计算公式。

如果取$a=2/(26+1)$，就得到慢速指数平滑线EMA（26）的计算公式。

DIF 是两条指数平滑线之差。计算公式为：

DIF = EMA（12）- EMA（26）

有了 DIF 之后，单独用 DIF 也能进行行情预测，但为了使信号更可靠，引入另一个指标 DEA。DEA 是连续数日的 DIF 的数值的算术平均。DEA 自己又有了个参数，那就是作算术平均的 DIF 的个数，即天数。对 DIF 进行移动平均值处理是为了消除某些因素的影响，使结论更可靠。

（2）MACD 的应用法规

从 DIF 和 DEA 的取值和这两者之间的相对取值对行情进行预测。

①DIF 和 DEA 均为正值时，属多头市场。DIF 向上突破，DEA 是买入信号。DIF 向下跌破，DEA 只能认为是回落，应获利了结。

②DIF 和 DEA 均为负值时，属空头市场。DIF 向下突破，DEA 是卖出信号。DIF 向上突破，DEA 只能认为是反弹，应适当介入。

③当 DIF 向下跌破 0 轴线时，此为卖出信号，即 12 日 EMA 与 26 日 EMA 发生死亡交叉；当 DIF 向上穿 0 轴线时，此为买入信号，即 12 日 EMA 与 26 日 EMA 发生黄金交叉。

DIF>0 说明短期的比长期的指数平滑线高，这类似于价格在 MA 之上，所以是多头市场。DIF 与 DEA 的关系就如同价格与 MA 的关系一样，DIF 上穿或下穿 DEA 是 DIF 将要上升或下降的信号。DIF 的上升和下降，进一步又是价格上升和下降的信号，上述的操作原则就是从这方面考虑的。

3. WMS（威廉指标）

（1）WMS 的计算公式

$$WMS(n)=\frac{H_n-C_t}{H_n-L_n}\times 100$$

C_t 为当天的收盘价；

H_n 为 N 日内最高价；

L_n 为 N 日内最低价；

n 为选定的时间参数。

威廉指标表示的涵义是当天的收盘价在过去的一段日子的全部价格范围内所处的相对位置。如果 WMS 的值比较大，则当天的价格处在相对较低的位置，要注意反弹；如果 WMS 的值比较小，则当天的价格处在相对较高的位置，要注意回落；WMS 取值居中，即在 50 左右，则价格上下的可能性都有。

（2）WMS 的应用

WMS 的操作法则从两方面考虑：WMS 取值的绝对数值和 WMS 曲线的形状。

第一，从 WMS 的绝对取值方面考虑。公式告诉我们，WMS 的取值介于 0～100，以 50 为中轴将其分为上下两个区域。在上半区，WMS 大于 50，表示行情处于弱势；在下半区，WMS 小于 50，表示行情处于强势。

①当 WMS 高于 80，即处于超卖状态，行情即将见底，应当考虑买进。

②当 WMS 低于 20，即处于超买状态，行情即将见顶，应当考虑卖出。

这里 80 和 20 只是一个经验数字，不是绝对的，有些个别的可能要求比 80 大，也可能比 80 小，不同的情况产生不同的买进线和抛出线，要根据具体情况，在实战中不断摸索。

同时，WMS 在使用过程中应该注意与其他技术指标相配合。在盘整过程中 WMS 的准确性较高，而在上升或下降趋势当中，却不能只以 WMS 超买超卖信号为依据来判断行情即将反转。

第二，从 WMS 的曲线形状考虑。

①在 WMS 进入高位后（此时为超买），一般要回头，如果这时股价还继续上升，这就产生背离，是卖出的信号。

②在 WMS 进入低位后（此时为超卖），一般要反弹，如果这时股价还继续下降，这就产生背离，是买进的信号。

③WMS 连续几次撞顶（底），局部形成双重或多重顶（底），则是卖出（买进）的信号。

4. KDJ（随机指标）

随机指标在计算过程中主要研究高低价位与收盘价的关系，即通过计算当日或最近数日的最高价、最低价及收盘价等价格波动的真实波幅，反映价格走势的强弱和超买超卖现象。

（1）KDJ 指标的计算公式和理论上的依据

产生 KD 以前，先产生未成熟随机值 RSV（Row Stochastic Value）。其计算公式为：

RSV 值 ＝ 100×(第 7 日收盘价−7 日内最低价)÷(7 日内最高价−7 日内最低价)

K 值 ＝ 当日 RSV×1/3+前一日 K 值×2/3

D 值 ＝ 当日 K 值×1/3+前一日 D 值×2/3

$J=3D-2K$，即 $J=D+2\ (D-K)$

式中，1/3 为平滑因子，可以改成别的数字，同样已成约定，1/3 也已经固定。可见 J 是 D 加上一个修正值。J 的实质是反映 D 和 D 与 K 的差值。在介绍 KD 时，往往还附带一个 J 指标。计算公式为：

$J=3D-2K=D+2(D-K)$

可见 J 是 D 加上一个修正值。J 的实质是反映 D 和 D 与 K 的差值。此外，有的书中 J 指标的计算公式为：

$J=3K-2D$

（2）KDJ 指标的应用法则

KDJ 指标是三条曲线，在应用时主要从五个方面进行考虑：KD 取值的绝对数字、KD 曲线的形态、KD 指标的交叉、KD 指标的背离、J 指标的取值大小。

第一，从 KD 的取值方面考虑。KD 的取值范围是 0～100，将其划分为几个区域：超买区、超卖区、徘徊区。按一般的划分法，80 以上为超买区，20 以下为超卖区，其余为徘徊区。根据这种划分，KD 超过 80 就应该考虑卖出，低于 20 就应该考虑买入。这种操作是很简单的，同时又是很容易出错的，完全按这种方法进行操作很容易招致损失。大多数对 KD 指标了解不深入的人，以为 KD 指标的操作就限于此，故而对 KD

指标的作用产生误解。应该说明的是，上述对 0~100 的划分只是一个应用 KD 指标的初步过程，仅仅是信号。

第二，从 KD 指标曲线的形态方面考虑。当 KD 指标在较高或较低的位置形成了头肩形和多重顶（底）时，是采取行动的信号。对于 KD 的曲线我们也可以画趋势线，以明确 KD 的趋势。在 KD 的曲线图中仍然可以引进支撑线和压力线的概念。某一条支撑线或压力线被突破时，是采取行动的信号。

第三，从 KD 指标的交叉方面考虑。K 与 D 的关系就如同股价与 MA 的关系一样，也有死亡交叉和黄金交叉的问题，不过这里交叉的应用是很复杂的，还附带很多其他条件。下面以 K 从下向上与 D 交叉为例进行介绍。

K 上穿 D 是金叉，为买入信号，这是正确的。但是出现了金叉是否应该买入，还要看别的条件：

第一个条件是金叉的位置应该比较低，是在超卖区的位置，越低越好。

第二个条件是与 D 相交的次数。有时在低位，K、D 要来回交叉好几次。交叉的次数以两次为最少，越多越好。

第三个条件是交叉点相对于 KD 线低点的位置，这就是常说的右侧相交原则。K 是在 D 已经抬头向上时才同 D 相交，比 D 还在下降时与之相交要可靠得多。换句话说，右侧相交比左侧相交好。

满足了上述条件，买入就放心一些。少满足一条，买入的风险就多一些。但是，如果要求每个条件都满足，尽管比较安全，但也会错过很多机会。

对于 K 从上向下穿破 D 的死叉，也有类似的结果，读者不妨自己试试，这里就不重复了。

第四，从 KD 指标的背离方面考虑。简单地说，背离就是走势的不一致。在 KD 处在高位或低位，如果出现与股价走向的背离，则是采取行动的信号。当 KD 处在高位，并形成两个依次向下的峰，而此时股价还在一个劲地上涨，这叫顶背离，是卖出的信号；与之相反，KD 处在低位，并形成一底比一底高，而股价还继续下跌，这构成底背离，是买入信号。

第五，J 指标取值超过 100 和低于 0，都属于价格的非正常区域，大于 100 为超买，小于 0 为超卖。

5. 相对强弱指标

RSI 以一特定时期内股价的变动情况推测价格未来的变动方向，并根据股价涨跌幅度显示市场的强弱。

（1）RSI 的计算公式。

计算 RSI 需要知道收盘价和参数。参数是时间区间的长度，一般用交易日的天数。以参数等于 14 为例，具体介绍 RSI（14）的计算方法，其余参数的计算方法与此相同。

第一步，找到包括当天在内的连续 15 天的收盘价，每一天的收盘价减去前一天的收盘价，得到 14 个数字。这 14 个数字中有正数（比前一天高），也有负数（比前一天低）。

A = 14 个数字中正数之和；

B=14 个数字中负数之和×(-1)（注：A 和 B 都是正数。）。

第二步，计算 RSI，公式为：

$RSI(14)=A/(A+B)\times 100\%$。

（2）RSI 的构造原理

从数学上看，A 表示 14 天中价格向上波动的大小，B 表示向下波动的大小，$A+B$ 表示价格总的波动大小。从公式上看，RSI 的取值在 0～100 之间。实际上，RSI 表示向上波动在总的波动中所占的百分比。占有的比例大就是强市，比例小就是弱市。

RSI 从一段时间内价格的变动情况，根据价格涨跌幅度显示市场的弱强，进而推测价格未来的变动方向。

（3）RSI 的应用法则

①两条不同参数的 RSI 曲线联合使用，参数小的 RSI 为短期 RSI，参数大的为长期 RSI。

短期 RSI>长期 RSI，则属多头市场；

短期 RSI<长期 RSI，则属空头市场。

②从 RSI 取值的大小考虑，将 0～100 分成四个区域，根据 RSI 的取值区域进行，如表 3-3 所示。

表 3-3　　　　RSI 应用建议

RSI 取值区域	市场强弱	建议
80～100	极强	卖出
50～80	强	买入
20～50	弱	卖出
0～20	极弱	买入

以上的分界线划分所使用的数字是建议性的，是对极强、强、弱、极弱的分界线的大致描述。这些数字应该与以下两个因素有关：

一是与 RSI 的参数有关。参数越大，分界线离中心 50%就越近，离 100%和 0 越远。二是与选择股票本身有关。越活跃的股票，分界线偏离 50%应该越远；越不活跃的股票，分界线偏离 50%越近。

随着 RSI 取值的从上到下，应该采取的行动是这样一个顺序：卖出、买入、卖出、买入。市场是强市要买入，但是强过了头就该抛出。

③从 RSI 的曲线形态上考虑。

当 RSI 在较高或较低的位置形成头肩形和多重项底时，是行动的信号。这些形态一定要出现在较高位置和较低位置，高 50%越远，结论就越可信，出错的可能性就越小。

④从 RSI 与价格的背离考虑。RSI 可以利用背离进行操作。

RSI 处于高位，并形成一峰比一峰低的两个峰，而对应的价格是一峰比一峰高，这叫项背离。这一次价格上涨是最后的衰竭动作，这是比较强烈的卖出信号。与此相反的是底背离。RSI 在低位形成两个依次上升的谷底，而价格还在下降，这可以理解为最后一跌或者说是接近最后一跌，是可以开始建仓的信号。

⑤当股票横盘一定时期后，在底部放量拉升，可以考虑买入。

⑥当股票连续拉升 15%~30%时，放量并出现明显的顶部特征（较长的上影线、T 字形、十字星等），可以考虑立即卖出。

⑦当股票在较低的价位，而突然在一天内较大幅度下跌，并且有明显的放量时，可以在 2 个交易日后积极买入。

实验四　消费支出规划与投资理财

【实训目的与要求】

1. 理解和掌握消费支出规划；
2. 理解和掌握消费支出规划的目的；
3. 能够分析客户的购房面积需求；
4. 能够理解和掌握购房财务规划的基本方法；
5. 能够理解和掌握制定汽车消费方案；
6. 能够理解和掌握制定消费信贷方案。

【实训学时】

实训学时数一共 3 学时。学时分布情况：教师讲授占 10%，案例分析占 30%，学生项目设计占 60%。

【实训准备知识】

一、制定住房消费方案

（一）消费支出规划的概念

消费支出规划主要是基于一定的财务资源下，对家庭消费水平和消费结构进行规划，以达到适度消费、稳步提高生活质量的目标。

家庭消费支出规划主要包括住房消费规划、汽车消费规划、子女教育消费规划以及信用卡与个人信贷消费规划等。影响家庭财富增长的重要原则是开源节流，在收入一定的情况下，如何做好消费支出规划对一个家庭整个财务状况具有重要的影响。

（二）消费支出规划的目的

家庭消费支出规划的目的是要合理安排消费资金，树立正确的消费观念，节省成本，保持稳健的财务状况。家庭消费支出规划是理财业务不可或缺的内容，如果消费支出缺乏计划或者消费计划不得当，家庭很可能支付过高的消费成本，严重者甚至会导致家庭出现财务危机。家庭消费支出包括住房支出、汽车消费支出、信用卡消费支出等内容。

（三）住房支出的分类

1. 住房消费（租金价格衡量）

①购房；

②租房。

2. 住房投资

住房投资将住房看成投资工具。

（四）购房的目标

购房的目标：时间、面积、房价。

1. 购房面积需求

①不必盲目求大（面积闲置问题）；

②无须一次到位（时尚、人口调整问题，在一套房子里住一辈子的可能性越来越小）；

③量力而行（考虑首付款金额）。

2. 购房环境需求

房价主要取决于区位和面积。

（五）购房的财务决策

1. 购房财务规划的基本方法

购房财务规划的基本方法即以储蓄及交费能力估算负担得起的房屋总价。

（1）可负担首付款=目前净资产在未来买房时的终值+以目前年收入为年金在未来购房时的年金终值×年收入中可负担首付比例的上限；

（2）可负担房贷=以未来购房时年收入为年金的年金现值×年收入中可负担贷款的比率上限；

（3）可负担房屋总价=可负担首付款+可负担房贷；

（4）可负担房屋单价=可负担房屋总价÷需求平方米数。

2. 案例分析

唐先生家庭预计今年年底收入 18 万元，以后每年有望增加 10%，每年的储蓄比率为 60%。目前有存款 10 万元，打算 2 年后买房。假设唐先生的投资回报率为 12%，唐先生买房准备贷款 10 年，计划采用等额本息还款方式，假设房贷利率为 6. 5%。

求解唐先生家庭可负担首付款为多少？可负担房贷为多少？可负担房屋总价为多少？

（六）住房消费贷款

个人住房贷款，是个人贷款最主要的组成部分，是指向借款人发放的用于购买、建造和大修理各类型住房的贷款。个人住房贷款期限一般最长不超过 30 年。其主要包括如下几类：

①个人住房按揭贷款，是银行向自然人为购买、建造和大修各类型住房而发放的贷款。

②二手房贷款，是银行向自然人在二级市场购买各类型再次交易的住房而发放的银行自营性的贷款。

③公积金个人住房贷款，是按时足额缴存住房公积金的个人在购买、建造各类型住房时，银行受住房公积金管理中心委托向借款人提供的个人住房委托贷款。

④个人住房转让贷款，也称转按揭贷款，是指银行向在住房二级市场上购买同一银行个人住房贷款客户出售的住房（含商业用房）的自然人发放的贷款。

（七）还款方式和还款金额

1. 等额本息还款法

等额本息还款法是指在贷款期限内每月以相等的金额平均偿还贷款本金和利息的还款方法。

$$\text{每月还款额}=\frac{\text{贷款本金}\times\text{月利率}\times(1+\text{月利率})^{\text{还款期数}}}{(1+\text{月利率})^{\text{还款期数}}-1}$$

2. 等额本金还款法

等额本金还款法是指在贷款期限内按月偿还贷款利息和本金，其中每月所还本金相等的还款方法。

$$\text{每月还款额}=\frac{\text{贷款本金}}{\text{还款期数}}+(\text{贷款本金}-\text{累计已还本金})\times\text{月利率}$$

例：唐先生购买一套住房，首付款是20万元，其余50万元的价款用分期付款的方式还清，时间是10年，按照等额本息（金）的方法每月还款，年利率为3.6%。则唐先生每月应该还款金额是多少？

$$\frac{500\ 000\times(3.6\%\div12)\times(1+3.6\%\div12)^{10\times12}}{(1+3.6\%\div12)^{10\times12}-1}=4\ 967.41\text{ 元}$$

二、制定汽车消费方案

（一）汽车消费概述

汽车行业是中国经济发展的一大支柱，在住房需求得到基本满足后，消费热点必然转移到汽车上。在2000—2010年，中国轿车的需求将保持20%~35%的年增长率，其中私家车将保持30%以上的发展水平。

一般而言，购车交纳费用如下（以入手价值10万元车辆为例）：

（1）保险费3 000~4 000元，甚至6 000元以上；养路费约为1 320元；车船使用费200元；养护费800元；

（2）变动费用包括汽油费、停车费、路桥费等。所有这些费用总计可以达到15 000~20 000元，几乎占到购车款的15%~20%，并且这些费用中的大部分都是每年必交的。

(二)自筹经费购车与贷款购车决策

银行大都规定,贷款买车人必须购买指定经销商的汽车,并提供银行认可的财产抵押、质押或第三方保证。个人汽车消费贷款的年限是3~5年,汽车消费用贷款的首期付款不得低于所购车辆价格的20%。如贷款12万元,期限5年,按年利5.85%计算,月还贷2 311.58元,5年支付利息18 694.8元。假设投资年收益率为3.49%(国债),5年后收益20 940元。

(三)汽车消费信贷

1. 贷款对象和条件

(1)必须具备完全民事行为能力;

(2)具有稳定的职业和偿还本息的能力,信用良好;

(3)能提供有效抵押物或质物,或有足够代偿能力的个人或单位作保证人;

(4)能支付购车首期款项。

2. 贷款期限、利率和金额

(1)贷款期限:一般为3年,最长不超过5年;

(2)贷款利率:1年,5.58%;3年,5.76%;5年,5.85%;

(3)贷款金额:以质押方式首付不少于车款的20%,以抵押方式首付不少于30%,以保证方式首付不少于40%。

3. 还款方式及案例分析

(1)等额本息和等额本金;

(2)按月还款和按季还款;

(3)递增法和递减法;

(4)智慧型还款。

例题:购买一辆10万元的汽车,计算贷款购车费用,如表4-1所示。

表4-1 贷款购车费用 单位:元

	计算公式	选项	金额
购车车价			100 000
首付款	现款购车价格× 30%		30 000
贷款额	现款购车价格-首付款		70 000
月付款		还款期限2年	3 094
车辆保险费	240+车价×1.2%	车损保费	1 440
	限额5万元第三者责任险	第三者责任险	1 040
	车价× 1.1%	全车盗抢险	1 100
	(赔偿限额+车损险)×20%	不计免赔	496
担保费	欠车款× 2%	2年	1 400

表4-1(续)

	计算公式	选项	金额
购置附加费	购车款× 10%		10 000
公证费	100～300		100
停车泊位费	小区内每年 1 500 元	租车位	1 500
车船使用税	每年 200		200
养路费	轿车 110×12 月		1 320
上牌费			154
验车费			63
费用总计	贷款车款＝首付款+月付款×贷款年限	贷款购车款	104 277
	首期付款总额＝首付款+保险费用+牌证费用	首期付款总额	50 196

三、制定消费信贷方案

（一）信用卡信贷

1. 信用卡、准贷记卡和借记卡的比较

（1）信用卡：可以免息透支，可在国外透支，回国后用人民币结算；支取现金付手续费 1%～3%；

（2）准贷记卡：透支要付利息，支取现金不付手续费；

（3）借记卡：不能透支，支取现金不付手续费。

以上三卡共同的特点是刷卡消费不付任何手续费。

2. 信用卡及其特点

信用卡是指由商业银行或非银行发卡机构向其客户提供具有消费信用、转账结算、存取现金等功能的信用支付工具（在我国目前尚不允许非银行发卡机构发行信用卡）。持卡人可依据发卡机构给予的消费信贷额度，凭卡在特约商户直接消费或者在其指定的机构、地点存取款或转账，在规定的时间内向发卡机构偿还消费贷款本息。

按是否向发卡银行提交存备金，信用卡还分为准贷记卡和贷记卡两类。贷记卡是指发卡银行给予持卡人一定的信用额度，持卡人可在信用额度内先使用、后还款的信用卡。准贷记卡是指持卡人须先按发卡银行的要求交存一定金额的备用金，当备用金账户余额不足支付时，可在发卡银行规定的信用额度内透支的信用卡。

信用卡消费信贷具有的特点：

（1）循环信用额度。在我国发卡银行一般给予持卡人 20～56 天的免息期，持卡人的信用额度最高一般是 5 万元人民币，双币卡还具备一定外币额度。

（2）具有无抵押无担保贷款性质。

（3）一般有最低还款额要求。我国银行规定的最低还款额一般是应还金额的 10%。

（4）通常是短期、小额、无指定用途的信用。

（5）信用卡除具有信用借款外，还有存取现金、转账、支付结算、代收代付、通存通兑、额度提现、网上购物等功能。

（二）个人耐用消费品信贷

个人耐用消费品信贷对象是具有当地户口，有稳定职业、收入和固定住所，年龄为20~55周岁，无不良信用记录，具有完全民事能力的自然人。

个人大额耐用品指的是单价在3 000元以上，正常使用寿命在2年以上的家庭耐用商品，如家用电器、电脑、家具、健身器材、卫生洁具等。这种个人综合消费贷款的期限分为6个月、1年、2年、3年四个档次。

【实训数据】

在官方网站上收集实验数据，中国人民银行、中华人民共和国国家统计局、地方统计信息网站（如重庆市统计局网站）。

宏观经济（如GDP、GDP增长率、本地区GDP、GDP增长率、CPI、利率水平、法定存款准备金率）、本城商品房销售价格、分区域商品房销售价格、全国大中城市商品房销售价格及变化趋势等相关数据的收集，各种汽车品牌销售价格和数量，各商业银行信用卡消费信贷情况及具有的特点。

【实训内容】

1. 收集和分析客户财产总量及分布情况、经济收入来源。
2. 分析客户的住房需求情况。
3. 收集和分析本城的商品房销售价格和分区域商品房销售价格。
4. 设计客户的商品房（可以购买的房价、首付多少、贷款方式、还款方式、购买的位置等）。
5. 对客户购买汽车品牌销售价格进行设计。
6. 对客户使用商业银行信用卡消费信贷进行设计。

【实训步骤】

1. 收集和分析客户财产总量及分布情况、经济收入来源。
2. 打开Excel软件，绘制客户财产总量及分布的分析图表。
3. 分析客户的住房需求情况。
4. 收集和分析本城的商品房销售价格和分区域商品房销售价格。
5. 绘制客户住房需求和商品房销售价格的分析图表。

6. 计算可负担首付款、可负担房贷、可负担房屋总价、可负担房屋单价。

7. 设计客户的商品房（可以购买的房价、购买的面积、首付多少、贷款方式、还款方式、购买的位置等）。

8. 对客户购买汽车品牌销售价格进行设计。

9. 对客户使用商业银行信用卡消费信贷进行设计。

10. 根据实证分析结论，进行当年的投资理财方案设计，完成实验报告。

【注意事项】

1. 购买商品房的面积不能过分求大，要量力而行。
2. 要尽量全面分析客户的住房需求情况。
3. 要分析客户购置商品房的时间。
4. 商品房销售价格和分区域商品房销售价格要与客户的工作单位地点相联系。
5. 客户购买汽车要根据实际情况而进行设计，可以设计未来几年后购置。
6. 信用卡消费信贷进行设计时注意还款能力。

【问题思考】

1. 个人住房贷款的种类有哪些？
2. 简述等额本息还款法的计算公式。
3. 简述等额本金还款法的计算公式。
4. 简述可负担首付款的计算公式。
5. 简述可负担房贷的计算公式。
6. 简述可负担房屋总价的计算公式。
7. 简述可负担房屋单价的计算公式。
8. 简述信用卡、准贷记卡和借记卡的比较。
9. 简述信用卡及其特点。
10. 汽车消费信贷的种类有哪些？

【案例分析】

住房规划与理财设计

重庆工商大学一学生 2014 年 6 月毕业，7 月初就在招商银行工作，月薪 4 500 元（每个新年后以 5%的比率增长），每月消费支出大约 1 500 元（每个新年后以 5%的比率增长），2016 年 10 月准备在重庆购买一套商品房，房价在每平方米 7 000~8 500 元，其父母给予 15 万元用于购房。

请为该学生设计购房方案（以商业贷款方式贷款）。方案包括的主要内容有：可以承受的房价、首付多少、贷款方式、还款方式、购买的位置等，房屋价格与地理位置有关。

设计一（金融三班，赵碧涵）

该生在购房前可自己积攒：(4 500－1 500)×6+(4 500－1 500)×1.05×9＝46 350（元），因此该生可用于购房的资金为 4.635+15＝19.635（万元）。

1. 该生可以选择离公司近但房价稍高的房子

假设该生购买一套房价 7 500 元/平方米、共 90 平方米的房子，共需购房款 67.5 万元；该生可先付首付款：67.5×20%＝13.5（万元）。

剩余房款该生可分 30 年按等额本息还款法进行偿还，现已知商业贷款为 5.04%，根据等额还本付息公式计算出该生每月大约需还 2 200 元。

首付后剩余款可用于前期装修和购买家具。

2. 该生可以选择离公司远但房价低的房子

假设该生购买一套房价 6 500 元/平方米、共 90 平方米的房子，共需购房款 58.5 万元，该生可先付首付款：58.5×20%＝11.7（万元）。

剩余房款该生可分 25 年按等额本息还款法进行偿还，现已知商业贷款为 5.04%，根据等额还本付息公式计算出该生每月大约需还 2 746.8 元。

首付后剩余款可将其中几万元用于购买汽车，以弥补住房离公司过远的缺憾，其余部分可用于前期装修。

设计二（金融二班，岳淼）

第一步，先进行每月工资的理财。

（1）从第一月即 2014 年 7 月底开始，以零存整取方式存款，每月存 3 000 元，假设年利率为 t_1＝1.71%，从 2010 年 1 月开始每月多出的 150 元以现金形式持有；

（2）到 2010 年 7 月底，可得该存款本息和为 3 000×12×(1+1.71%)＝36 615.6（元），连同从一月每月多出来的 150 元共 150×7＝1 050（元）以及七月份的薪水，此时拥有资金总计 36 615.6+1 050+3 150＝40 815.6（元）；

（3）到10月初步准备买房时，共有资金 40 815.6+3 150×2=47 115.6（元）（若每月以活期方式进行存款，此时的总资金必将小于该数），加上父母赞助的15万元购房款，总计197 115.6元，方便起见，后面均按197 000元计。

第二步，进行购房价格及首付款规划。

鉴于该客户刚工作一年就买房，工资处于一般偏低水平，建议购买房子面积不宜过大，80平方米即可，价格也不应过高，7 000元/平方米即可，房价总计56万元，按首付20%比例计算，首付款需11.2万元，该客户现有首付款准备资金19.7万元，交完首付款后，剩余8.5万元用于装修并购置一些简单家具电器。

第三步，选择房贷及还贷方式规划。

除了首付款之外，该客户还要承担剩余购房款总计44.8万，考虑到该客户还比较年轻，且工资水平一般，还要为结婚储备一些资金，10年以后已经结婚，夫妻双方可共同负担剩余房贷，可申请前10年期15万元房贷及后10年期29.8万元房贷，利率假设为6%，采用最常用的等额本息还款法计算可得，前10年每月还款额约为1 666元，后10年每月还款额约为3 309元。

设计三（金融三班，罗燕）

可动用的资金 = 150 000+(4 500−1 500)×6+(4 500−1 500)×1.05×9
= 196 350（元）

假定该生购买一套55平方米，单价为6 900元/平方米的房子，总房价为379 500元。

首付款为37.95×0.2=75 900（元），剩余的可动用资金用于装修以及办理房屋手续的费用。

贷款金额为37.95−7.59=30.36（万元）。

由于该生在招商银行工作，工作相对稳定，还款方式可以选择为等额本息，还款期限为20年，并且他信用记录很好，家里有实物做抵押，所以银行给他打七五折，允许利率下浮25%。每月还款额 $=[303\ 600\times(5.94\%\times0.75)\div12\times(1+5.94\%\times0.75\div12)^{20\times12}]\div[(1+5.94\%\times0.75\div12)^{20\times12}-1]=2\ 021.35$（元）。

此金额在该生可以负担的范围内。

设计四（金融二班，唐怀宇）

该生2014年收入：(4 500−1 500)×6=18 000（元）；该生2015年收入：(4 500×1.05−3 500×1.05)×9=28 350（元）。两年共有收入：18 000+28 350=46 350元。可用于首付的金额：150 000+46 350=196 350（元）。

假设房价为8 000元/平方米，住房面积为60平方米。购房总花费为：8 000×60=480 000（元）；首付三成为：480 000×0.3=144 000（元）。

除去首付还剩下：196 350−144 000=52 350（元），剩余费用可用于装修房屋。

购房款还要480 000−144 000=336 000（元），采用向银行贷款的方式，贷款的方式为等额本息偿还方式，贷款期限为10年，贷款利率为4.8%。每月还款额为：

$[336\ 000\times4.8\%\div12\times(1+4.8\%)^{120}]\div[(1+4.8\%/12)^{120}-1]=3\ 531.05$(元)。

该生由于买房后没有了租房负担，所以他的每月花费会相应减少。

设计五（金融二班，李海宁）

第一步，先进行每月工资的理财。

（1）从第一月即2014年7月底开始，以零存整取方式存款，每月存3 000元，假设年利率为$t_1=1.71\%$，从2015年1月开始每月多出的150元以现金形式持有；

（2）到2015年7月底，可得该存款本息和为3 000×12（1+1.71%）= 36 615.6（元），连同从一月每月多出来的150元共150×7=1 050（元）以及七月份的薪水，此时拥有资金总计36 615.6+1 050+3 150=40 815.6（元）；

（3）到十月份初步准备买房时，共有资金40 815.6+3 150×2=47 115.6（元）。

（4）加上父母赞助的15万元购房款，总计197 115.6元，方便起见，后面均按197 000元计。

第二步，进行购房价格及首付款规划。

鉴于该客户刚工作一年就买房，工资处于一般偏低水平，建议购买房子面积不宜过大，80平方米即可，价格也不应过高，7 000元/平方米即可，房价总计56万元，按首付20%比例计算，首付款需11.2万元，该客户现有首付款准备资金19.7万元，交完首付款后，剩余8.5万元用于装修并购置一些简单家具电器。

第三步，选择房贷及还贷方式规划。

除了首付款之外，该客户还要承担剩余购房款总计44.8万元，考虑到该客户还比较年轻，且工资水平一般，还要为结婚储备一些资金，10年以后已经结婚，夫妻双方可共同负担剩余房贷，可申请前10年期15万元房贷及后10年期29.8万元房贷，利率假设为6%，采用最常用的等额本息还款法，前10年每月还款额约为1 666元；后10年每月还款额约为3 309元。

实训五 保险规划与投资理财

【实训目的与要求】

1. 掌握保险的基本定义；
2. 掌握保险合同的概念；
3. 掌握保险合同的要素；
4. 掌握家庭财产保险的基本内容；
5. 掌握理财型家庭财产保险的基本类型；
6. 了解人身保险产品的种类；
7. 了解财产保险产品的种类；
8. 了解制定保险规划的原则；
9. 掌握保险产品与投资理财的关系；
10. 掌握保险产品投资理财的作用和效果；
11. 理解保险规划的主要步骤；
12. 了解保险规划的风险。

【实训学时】

实训学时数一共 3 学时，学时分布情况：教师讲授占 10%，案例分析占 30%，学生项目设计占 60%。

【实训准备知识】

一、保险相关概念

（一）保险

保险是指投保人根据合同约定，向保险人支付保险费，保险人对于合同约定可能发生的事故因其发生而造成的财产损失承担赔偿保险金责任，或者当被保险人死亡、伤残和达到合同约定的年龄、期限时承担给付保险金责任的商业保险行为。

从经济角度看，保险是分摊意外事故损失的一种财务安排；从法律角度看，保险是一种合同行为，是一方同意补偿另一方损失的一种合同安排；从社会角度看，保险是社会经济保障制度的重要组成部分，是社会生产和社会生活“精巧的稳定器”；从风险管理角度看，保险是风险管理的一种方法。

保险规划具有风险转移和合理避税的功能。

（二）保险主体

保险主体，就是保险合同的主体，只包括投保人与保险人。被保险人、受益人、保单所有人，除非与投保人是同一人，否则，都不是保险主体。

投保人，是指与保险人订立保险合同，并按照保险合同负有支付保险费义务的人。投保人可以是自然人也可以是法人，但必须具有民事行为能力。

保险人，保险人又称“承保人”，是指与投保人订立保险合同，并承担赔偿或者给付保险金责任的保险公司。在中国有股份有限公司和国有独资公司两种形式。保险人是法人，公民个人不能作为保险人。

被保险人，是指根据保险合同，其财产利益或人身受保险合同保障，在保险事故发生后，享有保险金请求权的人。投保人往往同时就是被保险人。

受益人，是指人身保险合同中由被保险人或者投保人指定的享有保险金请求权的人，投保人、被保险人可以为受益人。如果投保人或被保险人未指定受益人，则他的法定继承人即为受益人。

保单所有人，拥有保险利益所有权的人，很多时候是投保人、受益人，也可以是保单受让人。

（三）保险客体

保险客体，即保险合同的客体，并非保险标的本身，而是投保人或被保险人对保险标的的可保利益。

可保利益，是投保人或被保险人对保险标的所具有的法律上承认的利益。这主要是因为保险合同保障的不是保险标的本身的安全，而是保险标的受损后投保人或被保险人、收益人的经济利益。保险标的只是可保利益的载体。

（四）保险标的

保险标的即保险对象，人身保险的标的是被保险人的身体和生命，而广义的财产保险是以财产及其有关经济利益和损害赔偿责任为保险标的的保险。其中，财产损失保险的标的是被保险的财产，责任保险的标的是被保险人所要承担的经济赔偿责任，信用保险的标的是被保险人的信用导致的经济损失。

（五）保险费率

保险费率是保险费与保险金额的比例，保险费率又被称为保险价格。通常以每百元或每千元保险金额应缴纳的保险费来表示。

保险人使用保险精算来量化风险。保险人通过数据的编制来估算未来损失（预定损失率），通常采用合理的近似。保险精算使用统计学和概率来拟合并分析风险分布状态，保险人运用这种科学原理并附加一定条件来厘定保险费率。

这些附加条件包括预定投资收益率、保险单预定利率、预定营业费用和税金，人寿保险公司的附加条件还主要包括预定死亡率。

保险公司所必须支付的预定利率将会拿来与市场上的借款利率相比较，根据比较，许多保险公司并没有在预定利率方面胜出，但是他们宁肯将其控制到比从别处借款的利率还要低。如果不这样，保险公司将不会给所有者的资本以回报，那么他们将借钱给其他地方以获得市场价格的投资回报。

（六）保险利益

保险利益是指投保人对保险标的具有的法律上承认的利益。通常投保人会因为保险标的的损害或者丧失而遭受经济上的损失，因保险标的的保全而获得收益。只有当保险利益是法律上认可的、经济上的、确定的而不是预期的利益时，保险利益才能成立。一般来说，财产保险的保险利益在保险事故发生时存在，这时才能补偿损失；人身保险的保险利益必须在订立保险合同时存在，用来防止道德风险。

以寿险为例，投保人对自身及其配偶具有无限的可保权益，在一些国家地区，投保人与受保人如有血缘关系，也可构成可保权益。另外，债权人对未还清贷款的债务人也具有可保权益。

其成立条件是：保险利益必须是合法的利益，保险利益必须是经济上有价的利益，保险利益必须是确定的利益，保险利益必须是具有利害关系的利益。

（七）保险价值

保险价值是保险标的物的实际价值。根据我国《保险法》规定，投保人和保险人约定保险标的保险价值并在合同中载明的，保险标的发生损失时，以约定的保险价值为赔偿计算标准。

投保人和保险人未约定保险标的的保险价值的，保险标的发生损失时，以保险事故发生时保险标的的实际价值为赔偿计算标准。

简单说来，保险价值可由三种方法确定：

第一，根据法律和合同法的规定，法律和合同法是确定保险价值的根本依据。第二，根据保险合同和双方当事人约定。有些保险标的物的保险价值难以衡量，如人寿保险、健康保险、人的身体和寿命无法用金钱来衡量，则其保险价值以双方当事人约定为准。第三，根据市价变动来确定保险价值。一些保险标的物的保险价值并非一直不变的。大多数标的物也会随着时间延长而折旧，其保险价值呈下降趋势。

（八）保险合同

保险合同是投保人与保险人约定保险权利义务关系的协议。投保人是指与保险人订立保险合同，并按照合同约定负有支付保险费义务的人。保险人是指与投保人订立保险合同，并按照合同约定承担赔偿或者给付保险金责任的保险公司。

二、制定保险规划的原则

客户参加保险的目的就是为了客户和家庭生活的安全、稳定。从这个目的出发，银行从业人员为客户设计保险规划时主要应掌握以下原则：

（一）转移风险的原则

投保是为了转移风险，在发生保险事故时可以获得经济补偿。从这个原则出发，设计保险规划时必须首先分析家庭的主要风险是什么，怎样合理地把这些风险通过保险规划进行转移。

（二）量力而行的原则

保险是一种契约行为，属于经济活动范畴，客户作为投保人必须支付一定的费用，即以保险费来获得保险保障。投保的险种越多，保障范围越大。但保险金额越高，保险期限越长，需支付的保险费也就越多。因此，银行从业人员为客户设计保险规划时要根据客户的经济实力量力而行。

（三）分析客户保险需要

在制订保险规划前应考虑以下三个因素：一是适应性。根据客户需要保障的范围来考虑购买的险种。二是客户经济支付能力。三是选择性。在有限的经济能力下，为成人投保比为儿女投保更实际，对家庭的“经济支柱”来讲更是如此。

三、保险规划的风险

在进行保险规划时会面临很多风险。这些风险可能来自投保客户所提供的资料不准确、不完全，或者是来自对保险产品的了解不够充分。保险规划风险体现在以下几个方面：

（一）未充分保险的风险

这种风险既可能体现在对财产的保险上，也可能出现在对人身的保险上。例如，对财产进行的保险是不足额保险，结果造成损失发生时所获得的保险金赔偿不足，未能完全规避风险或者是在对人身进行保险时保险金额太小或保险期限太短，同样有可能造成一旦保险事故发生，不能获得较为充分的补偿。

（二）过分保险的风险

这种风险可能发生在财产保险和人身保险上。例如，对财产的超额保险或重复保险。由于保险公司在赔偿时，是根据实际损失来支付保险赔偿金，这种超额保险或者重复保险并没有起到真正的保障作用，反而浪费保费。

这种风险还可能发生在制订保险产品组合计划时。各个保险公司所提供的不同保险产品虽然主要保险合同不一样，但是可能存在某些保险内容的重叠，所以会出现保险过度或者重叠的情况，而有些保险内容却有可能发生遗漏，形成保险空白。

（三）不必要保险的风险

有些风险可以通过自保险或者说风险保留来解决。例如，平时感冒或牙痛等类似的小灾小病所需的医疗费用支出，人们自己承担风险这种处理办法反而更为方便和简单，还可以节省费用，取得资金运用收益。人们对于应该自己保留的风险进行保险，是不必要的，也会增加机会成本，造成资金的浪费。

此外，一般来说，保险市场上的保险产品种类多样、名目繁杂，保险费率的计算和保险金额的确定都比较复杂，这也增加了保险策划的难度。所以，制订一份恰当而有效的保险计划，应该在相关专业人士的帮助和指导下进行。

四、投资理财保险

投资理财保险是国际人寿保险市场新兴的保险产品，和传统的人寿保险产品相比，投资理财保险产品最大的特点是既具有保障功能又有投资理财功能。投资理财保险有固定的保障作为保险保障，但其却没有固定的预定利率，客户的投资收益具有不确定性，既可能获得高额的投资回报也需承担一定的风险。

一般理财的目的要么就是实现财务增值要么就是实现财务保值，而且财务增值的额度越高，理财者需要承担的风险也就越大，而保险理财与这些一般理财之间最大的差异就在于，保险理财的作用是用于控制风险。可以说不管购买任何一种保险，其目的都是为了控制未来的风险，未来的风险是不可预测的，而保险的作用就是将其控制在能够承担的范围之内，尽量减少损失。例如，投资保险——即为投资者对自己的投资项目购买的保险产品，这种保险的作用就是为了控制投保人的投资风险。投保人想要投资某商业项目，该商业项目中势必会存在一定的风险，如果在投资该商业项目之后失败了，并且产生了一定的损失，那么这个时候投保人就可以从保险公司那里获得一定量的经济补偿，这样一来就能够将损失降低。由此可见，保险理财的作用就是为了控制风险，而控制的内容主要是以经济形势作为补偿给予投保人一定的经济补偿来弥补损失。同时，其他形式的保险也是如此，这也是保险的重要意义，所以保险是理财过程中最为重要的一环。一旦被投资理财者忽略势必会造成风险失控，或者是理财的目标受损。因此，保险理财的最终意义就是要用有效的资金控制未来无法估量的风险以及损失。

【实训数据】

在官方网站上收集实验数据，如中国银行保险监督管理委员会、中国保险业协会、中华人民共和国国家统计局、中国人民银行、中国保险年鉴、地方统计信息网站（如重庆市统计局网站）等网站，收集家庭经济收入数据、家庭对保险的需求等。

统计人身保险公司的数量（中国人寿、平安人寿保险、新华人寿、泰康人寿、民生人寿、太平人寿等），收集各大人身保险公司主要终身寿险的险种名称、投保年龄、缴费方式、缴费期限等，各大人身保险公司主要养老保险的险种名称、投保年龄、保险期限、缴费期限、领取年龄、领取方式、保险利益等，各大人身保险公司主要重大疾病险的险种名称、投保年龄、保险期限、观察期、大病种类、缴费期限、保险利益等数据。

【实训内容】

1. 分析客户对保险需求的目的、种类以及客户家庭可能面临的潜在风险等。

2. 分析客户的家庭财产种类、数量、结构以及家庭经济收入来源等。

3. 根据客户需要保障的范围来考虑购买的险种。在有限的经济能力下，为成人投保比为儿女投保更实际，特别是对家庭的“经济支柱”来讲更是如此。

4. 确定保险标的。投保人可以以其本人、与本人有密切关系的人、他们所拥有的财产以及他们可能依法承担的民事责任作为保险标的。

5. 选定保险产品。家庭面临的风险主要为人身风险、财产风险和责任风险，同一个保险标的，会面临多种风险。在确定客户保险需求和保险标的之后，选择准备投保的具体险种。

6. 确定保险金额。在确定保险产品的种类之后，就需要确定保险金额。保险金额的确定应该以财产的实际价值和人身的评估价值为依据。

7. 明确保险期限。保险期限涉及投保人预期缴纳保险费的多少与频率，与客户未来的预期收入联系尤为紧密。

【实训步骤】

1. 收集家庭信息，分析客户家庭对保险需求的目的、种类以及家庭可能面临的潜在风险等。

2. 打开 Excel 软件，用表格形式列出家庭财产种类和数量以及家庭经济收入来源，画出家庭财产结构图，指出家庭财产结构存在的问题。

3. 分析客户需要保障的范围以及家庭可能存在的风险，以便确定保险标的。

4. 设计保险产品，并阐述设计的思路和达到的效果。投保人身保险可以在保险项目上进行组合，如购买一至两个主险附加意外伤害、重大疾病保险，使人得到全面保障。

5. 根据家庭经济收入数量和收入的稳定性，确定保险金额。财产的价值比较容易计算。对于一般财产，可以按照重置价值即重新购买同样财产所需的价值确定。对特殊财产，可以选择足额投保，也可以选择不足额投保。一般来说，投保人会选择足额投保，因为只有这样，万一发生意外灾难时，才能获得足额的赔偿。

6. 通过分析客户家庭对保险需求的目的以及保险产品规避风险的情况，确定保险合同期限。确定保险期限与客户未来的预期收入联系尤为紧密。

7. 指出保险产品投资理财作用。

8. 理清保险合同内容。

9. 根据客户家庭对保险需求、家庭经济收入情况、保险产品属性，进行投资理财方案设计，完成实验报告。

【注意事项】

1. 根据客户家庭的经济实力量力而行。保险是一种契约行为，属于经济活动范畴，客户以保险费来获得保险保障。保险金额越高，保险期限越长，需支付的保险费也就越多。

2. 注意保险产品的适应性。根据客户需要保障的范围来考虑购买的险种。

3. 选择可分配盈余多的保险公司购买。

4. 保险产品中的理财账户，通常叫作万能账户，要看万能账户的计息方式是单利还是复利，是年计息还是月计息。

5. 注意保险产品年化收益率，年化收益率不仅是越高越好，同时还要注意过往 10 年内年化利率是否稳定。

【问题思考】

1. 简述保险的职能。
2. 制定保险规划的原则。
3. 简述保险规划的步骤。
4. 如何进行不同阶段的保险规划？
5. 如何进行不同收入水平的保险规划？
6. 论述银行理财与保险理财的异同。

【案例分析】

家庭保险规划设计

一、家庭责任

1. 家庭情况

李东阳今年 37 岁，公司部门经理；其太太陈美丽 36 岁，普通员工；有一儿子 6 岁。

（1）家庭收入：李东阳每月收入 22 500 元，陈美丽每月收入 7 500 元。

（2）家庭负债：住房贷款 120 万元，儿子从幼儿园到本科大概需要 110 万元（实际教育成本的计算要通过估算未来的教育费用再进行贴现，这里不做复杂的演算）。维持李东阳家庭现在的生活品质，长达 13 年（小孩成年）的生活开支现值 200 万元。

（3）现有资产：家庭流动性资产 20 万元；未来收入：每月盈余 10 000 元。

2. 已有保险

李东阳单位为自己买了社保，为家人各买了一份商业保险，先生购买的保障是 20 万元寿险，10 万元重疾；太太的目前的保障是 10 万元寿险，10 万元重疾；宝宝的保障是重疾 10 万元。三份保险共 12 000 元一年的保费。在没有做规划前，李东阳及其妻子觉得目前每人都买了一份商业保险就差不多了。通过咨询保险规划师，李东阳了解到寿险保障跟责任挂钩，寿险需要覆盖家庭责任。李东阳是家里的主要经济支柱，家庭责任占到 75%（李东阳月入 22 500 元，家庭月收入 30 000 元），可见李东阳的保障尤为重要，具体情况如表 5-1 所示：

表 5-1　　李东阳家庭情况表

	现有负债	教育责任	家庭生活费	其他
家庭责任	1 200 000	1 100 000	1 500 000	100 000
			合计	3 900 000
家庭流动资产				-200 000
分摊前家庭责任				3 700 000
	收入比例	应承担责任	已有人寿保障	人寿保障缺口
李东阳	75%	2 775 000	-200 000	2 575 000
陈美丽	25%	925 000	-100 000	820 000

可以看出李东阳及其妻子的寿险保障缺口较大，需要补充寿险保障，这个可以通过购买定期寿险或终身寿险解决。（定期寿险/终身寿险：以死亡为给付条件的人身保险）。

在完成人寿保障配置后，李东阳便无惧自己死亡对家庭生活造成严重打击。但是，这还未能确保家人的生活品质不受影响。除了死亡，健康风险也会对家庭财富造成损失。

二、健康保障

健康保障主要目的是补偿健康风险造成的家庭财富流失，包括治疗疾病本身的费用以及因疾病造成的家庭收入的减少。

以重庆为例，目前大病保险的最高报销限额是 18 万元，加上医疗保险报销额度，理论上能够报销到 30 多万元。为什么说是理论上呢？因为医保报销除了符合报销起步线，最重要的是医保用药要符合报销目录才予以报销！（很多人觉得有了医保便安然无忧，这是认知盲区）然而当医生询问患者是用进口药还是国产药时大多数人还是会选择进口药，因此实际的医保和大病保险报销额度能有十几万元就不错了。那剩下的怎么办呢？要么自费，要么依靠商保。根据目前重疾的治疗费用来说，最低消费 30 万元，中档消费 50 万元，高档消费 100 万元以上。普通家庭耗费 30 万~50 万元，收入较高者可有更高要求。另外一个就是收入补偿，因为重大疾病导致病患卧床，治疗初期企业是不能克扣病患工资的，但时间一久，最好的情况，大病治愈了（医学界以 5 年存活率作为衡量标准），病患恢复工作，是否还能保持跟原来一样的工作强度、创造同等的收入，现实总是有差额的，这个差额就是因为疾病而导致的收入损失，所以也要算入重疾保障的保额里边。

所以重疾险配置的思路可以依此：重疾保额=医疗费+潜在收入损失。

以李东阳为例，医疗费采用50万元的额度，扣除医保可以报销15万元，个人需承担35万元；潜在收入损失，假设因病导致的收入中断期是1年左右，那么李东阳一年的收入损失就是27万元。（在这里仅是提供一个思路，没有绝对的标配，只要做到重疾保障能够基本覆盖风险损失就可以了）具体规划如表5-2所示：

表5-2　　李东阳重疾险配置规划　　单位：元

重疾保障	建议重疾保障	已有重疾保障	重疾保障缺口
李东阳	600 000	-100 000	500 000
陈美丽	400 000	-100 000	300 000
儿子	300 000	-100 000	200 000

注：重疾险配置优先考虑成人。

另外，健康保障方面除了重疾险以外，还有医疗险，有余力的家庭可以参考配置。

三、意外保障

意外风险主要包括意外身亡和伤残，这部分的风险规划其实跟第一部分的寿险保障是有重复的。如果客户寿险保额已经足够了，那就不需要再购买以死亡给付为条件的意外险。如果不够，那也可以通过意外险来补充。重点要考虑的是寿险保障不能覆盖的意外伤残，严重的意外伤残对家庭的打击是致命的，因为它往往让人失去了工作能力。所以意外伤残这一块要重点考虑，保额的设计可以参考寿险配置的思路：

意外风险保障保额=家庭责任比例×（家庭现有负债+未来家庭现金流出）

四、总结

（1）寿险保障（身价保障）要根据个人承担的家庭责任来设计，反映在家庭资产负债表和未来现金流中。

（2）重疾保障以覆盖医疗费用和潜在收入损失为依据。

（3）意外保障参见寿险保障配置思路。

实训六　税收策划与投资理财

【实训目的与要求】

1. 了解税收策划的含义；
2. 熟练掌握年终资金的计算；
3. 熟练掌握与工资相配套的年终资金发放金额；
4. 掌握工资、薪金的筹划方法；
5. 掌握税收的相关法律、法规和文件；
6. 掌握税收策划的原则；
7. 捐赠的筹划方法和劳务；
8. 理解税收策划的基本内容；
9. 掌握税收策划的主要步骤。

【实训学时】

实训学时数为 3 学时，学时分布情况：教师讲授占 10%，案例分析占 30%，学生项目设计占 60%。

【实训准备知识】

一、税收策划的定义

“税收策划”又称“合理避税”。它来源于 1935 年英国的“税务局长诉温斯特大公”案。当时参与此案的英国上议院议员汤姆林爵士对税收策划做了这样的表述：“任何一个人都有权安排自己的事业。如果依据法律所做的某些安排可以少缴税，那就不能强迫他多缴税。”这一观点得到了法律界的认同。经过半个多世纪的发展，税收策划的规范化定义得以逐步形成，即“在法律规定许可的范围内，通过对经营、投资、理财活动的事先策划和安排，尽可能取得节税的经济利益”。

在我国现行的税制结构中，以自然人即单独的个人为纳税人的税种并不是很多。

其中，个人所得税是唯一的完全以自然人为纳税人的税种。个人所得税是以个人收入所得为征税对象的一种税，当收入达到一定额度的时候，人们就需要缴纳个人所得税。

税收策划是对我国税收制度和法律的正确理解和灵活运用。

二、税收策划的原则

银行从业人员在为客户进行税收策划时，应该遵循一定的原则，从税法的基本原则，即从税收法定原则、社会政策原则和税收效率原则出发来定义税收规划的基本原则，应该遵循合法性、目的性、策划性及综合性原则，这些原则赋予了税收策划其本身及区别于其他节税手段的最本质的特征。

1. 合法性原则

合法性原则是税收策划最基本的原则，这是由税法的税收法定原则所决定的，也是税收策划与偷税漏税乃至避税行为区别开来的根本所在。合法性原则意味着它是在尊重法律，不违反法律法规和不恶意钻法律漏洞的前提下进行的。税法是规范征管关系的基本准则，客户具有依法纳税的义务，税务机关的征税行为也必须受到税法的规范。只有在税法规定的范围内，理财从业人员才可以为客户选择合适的税负方案，帮助客户最大限度地降低或减少税负，最大可能地获取利润或取得最大的收益。

2. 目的性原则

目的性原则是税收策划最根本的原则，是由税法基本原则中的税收公平原则所决定的。税收策划的目的就是节税，从业人员在制订税收规划时应该有很强的为客户减轻税负、取得节税收益的动机，从而降低税收成本以达到总体效益的最大化，在合法性原则下这是完全合理的，也是客户最本质的目的。税收公平原则要求税收负担在客户之间进行公平分配，以客户拥有财富数量来衡量其纳税能力从而进行征税；客户通过税收规划，或合理调整应纳税财产的比例以降低税负，或延缓纳税以获得资金的时间价值，符合了税收的公平原则，也从而能够更有效地盘活资金，获得更高的投资收益。

3. 策划性原则

策划性原则是税收策划最有特色的原则，这是由作为税收基本原则的社会政策原则所引发的。国家贯彻社会政策，以促进国家经济发展和实施其社会目的，需要运用税收固有的调节经济的功能作为推进国家经济政策和社会政策的手段，所以税收的政策性和灵活性是非常强的。税收策划通过事先的计划、设计和安排，在进行筹资、投资等活动前，把这些行为所承担的相应税负作为影响最终财务成果的重要因素来考虑，通过趋利避害来选取最有利的方式。

4. 综合性原则

综合性原则是银行从业人员指进行税收策划时，必须综合考虑策划以使客户整体税负水平降低。银行从业人员为客户进行税收策划不能只以税负轻重作为选择纳税的唯一标准，应该着眼于实现客户的综合利益目标。另外，在进行一种税的税务规划时，银行从业人员还要考虑与之有关的其他税种的税负效应，进行整体规划，综合衡量，防止前轻后重。

三、税收策划的种类

1. 避税策划

避税策划是指纳税人采用非违法手段（即表面上符合税法条文但实质上违背立法精神的手段），利用税法中的漏洞、空白获取税收利益的策划。纳税策划既不违法也不合法，与纳税人不尊重法律的偷税、逃税有着本质区别。国家只能采取反避税措施加以控制（即不断地完善税法，填补空白，堵塞漏洞）。

2. 节税策划

节税策划是指纳税人在不违背立法精神的前提下，充分利用税法中固有的起征点、减免税等一系列的优惠政策，通过对筹资、投资和经营等活动的巧妙安排，达到少缴税甚至不缴税目的的行为。

3. 转嫁策划

转嫁策划是指纳税人为了达到减轻税负的目的，通过价格调整将税负转嫁给他人承担的经济行为。

4. 实现涉税零风险

实现涉税零风险是指纳税人账目清楚，纳税申报正确，税款缴纳及时、足额，不会出现任何关于税收方面的处罚，即在税收方面没有任何风险，或风险极小可以忽略不计的一种状态。这种状态的实现，虽然不能使纳税人直接获取税收上的好处，但却能间接地获取一定的经济利益，而且这种状态的实现，更有利于企业的长远发展与规模扩大。

【实训数据】

1. 在官方网站上收集实验数据，中华人民共和国财政部、国家税务总局、中华人民共和国国家统计局、各地方财政局网站（如重庆市财政局网站）、各地方税务局网站、中国人民银行等，收集与税收策划有关政策、法规。

2. 收集家庭成员的工资、薪酬等收入数据，分析家庭税收策划的需求等。

【实训内容】

税收策划由于其依据的原理不同，采用的方法和手段也不同，主要可分为三类，即避税策划、节税策划和转嫁策划。

1. 避税策划，即为客户制订的理财计划采用“非违法”的手段，获取税收利益的策划。避税策划的主要特征有以下几点：非违法性、有规则性、前期规划性和后期的低风险性，有利于促进税法质量的提高及反避税性。

2. 节税策划，即理财计划采用合法手段，利用税收优惠和税收惩罚等倾斜调控政策，为客户获取税收利益的策划。节税策划的主要特点如下：合法性、有规则性、经营的调整性与后期无风险性，有利于促进税收政策的统一和调控效率的提高及倡导性。

3. 转嫁策划，即纳税人采用纯经济的手段，利用价格杠杆，将税负转给消费者或转给供应商或自我消转的策划。转嫁策划的主要特点如下：纯经济行为、以价格为主要手段、不影响财政收入、促进企业改善管理、改进技术。

【实训步骤】

1. 了解客户的基本情况和要求

银行从业人员在为客户制订税收策划时，通过交流和资料收集，可以了解到客户的一些基本情况，要注意在税收策划中准确地把握这些情况。

①婚姻状况。客户的婚姻状况会影响某些税种的扣除。例如，在美国所得税法中就存在未婚客户和夫妻共同申报使用不同宽免额的法律规定。已婚夫妇也可以选择单独申报或合并申报。

②子女及其他赡养人员。如果抚养子女及赡养其他人员，在很多国家和地区可以享有一定的扣除、抵免或免税，从而会对客户的应纳税额产生影响。例如，我国香港特别行政区所得税法中就充分照顾了抚养子女的情况。我国所得税法中也应考虑客户所赡养的人口情况。

③财务情况。税收策划是理财计划的一部分，只有在全面和详细地了解客户财务情况的基础上，银行从业人员才能制订针对客户的税收策划，使客户对税收策划感到满意。客户的财务情况包括客户的收入情况、支出情况及财产情况；财产包括客户的动产和不动产。

④投资意向。许多客户的税收策划目的是在投资中有效地节税，因而银行从业人员了解客户的投资意向就显得特别重要。客户的投资意向包括客户的投资方向和投资额。客户投资方向和投资额的大小与税收策划的投资方向、投资形式、投资优惠策划、适用税率设计、风险分析等都有直接的关系，所以要进行税收策划就要了解客户的投资意向。

⑤对风险的态度。节税与风险并存，节税越多的方案往往也是风险越大的方案，两者的权衡取决于多种因素，包括客户对风险的态度这个因素。银行从业人员了解客户对风险的态度及对风险的承受程度，可以更好地按客户要求进行税收策划。

⑥纳税历史情况。虽然税收策划是对客户以后的纳税进行策划，但了解客户纳税历史会对目前的税收策划有所帮助。客户的纳税历史情况包括以前所纳税的税种、纳税金额以及减免税的情况。客户对税收策划的共同要求肯定是尽可能多地节税。节税的目的是增加客户的财务利益，而在这一点上，不同客户的要求可能是有所不同的，这也是税收策划必须注意的一点。

⑦要求增加短期所得还是长期资本增值。客户对财务利益的要求大致有三种：一种是要求最大限度地节约每年税收成本，增加每年客户可支配的税后利润；另一种是要求若干年后因为采用了较优的纳税方案，而达到所有者权益的最大的增值；第三种是既要求增加短期税后利润，也要求长期资本增值，"鱼"和"熊掌"要兼得。针对不同要求所进行的税收策划也是有所不同的。

⑧投资要求。有些客户只有一个投资意向和取得更大财务收益的要求，这时候税收策划人可以根据客户的具体情况进行税收策划，提出各种投资建议。但有时客户对投资已经有了一定的意向，包括投资项目、投资地点、投资期限等。这时税收策划人就必须了解客户的要求，根据客户的要求进行税收策划，提出投资建议或提出修改客户要求的建议。

2. 控制税收策划方案的执行

税收策划实施后，从业人员还需要经常、定期地通过一定的信息反馈渠道来了解纳税方案执行的情况。反馈渠道可以是税收策划人与客户保持沟通，如半年或一年，在一起沟通情况。

当反馈的信息表明客户没有按理财从业人员的设计方案的意见执行税收策划时，税收策划人应给予提示，指出其可能产生的后果；当反馈的信息表明从业人员设计的税收策划有误时，从业人员应及时修订其设计的税收策划；当客户情况中出现新的变化时，从业人员应介入判断是否改变税收筹划。

在特殊情况下，客户因为纳税与征收机关发生法律纠纷时，从业人员按法律规定或业务委托应及时介入，帮助客户度过纠纷过程。如果出现对客户不利的法律后果，一是从业人员要接受教训；二是在订有赔偿条款且责任又认定在从业人员一方时，应积极负责赔偿客户因此受到的损失。

【注意事项】

1. 划清税收策划、避税以及偷税的界限
2. 一定要树立合法的税收策划观念
3. 做税收策划之前，从业人员要全面了解相关的税收政策、法规及处罚条例。
4. 注意税收与非税收因素，综合衡量税收策划方案。
5. 注意具体问题具体分析，不能生搬硬套。

【问题思考】

1. 什么是个人所得税？其特点是什么？
2. 个人所得税应如何计算？

3. 为什么要进行税收策划？
4. 税收策划的原则是什么？
5. 如何理解税收策划与偷税、欠税、抗税和骗税的区别？
6. 税收策划包括哪些步骤？
7. 税收策划有哪些基本方法？

【案例分析】

杨教授个人所得税策划综合案例分析

一、案例资料

杨教授准备出版一本关于风险管理的专著，预计将获得稿酬所得 15 000 元。试问，杨教授应如何策划？

二、实训要求

对案例进行分析及提出策划方案建议和具体操作方法；策划前税负或税后利润的计算；策划后税负或税后利润的计算，并且给出策划建议。

三、法律依据

根据《国家税务总局关于印发征收个人所得税若干问题规定的通知》（国税发〔1994〕89 号）第四条第一款的规定，个人每次以图书、报刊方式出版、发表同一作品，不论出版单位是预付还是分笔支付稿酬，或者加印该作品后再付稿酬，均应合并其稿酬所得按一次计征个人所得税。在两处或两处以上出版、发表或再版同一作品而取得稿酬所得，则可分别各处取得或再版所得按分次所得计征个人所得税。

四、案例解析

（一）方案一

如果以 1 本书的形式出版该专著，则：

应纳税额＝ 15 000×(1−20%)×20%×(1−30%)＝1 680（元）

（二）方案二

如果在可能的情况下，以 4 本一套的形式出版一套系列丛书，则该纳税人的纳税情况如下：

每本稿酬＝15 000÷4＝3 750（元）

每本应纳税额＝（3 750−800）×20%×（1−30%）＝413（元）

总共应纳税额＝413×4＝1 652（元）

节省税款＝1 680−1 652＝28（元）

五、税收策划结论

个人以图书、报刊方式出版、发表同一作品均应合并其稿酬所得按一次计征个人所得税。但对于不同的作品却是分开计税，这就给纳税人的策划创造了条件。如果一本书可以分成几个部分，以系列丛书的形式出现，则该作品将被认定为几个单独的作品，单独计算纳税，这在某些情况下可以节省纳税人不少税款。税负过高可以用系列丛书策划法，保证每本书的人均稿酬小于4 000元。因为该种策划法利用的是抵扣费用的临界点，即在稿酬所得小于4 000元时，实际抵扣标准大于20%。由此可见，在这种情况下，如果杨教授采用系列丛书策划法可以节省税款28元，他可以考虑选择这种策划法。使用这种方法应该注意以下几点：

第一，该著作可以被分解成一套系列著作，而且该种发行方式不会对发行量有太大的影响，当然最好能够促进发行。如果该种分解导致著作的销量或者学术价值大受影响，则这种方式将得不偿失。

第二，该种发行方式要想充分发挥作用，最好与著作组筹划法结合。

第三，该种发行方式应保证每本书的人均稿酬小于4 000元。因为该种策划法利用的是抵扣费用的临界点，即在稿酬所得小于4 000元时，实际抵扣标准大于20%。

实验七　投资理财综合设计

【实训目的与要求】

1. 理解和掌握家庭现金流规划；
2. 理解和掌握家庭收支分析方法和步骤；
3. 能够分析客户的教育费用需求及教育规划；
4. 能够理解和掌握购房财务规划的基本方法；
5. 能够理解和掌握制定汽车消费方案；
6. 能够理解和掌握制定消费信贷方案；
7. 能够分析客户的投资理财需求及投资理财规划；
8. 能够分析客户家庭存在的风险及风险规避；
9. 能够分析客户家庭成员的退休养老规划及遗产规划。

【实训学时】

实训学时数一共 8 学时。学时分布情况：教师讲授占 2%，学生项目设计占 98%。

【实训数据】

题目一

王教授是国内某重点大学的教师，年收入 30 万元，妻子年收入 6 万元。现在家庭存款 20 万元，房屋 2 套，其价值 160 万，家庭开支每月 9 000 元。

夫妻两人没有理财经验，也没有进行任何风险投资。家中有一儿子 18 岁，在重庆工商大学国际商学院读 2+2（中法），今年大一，在国内每年学费及生活费 3.5 万元，在国外（法国 2 年）每年学费及生活费 25 万元。大学本科毕业后准备在美国攻读硕士研究生，学习时间为 3 年，每年学费及生活费 35 万元。

王教授今年已经 51 岁，预计 60 岁退休；妻子 48 岁，预计 55 岁退休。王教授退休后每月能拿到退休金 6 000 元，妻子每月能拿到退休金 2 500 元，两人同时退休后家庭月支出 11 000 元。

请为王教授家庭进行理财设计，主要包括孩子教育、家庭日常生活、投资理财、风险管理及保险、退休生活等。

下面是六位同学对王教授家庭进行的理财设计，请你分析六个方案的优点及存在的问题，并分组进行讨论。

理财设计方案一

重庆工商大学国际商学院　李燕君

一、设计方案摘要

1. 基本情况分析

（1）家庭成员基本情况分析

王教授家庭是三口之家，王教授目前 51 岁，是国内某重点大学的教师，职业稳定，有一个儿子 18 岁。家庭成员身体健康。夫妻每月总收入 3 万元。

（2）家庭每月开支情况

夫妻俩每月日常开支 9 000 元，房屋为一次性购买，无还贷压力。两人同时退休后家庭月支出 11 000 元。

（3）家庭财务状况

王教授现有存款 20 万元，房屋 2 套价值 160 万元。王教授的儿子读书这七年家庭总收入为 252 万元，而教育花费为 162 万元，家庭生活必需开支为 67. 2 万元。在不考虑通货膨胀和其他开支的情况下，王教授一家总结余是 22. 8 万元。

（4）家庭目前及未来保障状况

王教授一家对投资理财这方面缺乏了解，更无任何投资意识，目前没有任何保险保障。

2. 预期目标

在对王教授家的基本情况进行了解后，提出理财方案，主要对其家庭的现金、投资、子女教育、养老规划以及风险保障五个方面进行了规划，希望能够获得较大的投资收益，为王教授的儿子未来的教育和王教授及妻子的养老提供保障，以获得更好的生活保障，稳定无忧。

3. 理财建议

（1）合理配置现金及投资以获得更高收益；

（2）为孩子的成长教育提前预备准备金；

（3）规划夫妻二人的养老及全家人的保障。

4. 理财原则

确保家庭生活质量不下降的前提下，通过合理的理财策略实现 20 年内家庭财富的稳定增值，为退休后的生活准备充足的养老、医护基金。

二、王教授家庭财务状况具体分析

1. 资产负债表

王教授家庭资产情况（如表 7-1 所示）

表 7-1　　王教授家庭资产负债表

资产	金额（万元）	负债与净资产	金额（万元）
金融资产	0	负债	0
存款	20		
金融资产小计	20		
实物资产（住房）	160	净资产	180
资产总计	180	负债与净资产合计	180

2. 现金流量表

（1）王教授夫妻二人都未退休时的现金流量情况（如表 7-2 所示）

表 7-2　　王教授家庭现金流量表（a）

收入	金额(万元)	百分比	支出	金额(万元)	百分比
工资(每年)	36	100%	日常支出(每年)	10.8	31.8%
投资收入	0	0	儿子学费及生活费		68.2%
收入总计(每年)	36	100%	大学本科	57	24%
出国硕士留学	105	44.2%			
支出总计(7 年)	237.6	100%			
收入总计(+)(7 年)	252	100%			
支出总计(-)(7 年)	237.6	94.3%			
结余	14.4	5.7%			

（2）王教授未退休，其妻子退休后的现金流量情况（如表 7-3 所示）

表 7-3　　王教授家庭现金流量表（b）

收入	金额（元）	百分比	支出	金额（元）	百分比
退休金（每年）	30 000	7.50%	日常支出（每年）	120 000	100%
假定儿子的工资（每年）	72 000	17.90%			
王教授工资（每年）	300 000	74.60%			
收入总计	402 000	100%	支出总计	120 000	100%
收入总计（+）	402 000	100%			
支出总计（-）	120 000	29.90%			
结余	282 000	70.10%			

(3) 王教授夫妻二人均退休之后的现金流量表情况(如表 7-4 所示)

表 7-4　　王教授家庭现金流量表(c)

收入	金额(元)	百分比	支出	金额(元)	百分比
退休金(每年)	102 000	54.80%	日常支出(每年)	132 000	100%
假定儿子的工资(每年)	84 000	45.20%			
收入总计	186 000	100%	支出总计	132 000	100%
收入总计(+)	186 000	100%			
支出总计(-)	132 000	71%			
结余	54 000	29%			

(4) 财务比率表(如表 7-5 所示)

表 7-5　　王教授家庭财务比率表(夫妻都未退休前)

项目	参考值	实际数值
结余比率(年结余/税后收入)	10%	25.2/36=70%
投资与净资产比率(投资资产/净资产)	50%	0/180=0
清偿比率(净资产/总资产)	50%	180/180=100%
负债比率(负债/总资产)	50%	0/180=0
负债收入比率(负债/税后收入)	40%	0/36=0
流动性比率(流动资产/每月支出)	3	20/0.9=22.22

3. 理财分析

(1) 王教授夫妻都未退休时

①从结余比率来看,家庭在节流方面的能力较弱,按照王教授家目前的情况,可用于投资的资产相对较少。我们不难发现,王教授家的生活开支在此只是计入了从儿子上大学到攻读完硕士这段时间,即从现在开始七年内的家庭日常支出和儿子的教育学费及生活费。其实际生活中必将还有其他支出的可能,比如旅游、突发状况的支出等。如此看来王教授家仅靠他们夫妻二人的工资作为收入来源是不够的。

②从投资与净资产比率来看,这个指标反映了一个家庭通过投资增加财富以实现财务目标的能力,一般来讲,比率的值保持在 0.5 以上比较好。就目前看王教授家庭没有任何投资类产品,这是由于王教授将全部的闲置资金(20 万元)仅存为定期存款造成的。定期存款的增值能力比较弱,不能有效地实现财富增长,从理财角度讲这是非常不合适的。再者通过前面结余比率的计算可以看出王教授家庭收入来源十分单一,但其拥有一定的经济实力,在这样的背景下可以进行一定的投资,投资规模受制于投资能力,保守起见,这一比值保持在 0.2 即可。

③清偿比率=净资产÷总资产=1 800 000÷1 800 000=1。

清偿比率一方面说明客户的资产负债情况及其安全,另一方面也说明客户还可以更好地利用杠杆效应以提高资产的整体收益率。

④负债比率=负债总额÷总资产=0÷1 800 000=0。

这两项指标说明王教授家庭的综合偿债能力很高，即使面临较大的还债压力，也有足够的能力通过变现资产来偿还债务，家庭资产的稳固性较高。

即付比率（流动资产/负债总额）高于参考值0.7，客户随时变现资产偿还债务的能力很强，但过高的数值显示该客户过于注重流动资产，财务结构仍不尽合理，流动性比率也同样说明了这个问题。

（2）王教授妻子退休后

①结余比率=结余÷收入=282 000÷402 000=0.701。

此时，结余比率较王教授妻子未退休时高了很多。一方面，因为恰好儿子硕士毕业开始工作增加了家庭收入；另一方面，儿子较昂贵的学费和生活费也就此没有了，生活开支大大地降低。

另外，结余比率的提高也体现了王教授家庭节流方面有了明显改善，投资能力也明显提高。因此此时可以考虑投资。当然，除开投资，像购房买车的计划已可以随着儿子工作而开始付诸实践。

②其他比率，如投资与净资产比率、负债比率、即付比率等由于在此未假设王教授家庭有投资方面的改善以及购买房贷、车贷等问题，所以没有明显的变化。

（3）王教授及妻子均退休

结余比率=结余÷收入=54 000÷186 000=0.29。

此时结余比率较王教授还未退休时有所降低。虽然工作两年后儿子工资假定有所增长，但王教授作为一直以来经济收入的主要来源在此背景下使家庭收入有明显降低，而家庭开支也相应有较少的增加，综上所述引起了结余比率的降低，但仍保持有一定的节流能力。

三、确定理财目标

（1）资产及现金管理：保持家庭资产适当的流动性。

（2）保险规划：为王教授自己及家人各买一份保险（长期）。

（3）教育规划：子女的教育花费——在国内每年学费及生活费3.5万元，在国外（法国2年）每年学费及生活费25万元。大学本科毕业后准备在美国攻读硕士研究生，学习时间为3年，每年学费及生活费35万元。

（4）消费支出规划——购车：两年内购买一辆总价在15万元左右的车（短期）。

（5）采用购买基金的方式进行投资。

四、家庭现有资产及现金管理方案建议

1. 固定资产规划

王教授的两套房子可以继续持有，将除自己住房以外的房产作为一种投资行为，可以以出租房的形式出租出去。假如每个月可以得到税后2 000元的租金收入，则又增加了家庭的经济收入。

2. 保险规划

王教授作为家庭主要经济收入来源者，其经济收入占家庭总收入的 83.3%。由此可以看出家庭经济来源的脆弱性。我建议王教授买一份每年保费为 1 万元，保障时间为 10 年，保额为 100 万元的人寿保险。而王教授的妻子则可以买一份每年 1 000 元左右，保额在 50 万元左右的人寿保险。王教授的儿子因为在学校学习，所以可以考虑给他儿子买一份人寿的健康或意外伤害险。

3. 风险投资组合及教育经费规划

（1）王教授的儿子在国内读书时，所花费的费用不多，一年 3.5 万元。此时王教授每年可以有 25.5 万元的结余。这两年王教授可以用每年的 20 万元和以前的 10 万元用于投资理财 1/3 债券型开放式基金、1/3 指数型基金、1/3 股票型基金，即可有效地避免风险，又可以获得相对较高的收益。其他的 1.5 万元为活期存款，4 万元为一年的定期存款以备购车和临时急需所用。

（2）王教授儿子在国外读书的本科两年，一年所需为 25 万元，而教授家这两年每年收入结余为 25.2 万元。因此，我建议就以此直接支付其儿子每年 25 万元的教育费用。其余的都以活期存款 1.7 万和其余的定期存款的方式结合存款。

（3）王教授儿子硕士三年每年的需求是 35 万元，而前期的理财投资假设每年收益为 8%，则王教授有 62 万元，每年王教授可以自己支付 15 万元。

4. 购车规划

王教授将在两年内购买一台 15 万元左右的轿车。因购车为奢侈品支出，不建议使用现有金融资产购买。根据我们方案的第三条，我们可以将 5.5 万元储蓄存款中的 5 万元作为首付，在当年年末购买，其余部分进行贷款，贷款额为 10 万元，5 年内还清，月还款额 1 700 元左右。这样的话，生活压力不大，且能够更有效合理地利用资金。

问题：请分析李燕君为王教授设计的家庭理财规划方案，并指出其优点及缺点。

理财设计方案二

重庆工商大学国际商学院　吴佩珊

王教授家庭的财产分析：王教授家净资产为 180 万元，无任何负债。如果王教授家庭不进行其他方面的规划，其儿子读书这七年家庭收入为 252 万元，而教育花费为 162 万元，而自己的生活所必需的开支为 75.6 万元。也就是说在不考虑通货膨胀和其他开支的情况下王教授家庭这七年的总结余为 14.4 万元。而这些钱对于没有理财经验，也没有进行任何风险投资的王教授夫妻是不够的。因此我对王教授家庭的投资理财计划的建议如下：

相关假设：

银行存款利率 4%，基金投资利率 8%，股票投资报酬率 15%（所有数据保留两位小数点）。

一、王教授家庭财务情况分析

1. 王教授家庭资产负债情况分析（如表 7-6 所示）

表 7-6　　王教授家庭资产负债表

资产	金额（万元）	负债与净资产	金额（万元）
金融资产	0	负债	0
存款	20		
金融资产小计	20		
实物资产（住房）	160	净资产	180
资产总计	180	负债与净资产合计	180

由表 7-6 可知，王教授家庭流动资金占比较小，约占总量的 11%，且无任何负债。

2. 王教授家在不进行任何投资理财情况下的资金流动情况分析（见表 7-7、表 7-8、表 7-9、表 7-10、表 7-11）

表 7-7　　王教授家庭现金流量表 1（2011—2012 年）

年收入	金额（万元）	年支出	金额（万元）
工资和薪金	36	日常生活支出	10. 8
儿子学费及生活费	3. 5		
收入总计	36	支出总计	14. 3
年节余	21. 7		

表 7-8　　王教授家庭现金流量表 2（2013—2014 年）

年收入	金额（万元）	年支出	金额（万元）
工资和薪金	36	日常生活支出	10. 8
儿子学费及生活费	25		
收入总计	36	支出总计	35. 8
年节余	0. 2		

表 7-9　　王教授家庭现金流量表 3（2015—2017 年）

年收入	金额（万元）	年支出	金额（万元）
工资和薪金	36	日常生活支出	10. 8
儿子学费及生活费	35		
收入总计	36	支出总计	45. 8
年节余	-9. 8		

表 7-10 王教授家庭现金流量表 4（2018—2019 年）

年收入	金额（万元）	年支出	金额（万元）
工资和薪金	33	日常生活支出	10.8
儿子学费及生活费			
收入总计	33	支出总计	10.8
年节余	22.2		

表 7-11 王教授家庭现金流量表 5（2020 年）

年收入	金额（万元）	年支出	金额（万元）
工资和薪金	10.2	日常生活支出	13.2
儿子学费及生活费			
收入总计	10.2	支出总计	13.2
年节余	-3		

二、王教授家庭工资收入情况

王教授年收入 30 万元，即月收入 25 000 元。王教授将于 2020 年退休，从 2011 年到 2020 年其共能得到工资收入 270 万元。王教授的妻子年收入 6 万元，即月收入 5 000 元。王教授的妻子将于 2018 年退休，从 2011 年到 2018 年其共能得到工资收入 42 万元。因此在王教授儿子读书的这七年间，王教授家庭基本的收入来源为王教授和妻子的工资收入，总计 252 万元。

三、王教授孩子学费及生活费花销

2011—2012 年，王教授的儿子在重庆工商大学国际商学院就读“2+2”项目国内部课程，此两年内学费及生活费为 7 万元。2013—2014 年，其就读于“2+2”项目国外部课程，此期间需要学费及生活费 50 万元。2015—2017 年，王教授儿子将去美国攻读硕士研究生，此期间需要学费及生活费 105 万元。这七年间王教授孩子需要学费及生活费如表 7-7、表 7-8、表 7-9，其总计 162 万元。

四、家庭日常生活及增加购车计划

从王教授家庭目前的经济状况来看，买车对王教授家庭资金情况来说完全可以承受，建议王教授在半年内买车，尽快享受“有车一族”的潇洒生活。王教授家可以选择一款经济实用的车辆，其买车费用可以从存款中支取 18 万元左右。购车后，预计每年的车辆使用方面的花费将近 2 万元。王教授通过购车可以进一步提高生活质量，同时也增加一部分娱乐活动。

五、现有家庭资产的投资理财

原家庭存款 20 万元，房屋 2 套，其价值 160 万元。近年来房屋价格不断上涨，其房屋资产有一定的升值空间。因此王教授可选其中一套进行房屋出租，假设房屋出租每月可获房屋租金 2 500 元，即每年 3 万元。其银行存款也可以进行合理的投资。可以理性地增加股票、基金以及安全性和收益率都比较理想的各项银行理财产品的投资份额。鉴于相关假定：银行存款利率4%，基金投资利率8%，股票投资报酬率10%。根据上述购车建议，王教授可用家庭存款购置小轿车。因此王教授可在第二年用年结余进行投资理财。王教授可以将50%家庭存款用于基金投资，每年可以得到投入资金8%的稳定收益。而另外部分家庭存款则用于股票投资，由于王教授及其夫人并没有理财经验，因此其股票投资收益相较其他股民收益率较低，每年可获得投资收益为投入资金的10%。运用以上的理财投资，王教授家庭可获得一定的投资收益。鉴于王教授和妻子没有理财经验，也没有进行任何风险投资，所以在投资方面如果大量选择股票进行投资是不太可取的。而基金作为一种很好的长期投资理财选择，通过汇集众多投资者的资金，积少成多，有利于发挥资金的规模优势，降低投资成本。所以为了保证资产的投资效率和安全性，建议王教授把部分资产投入投资报酬率较高的股票中，选择合理的比例进行股票和基金的投资，以达到分散投资风险的目的。

六、经过投资理财和建议之后的现金流量状况

2011年，王教授家庭的现金流量情况如表7-12所示。

表7-12　　王教授家庭现金流量表6（2011年）

年收入	金额（万元）	年支出	金额（万元）
工资和薪金	36	日常生活支出	10.8
房屋出租	3	车辆使用费	20
投资收益	0	儿子学费及生活费	3.5
收入总计	39	支出总计	34.3
年节余	4.7		

2012年王教授将2011年节余4.7万元用于金融投资，即50%基金、50%股票。故2012年投资基金金额为2.35万元，即年获利0.188万元。投资股票金额为2.35万元，即年获利0.235万元。总计投资收益0.423万元，如表7-13所示。

表7-13　　王教授家庭现金流量表7（2012年）

年收入	金额（万元）	年支出	金额（万元）
工资和薪金	36	日常生活支出	10.8
房屋出租	3	车辆使用费	2
投资收益	0.42	儿子学费及生活费	3.5
收入总计	39.42	支出总计	16.3
年节余	20.12		

2013年王教授将2012年节余20.12万元加上年投资本金4.7万元共计24.82万元用于金融投资，即50%基金、50%股票。故2012年投资基金金额为12.41万元，即年获利0.992 8万元。投资股票金额为12.41万元，即年获利1.241万元。总计投资收益2.233 8万元，如表7-14所示。

表 7-14　　王教授家庭现金流量表 8（2013 年）

年收入	金额（万元）	年支出	金额（万元）
工资和薪金	36	日常生活支出	10. 8
房屋出租	3	车辆使用费	2
投资收益	2. 23	儿子学费及生活费	25
收入总计	41. 23	支出总计	37. 8
年节余	3. 43		

2014 年王教授将 2013 年节余 3. 43 万元加上年投资本金 24. 82 万元共计 28. 25 万元用于金融投资，即 50%基金、50%股票。故 2013 年投资基金金额为 14. 125 万元，即年获利 1. 13 万元。投资股票金额为 14. 125 万元，即年获利 1. 412 5 万元。总计投资收益 2. 542 5 万元，如表 7-15 所示。

表 7-15　　王教授家庭现金流量表 9（2014 年）

年收入	金额（万元）	年支出	金额（万元）
工资和薪金	36	日常生活支出	10. 8
房屋出租	3	车辆使用费	2
投资收益	2. 54	儿子学费及生活费	25
收入总计	41. 54	支出总计	37. 8
年节余	3. 74		

2015 年王教授有 2014 年节余 3. 74 万元加上年投资本金 28. 25 万元共计 31. 99 万元的剩余资金。2015 年支出总计 47. 8 万元，因此王教授需要动用部分剩余资金以支撑开销。工资薪金加房屋出租总计 39 万元。因此王教授 2015 年可用剩下的 23. 19 万元做金融投资，即 50%基金、50%股票。故 2014 年投资基金金额为 11. 595 万元，即年获利 0. 927 6 万元。投资股票金额为 11. 595 万元，即年获利 1. 159 5 万元。总计投资收益 2. 087 1 万元，如表 7-16 所示。

表 7-16　　王教授家庭现金流量表 10（2015 年）

年收入	金额（万元）	年支出	金额（万元）
工资和薪金	36	日常生活支出	10. 8
剩余资金	8. 8	车辆使用费	2
房屋出租	3	儿子学费及生活费	35
投资收益	2. 09		
收入总计	49. 89	支出总计	47. 8
年节余	2. 09		

同理，2016 年王教授可动用 2015 年剩余资金 8.8 万元，加上 2016 年收入的剩余资金共计 16.48 万元进行金融投资。故 2016 年投资基金额为 8.24 万元，即年获利 0.659 2 万元。投资股票金额为 8.24 万元，即年获利 0.824 万元。总计投资收益 1.483 2 万元，如表 7-17 所示。

表 7-17　　王教授家庭现金流量表 11（2016 年）

年收入	金额（万元）	年支出	金额（万元）
工资和薪金	36	日常生活支出	10.8
剩余资金	8.8	车辆使用费	2
房屋出租	3	儿子学费及生活费	35
投资收益	1.48		
收入总计	49.28	支出总计	47.8
年节余	1.48		

同理，2017 年王教授可动用 2016 年剩余资金 8.8 万元，加上 2017 年收入的剩余资金共计 9.16 万元进行金融投资。故 2017 年投资基金金额为 4.58 万元，即年获利 0.366 4 万元。投资股票金额为 4.58 万元，即年获利 0.458 万元。总计投资收益 0.824 4 万元，如表 7-18 所示。

表 7-18　　王教授家庭现金流量表 12（2017 年）

年收入	金额（万元）	年支出	金额（万元）
工资和薪金	36	日常生活支出	10.8
剩余资金	8.8	车辆使用费	2
房屋出租	3	儿子学费及生活费	35
投资收益	0.82		
收入总计	48.62	支出总计	47.8
年节余	0.82		

综上所述，王教授家有能力支持其儿子的所有学费及生活费、家庭日常生活支出以及车辆购置使用费。2018 年起儿子留学完，减少了大量家庭开支，故其家庭资产更加富余，可以借鉴上述年份的投资计划进行理财投资。

七、风险管理及保险

王教授可增加适当的保险投入从而进行风险管理。王教授作为家庭主要经济来源者，其经济收入占家庭总收入的 83%。由此可以看出家庭经济来源的脆弱性，因此建议王教授进行合理的风险管理。

根据理财规划的基本原则，保险规划中的保额设计为 10 倍的年收入，保费则不超过家庭年收入的 10%。因此，建议王教授家庭每年购买不超过 3.6 万元的保险费用，这样的保障程度比较完备，保费支出也不会构成过度的家庭财务负担。具体如下：

（1）建议王教授投保一份生存死亡两全保险，并一次性将保额做到 200 万元，每年支出在 3 600 元左右。这样，无论是王教授继续生存到一定年龄还是万一发生意外或疾病去世均可获得保险金的给付。

（2）建议王教授和妻子各买一份重大疾病保险，保额设计为 30 万元。

（3）建议为王教授全家每人都购买一份人身意外伤害综合保险，保额设计为 150 万元。

（4）如前所说，总保险费用控制在 3 万元左右合适。

合理的保险规划可以避免意外事故或者疾病等给家庭造成的财务危机，能在家庭遇到不幸时给予一定的经济补偿和支持。

八、退休养老规划

王教授及其妻子都退休后日常生活开销增加至 1.1 万元/年，如合理的娱乐活动以及旅游等。由于王教授家于 2011 年就进行合理的投资理财项目，王教授家房屋出租每年获取的 3 万元租金刚好弥补退休生活的缺口 3 万元（见表 7-18），并且基金和股票投资收益使得王教授及妻子于退休后仍有家庭年现金流量，并有充足的结余。因此王教授及妻子可以在退休后的生活中进行更多娱乐活动，提高生活质量，安享晚年。

问题：请分析吴佩珊为王教授设计的家庭理财规划方案，并指出优点及缺点。

理财设计方案三

重庆工商大学国际商学院　林巧妮

一、收集和分析家庭财产总量及分布情况

该家庭目前财产总量为 180 万元，其中银行存款 20 万元，两套房屋价值 160 万元。目前经济年收入总量 36 万元，其中王教授年收入 30 万元，妻子年收入 6 万元。夫妻退休后月收入总量是 8 500 元，其中王教授月收入 6 000 元，妻子月收入 2 500 元，如图 7-1、图 7-2、图 7-3 所示。

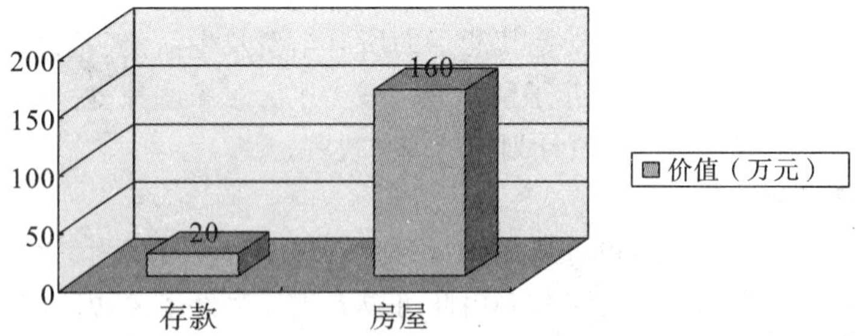

图 7-1　王教授家庭财产分布图

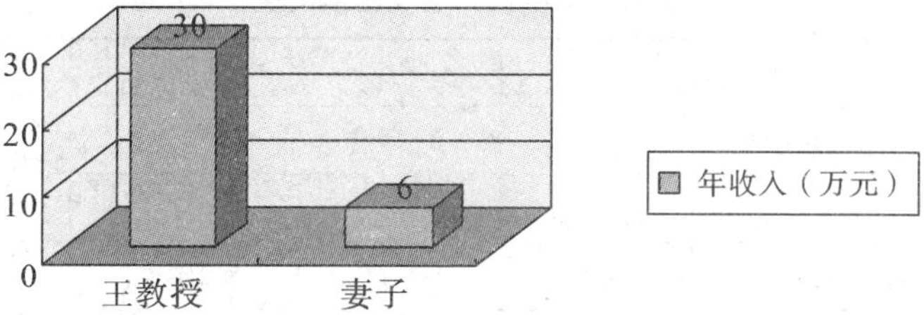

图 7-2　王教授家庭收入来源分布图

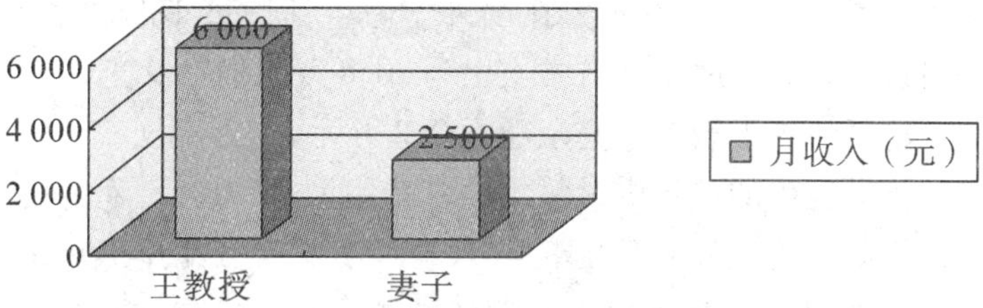

图 7-3　夫妻退休后家庭收入来源分布图

二、分析家庭住房需求情况

王教授家庭是典型的三口之家，孩子已经读大学，目前有两套住房，已经充分满足家庭住房需求。但由于孩子选择出国留学，教育费用增加，所以对家庭财产影响较大。

三、分析家庭月支出情况

目前，王教授家庭每月支出为 9 000 元，两人同时退休后家庭每月支出为 11 000 元。退休后的月支出增加，原因在于夫妻二人在退休后增加了娱乐活动、旅游费用等。王教授目前 51 岁，60 岁退休，因此他还有 9 年工作时间。其妻子 48 岁，55 岁退休，因此她还有 7 年工作时间。

四、分析家庭子女的教育需求情况

王教授家中有一儿子 18 岁，今年大一。由于他读的是“2+2（中法）”，前两年在国内每年生活费及学费为 3.5 万元，后两年在国外每年生活费及学费为 25 万元。大学本科毕业后王教授儿子准备去美国读研究生三年，每年生活费及学费为 35 万元。因此，王教授儿子一共要学习 7 年，总共的教育费用应为 162 万元，如表 7-19 所示。

表 7-19　王教授家庭子女教育需求情况表

项目	时间	金额（万元）
就读国内国际商学院	2	7
就读于法国	2	50
美国攻读硕士研究生	3	105

五、综合分析家庭收入与支出情况

在夫妻退休前，王教授家庭年收入 36 万元，年家庭日常生活支出 10.8 万元，前两年儿子教育费用为 3.5 万元。因此在儿子大学本科的前两年内，王教授家庭每年收入在支付各项费用后还余下 21.7 万元，如表 7-20 所示。

表 7-20　　　　王教授家庭收入与支出情况表

项目	收入		支出		至孩子毕业年余额
	王教授	妻子	教育费	生活支出	
时间（年）	7	7	7	7	
金额（万元）	30	6		10.8	
合计	210	42	162	75.6	14.4

在儿子大学本科后两年，因为儿子在国外学习生活，每年的教育费用变为 25 万元。因为夫妻还没退休，年家庭生活日常支出为 10.8 万元仍然没变，年收入为 36 万元也没变。所以，在这两年内王教授家庭余额为 0.2 万元。

在儿子去美国读研究生的三年中，每年教育费用为 35 万元，而家庭年收入与年生活日常支出没变，因此，这三年该家庭的收入缺口有 9.8 万元。三年累计总共有缺口 29.4 万元。但这三年的缺口完全可以由前四年的盈余补足，或者通过固有的存款和固有存款的投资生利来补足。

六、对家庭住房进行规划

通过以上分析得知，在儿子大学本科阶段，家庭总收入能够应付总支出，并且有盈余；研究生阶段，收入有缺口，但也可以通过前几年的收入盈余来弥补，或者通过盈余的再投资获利来进行弥补。因而，对于王教授家庭的两套价值 160 万的房屋，我认为可以进行以下规划：第一，两套房屋中一套用于自己居住，另一套可以用于出租来增加收入；第二，根据房屋的购买时间以及目前的市场状况，如果租售比（房屋出售价格与房屋年租金比）达到 20 年，则可以考虑将房屋进行出售后再投资，部分资金用于房屋首付，每月按揭则可由出租此屋的租金支付，而出售房屋后的剩余资金则可以用于其他的投资生利；第三，如果夫妻两人没使用过公积金，则可以考虑用公积金付首付购买一套住房，按揭部分同样可以用租金支付按揭，通过以房养房来进行投资。

七、对家庭月支出进行规划

王教授家庭在夫妻两人退休前的每月支出为 9 000 元，退休后两人的每月支出增加到 11 000 元。从时间上看，两人退休的时候他们对儿子的教育支出承担完毕，儿子此时研究生毕业；从收入上看，两人退休后月总收入 8 500 元，收入缺口 25 000 元，但是这可以从之前理财生利的部分进行弥补，因此夫妻两人退休有时间进行娱乐活动、旅游计划，如表 7-21 所示。

表 7-21　　　　王教授家庭退休前后比较表

	王教授	妻子	合计
退休前收入	30	6	36
所占比例	83.33%	16.67%	
退休后收入	0.6	0.25	0.85
所占比例	70.59%	29.41%	

八、对家庭投资理财进行分析

由于王教授夫妻两人没有理财经验，也没有任何风险投资，所以我建议利用资金进行合理投资。对于购房、购车的大额资金支出，就必须有相应的资金入账，除了收入，自己投资所赚取的资金是一个成长型家庭必不可少的部分。举个例子，某先生在2017年投资了10万元的货币型基金，从今年有关统计数据来看，截至2017年7月底，1/3的货币型基金收益率超过了2%。而从今年整体分析，货币基金的投资前景还算比较乐观，为此，这位先生可以继续持有，特别是现在处于加息周期，较为适合投资货币基金。另外，股票投资风险较大，还是要看选择的个股而定。短时间内，不建议直接投资股票市场，可以通过基金产品组合进行投资。原有的基金投资品种不详，如果这位先生是中立型投资的话，建议追加投资后整体组合比例为偏股类基金60%、偏债类基金40%。具体操作时应当分期分批买入。这样所承受风险水平为中等，年复合收益率估计为5.6%。因而，建议选购持续性收益较好的人寿保险和养老保险，这两部分的资金是日后的保障。

该家庭未购买商业保险，而丈夫收入的比例高达83.3%，若发生意外，将对家庭生活产生巨大影响，并可能导致教育资金投资的断裂。因此为家庭成员建立健全的财务保障尤为重要。建议夫妻双方选择一些健康险、意外险，为孩子考虑的是重疾险和意外险，总保费约为年收入的10%。总保险金额为年收入的10倍，先生、太太和孩子的保险金额配置比率为6∶3∶1。而在养老金方面，两人的养老金还有缺口。因此，建议该夫妇采用“定期定额”的方式进行投资，从而满足其退休养老金的缺口，应投资稳健的股票型基金。

九、孩子教育金及备用金的规划

孩子的教育费用是刚性的，因此夫妻二人应及早规划，首先从现在开始建立教育基金，为孩子筹建教育费用。两人按照5%年收益率进行投资，每年投资1.8万元，投资7年后即可达25万元，可以用于小孩子的教育费用。投资产品可以选择股票型基金或偏股型基金进行定期定投，或者银行推出的人民币理财产品。其次是备用金，一个家庭都应先预留一笔家庭备用金，一般是家庭月均支出的3~6倍约4.5万元，以应对一方失业或家庭意外事件的冲击。此外存款中的15.5万元可以用于另外投资。

十、对家庭人员退休生活的规划

王教授还有9年退休，妻子还有7年退休。退休后费用是一笔较大的支出，预计家庭的生活标准年支出为11万。家庭在前8年年结余为20万元，后4年年结余5万元。将每年的结余投资券商集合理财等投资品种，在本金和收益达到100万元的时候，可投资风险较小的信托产品；同时，退休后还有社保和房屋租金，王教授夫妇可过高品质的老年生活。夫妻两人退休后因为有更多的时间，所以他们可以有的安排很多，如下所示：第一，两人可以发展另一个爱好，或者以前有兴趣但一直没有进行的爱好，比如学唱歌、学跳舞、学太极、学画画、学摄影等；第二，两人可以安排自己的财产进行投资理财，生利的同时也活跃自己的思维；第三，两人可以到各地去旅游，去了解各地的风俗民情、文化特点、人文精神、宗教信仰等，如果热爱旅游，甚至可以出售一套房屋来完成世界各地旅游的宏愿；第四，两人也可以为下一代做出更多贡献，如果两人喜爱孩子，甚至可以同儿子一起带孙子，同时运用现有资金进行投资理财或发展爱好等来丰富生活。

问题：请分析林巧妮为王教授设计的家庭理财规划方案，并指出优点及缺点。

理财设计方案四

重庆工商大学国际商学院　王雷

一、家庭财务状况分析

（一）家庭财务报表分析

根据以上信息得知，王教授家庭资产总计 180 万元，主要包括家庭存款 20 万元，2 套房屋价值 160 万元，如图 7-4 所示，家庭收入来源主要包括夫妻两人的工资、薪金收入，支出主要是家庭的基本生活开销，其具体情况如表 7-22、表 7-23、表 7-24 所示。

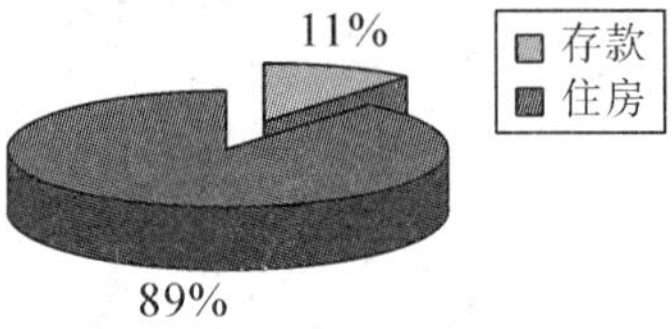

图 7-4　王教授家庭资产分布图

表 7-22　王教授家庭资产负债表

资产	金额（万元）	负债与净资产	金额（万元）
金融资产		负债	0
存款	20		
金融资产小计	20		
实物资产（住房）	160	净资产	180
资产总计	180	负债与净资产合计	180

表 7-23　王教授家庭年度现金流量表（退休前）

年收入	金额（万元）	年支出	金额（万元）
工资和薪金	36	日常生活支出	10.8
收入总计	36	支出总计	10.8
年结余	25.2		

表 7-24　　王教授家庭年度现金流量表（退休后）

年收入	金额（万元）	年支出	金额（万元）
工资和薪金	10.2	日常生活支出	13.2
收入总计	10.2	支出总计	13.2
年结余	-3		

（二）财务比率分析

根据以上对王教授家庭财务情况的数据分析，可计算得出王教授家庭财务状况分析指标，如表 7-25 所示。

表 7-25　　王教授家庭财务比率表

项目	参考值	实际数值
结余比率（年结余/税后收入）	10%	25.2÷36=70%
投资与净资产比率（投资资产/净资产）	50%	0÷180=0
清偿比率（净资产/总资产）	50%	180÷180=100%
负债比率（负债/总资产）	50%	0÷180=0
负债收入比率（负债/税后收入）	40%	0÷36=0
流动性比率（流动资产/每月支出）	3	20÷0.9=22.22

（1）结余比率=年节余÷税后收入，主要反映客户提高净资产水平的能力，王教授家庭在退休前该指标为 70%，说明王教授家庭具有很大的储蓄和投资潜力，净资产在未来会较大幅度提高。

（2）投资与净资产比率=投资资产÷净资产，王教授家庭该指标为 0，说明王教授完全无投资意识，投资理念应加强。

（3）清偿比率=净资产÷总资产，反映客户综合偿债能力的高低，王教授家庭该指标为 100%，大大超过参考值，一方面说明客户的资产负债情况非常安全，另一方面也说明客户还可以更好地利用财务杠杆效应以提高资产的整体收益率。

（4）负债比率=负债÷总资产，也是反映客户综合偿债能力的指标，王教授家庭该指标为 0，反映了与清偿比率相同的问题。

（5）负债收入比率=负债÷税后收入，反映客户支出能力的强弱，王教授家庭该指标低于参考值，说明王教授家庭偿债能力较强，债务风险不大。

（6）流动性比率=流动资产÷每月支出，反映客户支出能力的强弱，王教授家庭这一指标高达 22.22，说明王教授家庭支出能力相当强，其流动性资产足以支付未来 22 个月的支出。

（三）财务状况总体评价分析

通过对王教授家庭的上述财务指标进行分析，我们认为客户财务状况总体上非常安全，偿债能力强，但是结构还不够合理，财务效益不高，过于注重流动性而没有充分考虑资产的增值要求，特别是投资结构有待进一步完善，投资收益需要进一步增加，因此，王教授家庭必须充分利用财务杠杆效应提高资产的整体收益，同时适当增加消费支出，提高消费水平。

二、王教授家庭各项理财目标分析

1. 消费支出规划目标

在现有消费水平的基础上，王教授家庭可适当增加日常生活开支，提高日常生活水平，同时，一年内可以购买一辆总价约15万元的车。对于住房的计划，因目前王教授家庭已有2套价值160万元的住房，已完全能够满足其需求，所以暂不考虑。

2. 教育规划目标

王教授继续供儿子念书，完成大约7年（本科加硕士研究生）的教育，目前估计共花费162万元（长期）。

3. 保险规划目标

王教授应适当增加保险投入，进行风险管理（短期）。

4. 投资规划目标

王教授应通过多种投资渠道，增加投资收益，保证未来各项生活目标能顺利实现。

三、王教授家庭投资理财方案

1. 消费支出规划

从王教授家庭目前的经济状况来看，买车对王教授家庭来说是完全可以承受的，建议王教授家庭可以在半年内买车，尽快享受“有车一族”的潇洒生活。买车费用可以从存款中支取8万元左右，其余部分从半年的收入结余中支取。购车后，预计每年的汽车花费将近2万元，也可以从未来月工资收入中开支。另外，建议王教授家庭适当增加每月生活支出1 500元左右，主要用于休闲娱乐等方面的开销，进一步提高生活质量。再者，鉴于商业银行信用卡具有消费方便、刷卡有积分、享有免息期等多重优势，我们还建议王教授家庭可以办理2张额度在1万左右的商业银行信用卡。退休后，王教授及妻子可以增加出去旅游的时间，还可以在空闲时间炒炒股、买买基金或债券等，还能增加家庭收入。

2. 教育规划

王教授儿子需要接受高等教育，估计共需要162万元的资金，由于这是在未来7年中逐渐发生的费用，具有一定的不确定性，尽管如此，162万元的教育支出数额比较大，所以，从现在开始应着手教育支出费用的储备。鉴于目前王教授家庭并没有预留教育准备基金，现在有必要每年从工资收入中拿出30%左右用于长期投资。同时，从存款中拿出10万元左右作为未来教育储备基金，如果长期投资的收益率达到8%以上，则7年后将有比较充足的资金供王教授的儿子完成学业。（具体投资方案在投资规划中介绍）

3. 保险规划

根据理财规划的基本原则，保险规划中的保额设计为10倍的年收入，保费则不超过家庭年收入的10%。因此，我们建议王教授每年购买不超过3.6万元的保险费用，这样的保障程度比较完备，保费支出也不会构成家庭过度的财务负担。具体如下：①建议王教授投保一份生存死亡两全保险，并一次性将保额做到200万元，每年支出在 3 600 元左右。这样，无论是王教授继续生存到一定年龄还是万一发生意外或疾病均可获得保险金的给付。②建议王教授与妻子各买一份重大疾病保险，保额设计为 30 万元。③建议为王教授全家都购买一份人身意外伤害综合保险，保额最高可做到 150 万元。④建议王教授为不动产和汽车购买相应的保险，总保险费用控制在 3 万元左右合适。

4. 投资规划

投资规划主要是为了满足王教授儿子高等教育的支出费用的筹划以及保障家庭资产和收益的稳步上升。按照前面的设想，马先生每年需拿出 8 万元左右的资金用于投资才能满足未来的资金支出要求，增加对股票、基金或者债券的投资，再加上王教授目前 160 万元的住房资产，我们认为，在未来几年内，王教授一家的投资比例可基本保持不变，但是投资结构需要进一步完善，这对于改善其目前的财务结构、增加投资收益是十分必要的。当然，控制投资风险，也是必须要考虑的事情。

我们认为，王教授必须要提高投资意识，加大对金融工具的投资。具体来说，就是要大幅降低存款比例，增加股票、基金以及安全性和收益率都比较理想的各项银行理财产品的投资份额。当然，对于王教授这样缺乏投资经验的家庭来说，股票投资要控制在总投资额的 15%以内，而且主要是做长期投资，不建议去做短期炒作。从中国这些年证券市场的走势来看，只要坚持长期价值投资理念，获得 10%以上的年平均收益是完全可行的，这样，王教授儿子的教育费用就可以通过长期投资来实现。

总之，通过以上规划的执行，王教授家庭的理财目标基本可以得到实现，在保证财务安全的同时，王教授家庭的总体资产的收益率在王教授家庭的风险承受范围内也比较理想，理财方案的实施将全面提升王教授家庭目前的生活质量和未来的生活保障。

问题：请分析王雷为王教授设计的家庭理财规划方案，并指出优点及缺点。

理财设计方案五

重庆工商大学经贸学院　曹诗雨

一、家庭收支情况分析

1. 家庭财产总量及分布情况分析（见图 7-5、图 7-6、图 7-7）

王教授家庭固定财产有不动产及存款。具体分布如下：不动产为住房两套，共价值 160 万元；存款 20 万元，固定财产总计 180 万元。家庭经济收入为固定工资收入，其中王教授年薪 30 万元，其妻子年薪 6 万元，家庭年收入合计 36 万元。退休后，王教授年薪 7.2 万元，其妻子年薪为 2 万元，家庭年收入合计 9.2 万元。

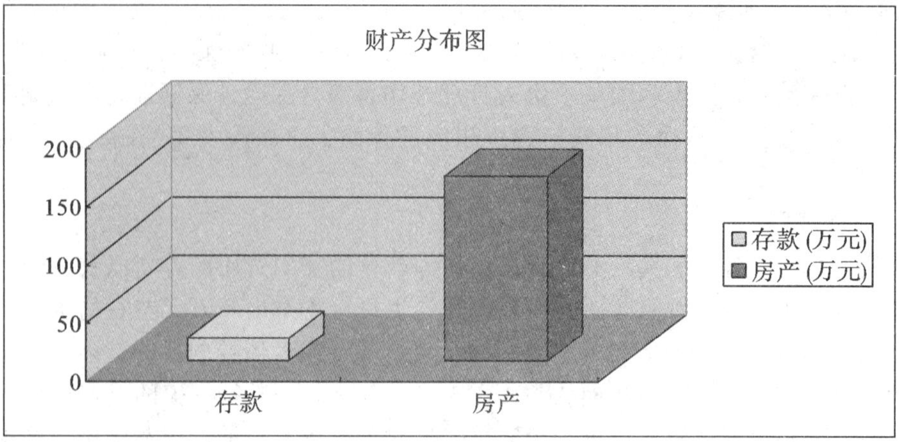

图 7-5　财产分布图

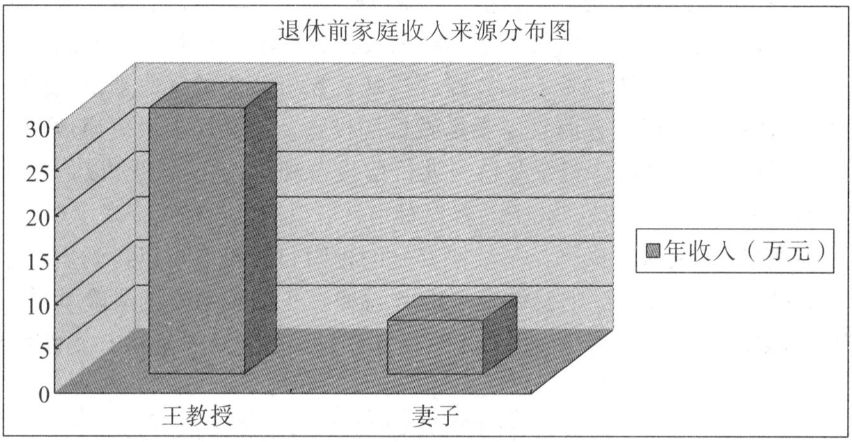

图 7-6　退休前家庭收入来源分布图

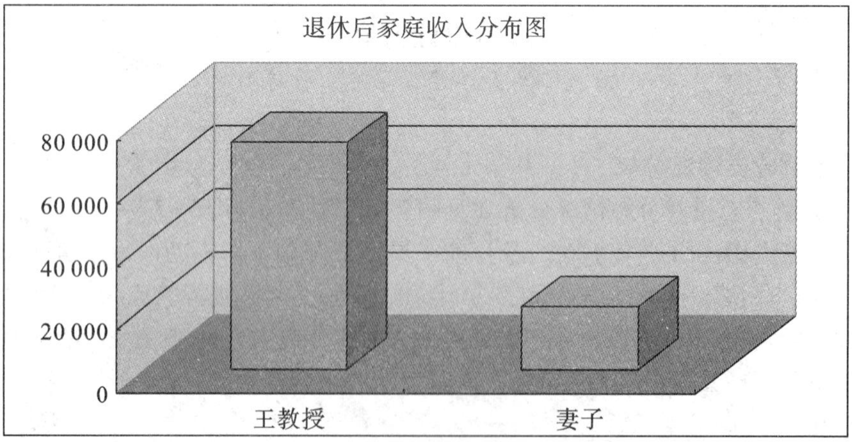

图 7-7　退休后家庭收入来源分布图（元）

2. 家庭的日常支出情况

王教授家的开支主要为日常开支以及教育费用。首先是日常开支。在退休前，王教授家庭月支出9 000元，退休后家庭月支出上涨为11 000元，上涨的主要原因为退休后对身体的保健花费资金上升，因此，老年人群在医疗保健上的花费普遍高于青壮年人群。其次由于空闲时间增多，娱乐消费增多，如旅游。距离退休年龄王教授有9年工作时间，其妻子有7年工作时间。

3. 家庭子女的教育需求状况

根据王教授家庭的具体情况不难看出，在王教授孩子的求学期间，教育支出将是这个家庭的主要支出。王教授儿子在国内本科两年，每年3.5万元，共花费7万元；法国本科两年，每年花费25万元，共50万元；美国硕士研究生三年，每年35万元，共105万元。因此，七年花费总计162万元。见表7-26。

表7-26 王教授儿子求学期间花费

学习地点	年限	年花费	总计
国内	2	3.5万元	7万元
法国	2	25万元	50万元
美国	3	35万元	105万元

4. 分析家庭额外收入

因孩子读大学，无论是在国内本科，还是在法国和美国求学，短期对房子的实际个人需求较小，王教授夫妻一套房子可以满足生活。因此，拥有两套房子的王教授可以有两个考虑：一是通过出租房屋获得租金，二是出售一套房屋。目前我们认为可以考虑出售一套房子，然后用卖房资金进行其他渠道的投入从而实现资金增值的目的。这样做的原因是，国家对房价实行从紧的宏观调控，结合目前市场反应，未来房价上升的空间有限，增值空间较小。将房租和房价上升空间结合起来同售房后获得的资金进行其他投资的收益来比较，认为后者选择较好。目前国内市场普遍趋势是房价的下降，因此建议在目前相对较高价格出售。未来孩子需要自己的房子，可以再进行购置，排除通货膨胀因素，与现在相比，仍然有一定的优势。考虑到目前的房价趋势，建议王教授可先将房屋出售。日后儿子需要房子时可再进行购置，根据孩子以后的实际需求购房，将售房收入进行投资可获得更高收益。其中密切关注国家政策走向和效果，可以在房价相对低位时购入。

5. 家庭收入与支出的情况

在这里对王教授家庭的收入以及支出情况进行一下总结，以便在后面的投资理财分析中有更清晰的思路。首先，在王教授孩子求学的七年中，王教授及妻子均未退休，年收入合计36万元，家庭日常支出为每年10.8万元，教育支出为：孩子在国内就读两年，每年3.5万元，合计7万元，因此这两年家庭收入减去支出结余为43.4万元；孩子在法国求学两年，每年25万元，合计50万元。家庭收入两年72万元，生活开支21.6万元，因此这两年家庭收入减去支出后结余0.4万元。在孩子本科期间，家庭结余43.8万元。孩子在美国读硕士研究生时，每年家庭有9.8万元的资金缺口，三年合计29.4万元。但因前四年积累存款43.8万元，故足够应付孩子出国教育开支，因此七年后实际结余14.4万元，其中，未包括银行存款的利息收入，加上利息收入后结余会有小幅度的上涨。然后就是房屋的出租或者出售后带来的收入，具体见下文分析。

下面以图表的形式对该收入支出进行详细的列述（见表7-27和图7-8）。

表7-27　　家庭主要收入与支出

	孩子毕业前收入		孩子毕业前支出		毕业后余额
	王教授	妻子	教育支出	日常生活支出	
时间（年）	7	7		7	
金额（万元）	30	6		10.8	
合计	210	42	162	75.6	14.4

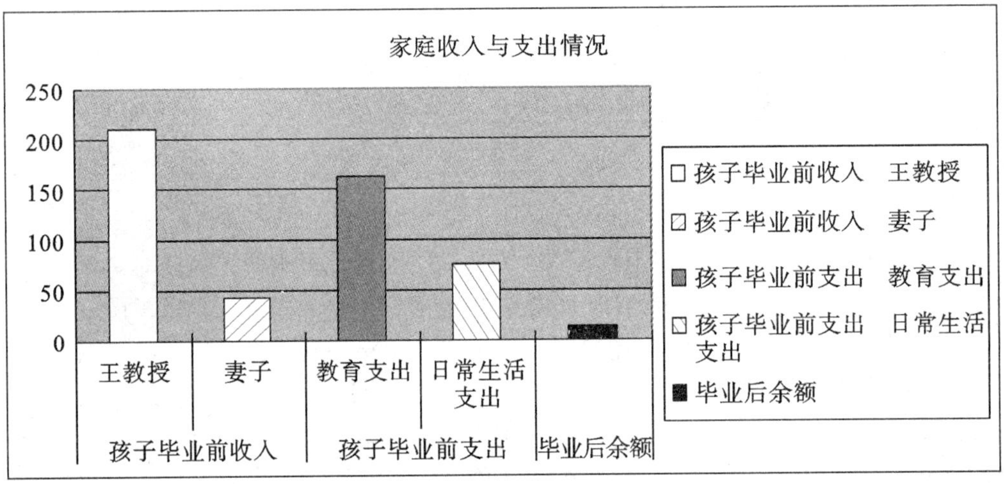

图7-8　家庭收入与支出图

二、家庭投资理财规划

1. 家庭月支出规划

在将王教授家庭的资产进行投资之前，首先对王教授家庭的月支出进行规划。王教授还有9年时间退休，在王教授退休前家庭每月支出9 000元，退休后家庭月支出为11 000元。七年后，其孩子硕士研究生毕业，王教授夫妇无需再承担教育费用。因此退休后的支出即为11 000元。而退休后王教授每月退休金为6 000元，妻子为2 500元，合计为8 500元。从而每月王教授夫妇有2 500元的资金缺口。但是在退休前，王教授夫妇已经存了一部分资金，通过这些资金及收益和儿子提供的赡养费用，足够夫妻二人安享晚年。

2. 家庭投资理财规划

首先，从王教授现在的生活状况为财产计算起点。假设所售房产获得80万元收入，加上存款20万元，合计100万元。考虑到目前A股市场估值较低，安全边际较高，可以用一部分资金买入一部分股票，建议利用 30 万元进行股票投资，为总存款的 40%。因王教授夫妇没有理财经验，可以采取中长线拥有某只股票的方案，结合国家政策和扶持方向，购买前景较好的企业的大盘股股票，大盘股股票的风险相对小，稳定收益边际高。其次，王教授目前是家庭经济支出，其身体的状况对家庭影响大（见图 7-9 和图 7-10）。

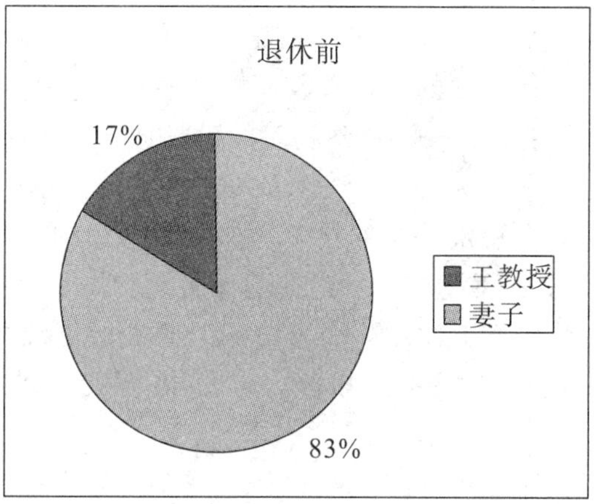

图 7-9

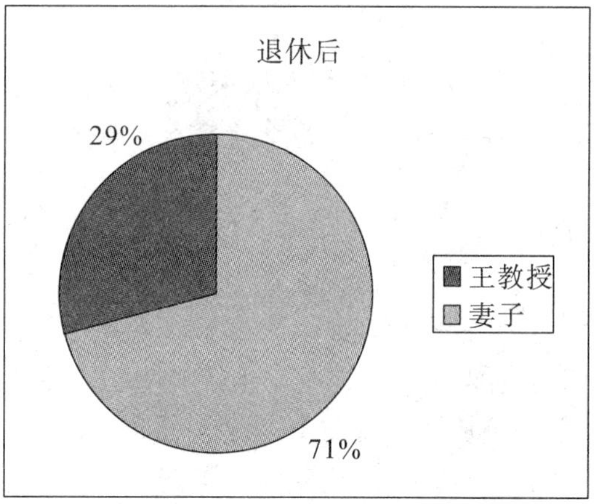

图 7-10

因此建议王教授家庭购入人寿保险，夫妻双方可购入终身保险（还本型）+每年附加意外伤害保险+每年附加住院医疗保险+每年附加意外伤害医疗保险，为孩子可购入意外险和重大疾病险，可采用一次付清，约占收入的 35%。这样在发生重大疾病和意外时，能够在经济上保证家庭的生活。

3. 孩子教育金及家庭生活准备金

在除去股票和保险金的资金后，王教授夫妇结余 25 万元，可以为孩子建立教育基金，根据预期收益率的大小，可选择不同风险的基金组合，为孩子教育提供费用保障，每年大约投资 2 万元。余下的钱可以存入银行以备家庭不时之需，诸如意外事故、重大疾病，存款配合保险可对意外风险进行双重防护。在孩子七年学习生涯结束后，王教授夫妇还结余 14.4 万元，这部分钱可以进行其他投资，如购买黄金等。

4. 家庭退休生活

上述内容为王教授退休之前的投资理财规划，相比退休之后，退休之前王教授家庭的收入情况明显较好，因此闲置资金也相对较多；由于进行投资理财越早越好，待退休之后才开始相对没有优势。随着年龄的逐渐增长，在王教授晚年拥有一份安稳生活会比进行大量的投资更有意义，并且，就王教授的家庭情况来看，如果在退休之前进行了合理的投资，退休之后的投资就没有那么重要了。但是这并不表示就应该将资金存起来不进行投资；相反，一些相对稳定的投资是非常必要的。

在王教授退休后，收入大幅减少，风险承受能力也降低很多，此时可考虑将资金从股市抽离出来，进行有稳定收益的投资，如购买国债和一些信托产品等。退休后家庭支出为每年 11 万元，依靠退休金、返还的保险金、投资收益足可以应付，生活质量可以处于一个较高层次。在退休后，夫妻空闲时间大幅度增加，可以去旅游，发展自己的兴趣爱好等。在孩子需要资金的时候，亦可以为孩子分担一些经济压力，使下一代生活得更加幸福。

问题：请分析曹诗雨为王教授设计的家庭理财规划方案，并指出优点及缺点。

理财设计方案六

重庆工商大学财政金融学院　邱雁

一、家庭背景情况分析

1. 家庭概况

王教授家庭为三口之家，王教授目前 51 岁，国内重点大学的教师，王太太目前 48 岁，他们家正处于职业生涯的收获期，有一个儿子 18 岁。

王教授家庭正处于家庭成长期，目前家庭收入稳定，没有负债。由于家庭成员不再增加，夫妻双方均积累了一定的工作经验和投资经验，家底较为殷实，因而投资能力大大增强。

2. 家庭财务状况简介

（1）收支情况

王教授家庭月度收入总计 29 000 元，其中，王教授工资收入 25 000 元，王太太月收入 4 000 元，月度支出总计 9 000 元，主要是日常基本生活开销。由于没有房贷还款等支出，家庭月节余达到了 20 000 元，有一个相对较高的积累家庭财富的起点。每月收支情况如表 7-28 所示。

表 7-28　　每月收支状况表　　单位：元

王教授月收入	25 000
配偶收入	4 000
合计	29 000
每月支出	9 000
每月结余	20 000

（2）资产情况（详见表 7-29）

表 7-29　　家庭资产负债状况　　单位：万元

金融资产	
银行存款	20
非金融资产	
房产（自用）	160
合计	280
家庭资产净值	280 万元

家庭资产分布情况如图 7-11 所示：

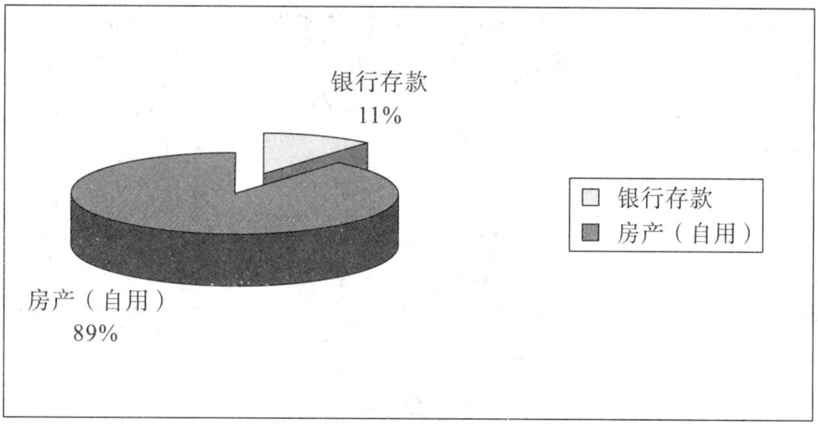

图 7-11　家庭资产分布图

（3）风险偏好及承受能力

从王教授的相关投资及个人情况描述中，稳定是王教授的重要考虑因素，希望投资在保证本金安全的基础上能有一些增值收入。

二、家庭现状分析

王教授家庭目前的财务状况要远远好于普通家庭。对于大多数人来说，投资理财面临的最大问题是可供支配的资源不足，而对于像王教授这样已经进入中产阶级的家庭，主要的问题则是资源的合理配置。

1. 家庭总体特征：收入稳定，财政负担日益加重

从收支状况来看，王教授家庭除去每月开销后约有 20 000 元节余，足够应付目前家庭的生活需求。但我们也看到，王教授家庭的支出将进入一个高峰期，家庭花费将逐步倾向于一些较为昂贵的项目：换房、购车、养车，此外，子女的教育费也将上升为家庭的主要负担。

2. 资产整体配置不合理，金融资产投资回报低

从王教授家庭目前的资产配置情况来看，主要存在如下情况：

（1）房产类不动产占比较高，不利于资产流动性管理。

王教授家庭房产类不动产达总资产的 89%，该类资产还要面对流动性差的风险。

（2）家庭资产构成中生息资产较低，增值未达到预期目标。

王教授家庭的金融资产中主要为无风险资产，低风险金融资产少。生息资产主要以人民币存款，这种投资方式虽然较为稳妥，但其年综合收益不仅难以抵御物价上涨带来的资产贬值风险，也影响了整体资产收益。

3. 未将子女教育金储备列入家庭计划

在知识经济的时代，人力资本投资是父母留给儿女的最大财富。其儿子已经 18 岁了，刚上大一，之后的学习以及进一步深造，在费用支出上将会逐年增加。但王教授到目前仍没有明确地为儿子制订教育金储备计划，有可能造成将来现金流的不稳定。因此，从现在起王教授应该对儿子大学以及继续深造的学业费用做出提前规划和准备。

4. 家庭保障及养老计划存在一定疏漏

王教授作为家庭经济支柱，目前尚没有任何社会保障以及商业保险，在人身及收入安全方面完全处于风险暴露状态，一旦有意外发生，家庭收入及费用支出将发生重大变化，对家庭的财务安全构成了重要隐患。此外，王教授本人的保障力度也有待加强。

此外，王教授家庭的养老计划仍不合理，要维持家庭将来的生活品质不低于目前的状况，单单依靠其 60 岁后每月 6 000 元的退休金和其太太每月 2 500 元的退休金，仍存在不小缺口。

三、理财目标与财务需求分析

1. 理财目标分析（详见表 7-30）

理财目标的顺利实施和达成需要与个人及家庭的财务支持能力相匹配。短期目标（一般是指 3~5 年的理财目标）方面，王教授家庭的短期目标为子女教育。

王教授在考虑短期目标时还需兼顾中长期目标的顺利实施。因此，建议王教授综合考虑两者的财务安排。

表 7-30　　理财目标分析表

目标类别	理财目标	财务需求	备注
短期目标			
（3~5 年）	大学学费及生活费	57 万元	其中包括国内两年支出 7 万元，国外两年支出 50 万元
长期目标			
（5 年以上）	研究生学费及生活费	约 105 万元	每年 35 万元
	养老费用	每月支出 11 000 元	扣除退休金（两人每月共计 8 500 元），每月还有 2 500 元需要解决

2. 财务需求分析

（1）子女教育基金：

大学本科国内学杂费和生活费支出：3.5 万元/年；

大学本科国外学杂费和生活费支出：25 万元/年；

研究生出国留学：35 万元/年。

（2）家庭保障及养老计划：

一般情况，家庭保费支出占家庭年收入的 5%~10%，保额在年收入的 5 倍左右。鉴于王教授家庭目前的收入结构，应调高保费支出，将保障重点转移至王教授，可考虑参加社会保险。

在养老金储备方面，王教授 60 岁以后每个月有 6 000 元退休金，王太太 55 岁以后每个月有 2 500 元退休金。王教授现在 51 岁，60 岁退休，王太太现在 48 岁，55 岁退休，家庭要保持现有的生活水准没有太大的变化，相当于现在每月要有 11 000 元左右支出。

四、家庭理财规划及投资建议

（一）短期理财规划及投资建议

1. 理财产品推荐

（1）股票型基金（详见表 7-31）

表 7-31

排名	代码	简称	类型	风格	单位净值	累计净值	风险	星级
1	510183	上证 180ETF	ETF	平衡型	3.328 0	3.328 0	NULL	N/A
2	375010	中国优势	契约型开放式	积极成长型	2.052 6	2.152 6	5	★★★★★
3	260104	长城内需增长	契约型开放式	科技型	1.976 0	2.066 0	5	★★★★★
4	377010	上投阿尔法	契约型开放式	稳健成长型	1.949 4	1.989 4	NULL	N/A
5	070002	嘉实理财增长	契约型开放式	积极成长型	1.880 0	2.161 0	4	★★★
6	162703	广发小盘	LOFs	积极成长型	1.847 9	2.047 9	5	★★★★★
7	000011	华夏大盘精选	契约型开放式	积极成长型	1.822 0	2.002 0	4	★★★★★
8	519008	汇添富精选	契约型开放式	积极成长型	1.785 0	1.835 0	5	★★★★★
9	110002	易方达策略	契约型开放式	积极成长型	1.781 0	2.051 0	5	★★★★
10	270005	广发聚丰	契约型开放式	积极成长型	1.772 2	1.877 2	NULL	N/A

在表 7-31 的基金中，王教授可以选择四星级以上的基金进行投资，也可以投资于和上述基金性质相同、同一基金公司推出的新的基金产品，建议持有五只以下。其中华夏基金业绩不错，华夏大盘、华夏汇报、华夏红利都有不俗的表现，华夏回报 2 号也可以关注。富国天益一直以来表现不错，7 月 17 号进行拆分，目前净值在 1.07 左右，可关注持有。长城内需成立以来也有不错的表现，近期内需二号刚刚推出，建议关注持有。另外，广发、湘财荷银、易方达等也有优秀的基金表现。

（2）货币型基金（详见表 7-32）

表 7-32

基金代码	基金简称	期间万元收益(元)	期间平均 7 日收益率	公布日期
003003	华夏现金增利基金	0.482	2.078 0	2006-10-11
090005	大成货币	0.488 7	1.842 0	2006-10-11
161608	融通货币	0.414 8	1.970 0	2006-10-11
202301	南方现金增利基金	0.475 1	1.810 0	2006-10-11
217004	招商现金	0.585 1	1.807 0	2006-10-11
288101	中信货币	0.553 5	2.100 0	2006-10-11
320002	诺安货币	0.518	1.878 0	2006-10-11
360003	保德信货币基金	0.387 5	1.933 0	2006-10-11
519505	海富通货币 A	0.396 9	2.101 0	2006-10-11
952001	君得利一号	0.080 4	2.712 5	2006-10-11
880002	招商证券现金牛	0.589 6	2.603 0	2006-10-11

货币型基金建议持有一只，没有必要投资太多的货币型基金，相对来说货币型的基金收益有限，差距也就不大，没有挑选的必要。

2. 家庭金融资产增值规划

王教授可提高金融资产中低风险资产投资比例，加强现金管理，控制储蓄总量。

（1）调整现有金融投资资产配置

建议王教授适度调高风险资产比例，重点持有低风险资产，降低无风险资产持有比例。根据其中庸保守型的风险偏好，可将金融投资资产按 3∶5∶2 的比例配置无风险资产、低风险资产和风险资产。

王教授可对现有金融资产投资组合比例重新分配，建议如下：

①无风险资产 6 万元：组合存款 4 万元、国债及其他 2 万元，预期年收益 2.5%；

②低风险资产 10 万元：企业债、可转债、信托受益凭证、短债基金、资产证券化产品等品种间分散配置，预期年收益 5%；

③风险资 4 万元：股票及偏股型基金，预期年投资回报 8%。

投资比例如图 7-12 所示：

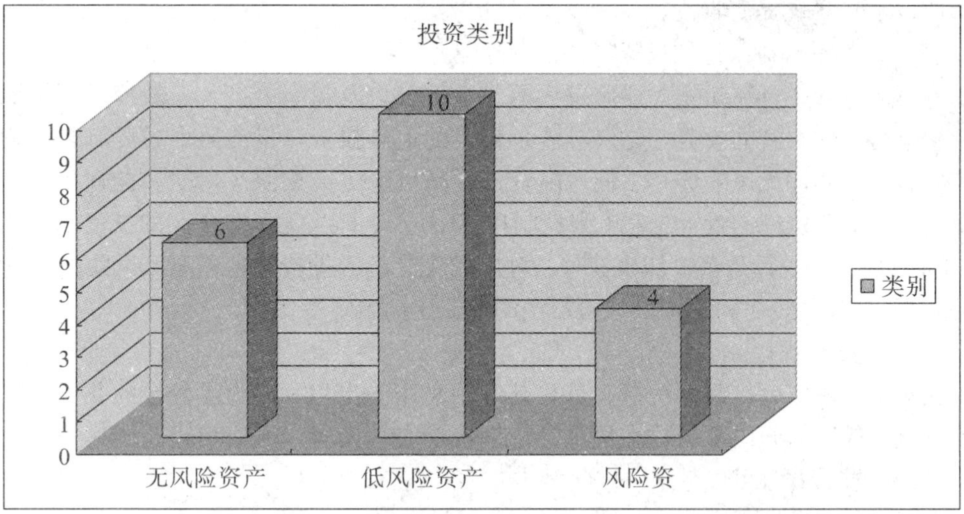

图 7-12　投资比例图

对应回报率如图 7-13 所示：

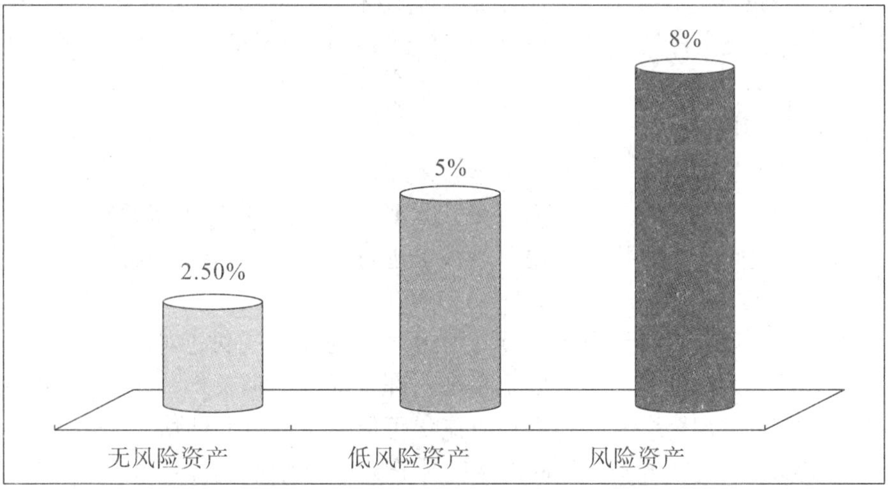

图 7-13　资产对应回报率图

重点推荐王教授使用低风险投资工具，是因为它能较好控制风险，提供较高的投资收益。虽然在短期内相对于储蓄存款，收益的增加可能并不明显，但随着投资期的延长，复利的作用将产生令人惊讶的财富增长。也正是因为如此，目前市场上此类投资工具最多且需求旺盛。建议在上述品种中相对平衡地分配资金投入，重点关注可转换债券及市场创新品种（如国发行推出的资产证券化品种）。

（2）重视家庭资产的流动性管理

王教授应为家庭大项支出及应急基金预留足够的现金储备。其中预留部分主要以现金及变现能力强的金融资产为主。建议不必全以现金方式储备，可以利用合适的短期投资工具，如短期通知存款，货币式基金、短债基金（如博时八号基金有 2.5%左右的年收益率）等，提高收益。

（3）每年收入盈余追加投资组合比例分配

在每年收入中，在扣除上述储备后的多余部分以及盈余资金，王教授可再按照一定比例进行金融资产的投资。建议对盈余资金的追加投资比例参照上述现有金融资产投资组合比例，即无风险资产、低风险资产、高风险资产按照 3∶5∶2 的比例。差别之处是：无风险资产的投资总额上限控制在 30 万元，即当无风险资产的投资总额达到 30 万元之后，再进行盈余追加投资时，对无风险资产的投资就转移至低风险投资（低风险投资比例占到 80%），而高风险资产的投资比例始终不变。

3. 房产置换规划

由于王教授家庭有两套房屋，可将其中一套用于出租，因为王教授的儿子在上大学，并且在较长时间内都居住在国外，一套房子会被闲置，所以出租此套房子可以优化资源的配置，并且可以带来一定收益。

4. 家庭合理避税规划：

（1）如果王教授考虑将来为儿子预留一部分财产，不妨为儿子购买一定数量的分红型的人寿保险或年金保险。

（2）王教授的现有收入中的一部分可以考虑通过公司为其购买相应的年金保险。

（3）此外，通过购买公积金、保险、基金、教育储蓄等进行合理避税，也是可行的。

（二）中长期理财规划

1. 子女教育金储备规划：

如果王教授儿子刚读大一，今后计划出国留学，就需要付出多倍的金钱。那么，一定要提前做好这个准备。换句话说，为孩子进行教育投资，现在确实已经到了启动储备计划的时候了。

（1）儿子大学所需费用约为 57 万元，由于学费是每年支付，对现金需求的压力不大，但考虑在国外的额外费用，所以要考虑这部分或有大项支出，在上一年的家庭收入中应预留这部分准现金储备。在筹集时应尽可能准备充分，即使有多余的资金也可以当作自己退休后的生活开支，降低退休后对子女的依赖程度。

（2）建立教育专项基金，专款专用，可充分利用定期定额计划来实现儿子教育基金的储蓄，每月存一些，正是这样的习惯性储蓄计划能为子女教育打下坚实的基础。

（3）投资时注意以保守投资为主，不要太冒风险。教育金毕竟不是越多越好，所以不必因为筹集的压力而选择高风险的投资工具，因为如果本金遭受损失对以后子女的教育安排的不利影响会更大。所以，投资还是要以稳健为主要原则。

（4）此外，王教授也有必要对儿子多灌输一些投资理财小常识，教育儿子树立正确的理财观念，培养良好的理财与投资态度，建立正确的金钱观。

2. 长期股权投资增值规划

建议王教授对股票投资保持足够的耐心，坚持中长线投资的原则。推荐选择分红型的蓝筹股，虽然短期存在着一定的非系统性风险，但只要选择合理，相信随着投资时间的延长，可以规避掉相当部分的系统性风险。而且随着国内股市股权分置问题的解决，制约市场发展的重要制度障碍正在消除，市场的良性发展可以期待。

简单列举部分分红型蓝筹公司的历史表现，仅供参考，见表 7-33。

表 7-33　　不同持有期的累计收益率表

上市公司名称	目前股价	不同持有期的累计收益率			
		持有一年	持有三年	持有五年	持有十年
新世界	6.88 元	27%	27.20%	48.18%	105%
深万科	3.59 元	8.88%	45.70%	46.30%	318%
深中集 B	7.77 港元	10.70%	147%	506%	704%

3. 养老及家庭保障规划

从规避风险的角度来看，王教授家庭需要一套周全的保险组合以应付未来风险。从收支的角度来看，定期的保险费支出也有利于优化王教授的个人收支结构。建议全家的年缴保费为每年 1.2 万元左右，真正做到“强制保障，优化消费结构”。

（1）王教授应准备一份保障型保险计划，从而使家庭无远虑。建议使用如下保险产品：①20 万元保额的终身寿险，用于生命末期的给付以及为家庭尤其是为子女提供一定保障；②80 万元保额的定期寿险，这类低保费、高保额的消费性险种，可以提高保障额度，用于应对事业高峰期可能发生的意外而造成的家庭收入中断，用以缓解家人所面临的困境；③附加相关的定期住院医疗补贴以及定期报销型住院医疗险，后者多为参照社保设计的，如果王教授考虑参加社保，则不用考虑这部分报销型医疗险。

（2）可以考虑加入本市的社保体系，获得基本养老、医疗保障。

（3）王教授可加强医疗方面的保障。

五、后记

考虑到王教授的家庭正处于职业生涯的收获期，将来肯定还会出现更多可喜的变化，因此我们愿伴随他家庭的成长历程，随时为他提供更多的理财建议，为他减缓财务忧虑，认清和实现理财目标。

问题：请分析邱雁为王教授设计的家庭理财规划方案，并指出优点及缺点。

题目二

根据学生自己家庭情况，为自己家庭设计一套投资理财方案，也可以对家庭资产情况进行假设。下面是金融专业同学在学习“理财规划”课程时对家庭理财的设计。请你指出这些方案的优点及存在的问题，并进行分组讨论。

案例（一）

金融一班　王峰峰

一、家庭基本情况

1. 家庭成员

蔡先生，30 岁，软件工程师，有社保、商业保险；蔡太太，26 岁，事业单位员工，有社保、商业保险；育有一女，1 岁。

2. 资产情况

收入：蔡先生工资 1 万元/月，蔡太太工资 6 000 元/月；支出：房屋贷款 3 500 元/月，生活费 1 000 元/月，衣食费 2 500 元/月，交通费 800 元/月。

3. 投资及固定资产

现金（活期）2 万元，定期存款 10 万元，基金及股票 3 万元；汽车：已购 3 年，一次性付清，目前市值约 20 万元；房产：房屋两套，2004 年一次性购入房屋一套，面积 85 平方米，现出租，每月租金收入 1 500 元；2008 年贷款购入 140 平方米房屋，贷款 50 万元。

4. 理财需求

该家庭希望可以实现年化收益不低于 8%的回报。

5. 家庭财务现状分析

（1）资产负债分析

目前该家庭共有现金及存款、债券、基金和房产等共计 145 万元的资产，另有 50 万元的房屋贷款。

资产负债率＝负债÷资产×100%＝500 000÷1 450 000×100%＝34. 5%，这说明家庭的综合偿债能力是比较强的。一般来说，一个家庭的资产负债率控制在 50%以下都属于合理。

（2）收入支出分析

家庭每月收入 16 000 元，支出 7 600 元，家庭结余比率＝(16 000－7 600)÷16 000×100%＝52. 5%，这说明家庭每月有 52. 5%的收入结余下来，结余比率比较高。这部分结余的资金可以用于投资，以改善家庭的财务状况。因此，要提高家庭资产净值，就必须将每月结余的资金合理有效地利用起来。

二、理财规划方案

1. 现金规划和消费支出规划

目前每月支出 7 600 元，而且家庭成员工作相对稳定，无太大的风险，根据“家庭的流动性资产为家庭月支出的 3~6 倍”的原理，留存 25 000 元左右的流动性资金，基本就可以满足家庭的应急需要。同时，蔡先生还可以申请一张信用卡，一方面为自己的生活提供便利，满足自己的应急支出，另一方面为自己积累良好的信用。

家庭留存的流动性资产既可以存为活期存款，也可以投资于货币基金。后者有收益率高、存取方便等特点，但是其风险也略大于活期存款。

2. 投资规划

根据风险测试的结果，蔡先生属于温和保守型的投资风格，投资期限较短。由于客户现在理财的主要目标是获取投资收益，因此，在全面规划的基础上，可以对投资规划有所侧重。

蔡先生现在有 140 平方米及 85 平方米的两套房产，均为购买的商品房，这些房子不管是用于居住还是出租，短时间内不会有大的变动，所以投资时主要从家庭的其他资产着手。

在整个投资规划中，根据蔡先生的情况，建议把 40% 的资产作为成长型资产，其他的作为定息资产，采用组合投资的方式，这样会比较合理。建议考虑以下几个方面：

（1）基金定投：每月拿出 1 000 元左右的资金做定投，根据家庭现有的资产以及家庭每月的结余，用 1 000 元/月做定投是可以接受的。它可以平摊风险，获取相对较高的收益，适合长期投资并且投资风格相对保守的投资者。

（2）通知存款：通知存款有 1 天通知存款和 7 天通知存款，它是在通知期内采用复利计息的方法积累财富，收益相对可观，但是支取时需要提前 1 天或 7 天预约，比较麻烦；而交通银行的“双利”存款，既有普通通知存款的优势，又可以免去提前预约的麻烦，随用随取。值得注意的是这项投资的起点是 50 000 元。

（3）基金、债券和股票：这类投资品受经济发展形势的影响很大。因此，在经济发展处于上行期的时候，可以大量投资，在经济处于下行期的时候，要适时缩小投资比例。

（4）购买银行的理财产品或者分红型的保险：购买理财产品时要详细了解其风险、预期收益和相关的条款；购买保险时要根据家庭的财务状况量力而行。

以上投资要组合搭配，并根据经济形势的变化对各部分所占的比例进行适当的调整。以上投资规划基本上可以实现客户的投资目标。

3. 风险管理和保险规划

资料中并没有显示蔡先生目前的保险状况，因此蔡先生在进行保险规划时，首先考虑公司已经为自己购买了什么样的保险，再考虑自己还需要什么样的保险。其中最主要的就是养老保险、重大疾病保险和意外伤害保险。

一般来说，单位基本上都为员工缴纳了养老保险金，但为保证充足的保障力度，员工最好为自己补充购买适量的商业养老保险，还可以采用基金定投的方式准备养老基金；投连险（分红型）既有保障，又可以获取一定的收益，也值得考虑；重大疾病保险和意外伤害保险可以使自己在遇到意外时确保家庭的稳定。

4. 教育规划

由于子女当前正处于成长期，教育基金的准备必不可少。教育支出是一个家庭的重要支出，因此，教育金的准备就成为家庭规划的重要组成部分，而购买教育保险和基金定投是积累教育金的重要方式。教育保险不仅有助于积累教育金，具有保障功能，而且有的还可以分红，更为重要的是有保费豁免的功能，即使家庭财务出现意外，也不会导致子女教育的中断。

案例（二）

金融二班　唐怀宇

一、家庭基本情况

小李在22岁的时候毕业，毕业以后会在IT行业发展，假设最初三个月工资为1 300元/月，以后每月工资上涨10%，持续九个月；接着工资按照每两个月上涨10%的速度增加，持续一年；然后工资基本稳定，但年收入会按照每年10%的速度增加，持续15年，如表7-34所示。时间以工作时间为基准。

表7-34　　工资收入表

时间	第一月	第二月	第三月	第四月	第五月	第六月	第七月	第八月	第九月	第十月	第十一月
收入（元）	1 300	1 300	1 300	1 430	1 573	1 730	1 903	2 094	2 303	2 534	2 787
时间	第十二月	第二年	第二次	第三次	第四次	第五次	第六次	第三年	第四年	第五年	第六年
收入（元）	3 066	3 372	3 709	4 080	4 488	4 937	5 430	5 970	6 571	7 228	7 951

每月支出（第一年）：房租300元/月，食品400元/月，水电气100元/月，其他费用300元/月，合计1 100元/月，13 200元/年。

每月支出（第一年以后）：房租600元/月，食品600元/月，水电气100元/月，其他费用500元/月，合计1 800元/月，21 600元/年。但以后会按照每年10%的速度增加，持续10年。

小李的收支结余情况如表7-35所示。

表7-35

时间	第一年	第二年	第三年	第四年	第五年	第六年
收入(元)	10 120	30 512	47 880	52 716	57 986	63 787

小李在工作第一年年末的时候决定每月使用月收入的50%购买股票型基金，年收入的10%用于购买保险，10%用于存入银行（活期），30%用于购买货币型基金。假设股票型基金每年能获得8%的收益，货币型基金每年能获得3%的收益，忽略银行活期存款的利率，其投资收益情况如表7-36所示。

表7-36

时间	第二年	第三年	第四年	第五年	第六年
本利合计（元）	35 106	77 906	127 477	184 631	250 318

到第六年的时候，小李在银行的活期存款余额为 26 300 元，一共购买了 26 300 元的保险。

这样小李在第六年的时候一共有财产（不包含保险）276 618 元。

小李决定在第七年初的时候结婚和买房子，买房子采用首付 30%的方式购买。小李通过和其妻子商量决定购买一套单价 6 000 元/平方米，建筑面积 110 平方米的房子，共花费 660 000 元，首付 198 000 元，以后每月还款 4 000 元（利率记 6. 273%），15 年还清。结婚大概花费 2 万元（结婚会收到礼金，礼金全部花费在结婚中），这样小李买完房子，结婚后还余下 58 618 元，这些钱可以用来装修新房。此时小李 29 岁。

小李妻子情况说明：小李妻子 24 岁，是一名教师，现有存款 1 万元，年收入 3 万元，假设未来收入情况不变。

小李结婚后家庭支出情况：还房贷 4 000 元/月，水电气费 300 元/月，食品费 1 000 元/月，物管费 400 元/月，交通电话费 600 元/月，合计 6 300 元/月，75 600 元/年。

家庭收入情况：小李每年收入 95 412 元，未来八年会按照每年 10%的速度增长；小李妻子每年收入 30 000 元，未来变化不大，小李工作第七年至第十五年的家庭结余情况如表 7-37 所示。

表 7-37　　小李工作第七年至第十五年的家庭结余情况　　单位：元

第七年	第八年	第九年	第十年	第十一年	第十二年	第十三年	第十四年	第十五年
49 812	59 353	69 849	81 394	94 093	108 062	123 428	140 331	158 924

小李和妻子商量决定每年把结余的 30%投入股票型基金市场，30%投入货币基金市场，10%存银行（活期），每年给小李购买一份 1 000 元的意外伤害保险，夫妻二人每月各购买 1 000 元的养老保险（到期期限 60 岁）。小李夫妻优先满足购买保险的要求。

在小李 32 岁的时候他们生了小孩，因此他们改变了理财方式，每年把结余的 30%投入股票型基金市场，20%投入货币型基金市场，5%存入银行（活期），每年三人均购买一份 1 000 元的意外伤害保险，夫妻二人每月各购买 1 000 元的养老保险（到期期限 60 岁），每年将 1. 5 万元用于购买某保险公司推出的教育理财计划，作为孩子的教育储备基金，直到孩子年满 18 岁（上大学）为止。小李夫妻优先满足保险和教育储备基金的要求。

当夫妻二人双方父母年龄有人达到 60 岁时，给予其每月 500 元的赡养费。这项支出优先于其他支出。

计算说明：小李第 n 次加工资后的工资为：$1\,300\times(1+10\%)^n$，房贷首付额为：$660\,000\times0.3=198\,000$（元），采用等额本息还款法计算每月还款额：$660\,000\times6.273\%/12\times(1+6.273\%/12)^{180}\div[(1+6.273\%/12)^{180}-1]=4\,000$(元)。

案例（三）

金融一班　刘贤明

一、家庭成员基本资料

父亲刘某，48 岁，国家事业单位职工，年收入 24 000 元；母亲张某，46 岁，国家事业单位职工，年收入 18 000 元；儿子刘某，21 岁，大学本科大四在读；家庭现有住房一套，市值 30 万元，有活期存款 3 万元，投资股票价值 1 万元。

二、家庭成员生活状况

父母均为职工，社交活动较少，同时因为工作时间繁忙，休假时间少，故在工作期间暂不考虑旅游的开销；在风险偏好方面属于不喜好风险者，故以银行存款为主；同时借亲戚的便利在有把握的前提下做一部分证券市场投资。

1. 消费规划

家庭月收入：24 000÷12+18 000÷12＝3 500（元），家庭月平均开销为 1 000 元，现在儿子还处于本科在读阶段，每月还需生活费 600 元，月均结余为：3 500－1 000－600＝1 900（元），每年共结余：1 900×12＝22 800（元）。

2. 教育规划

因儿子正准备研究生考试，还需准备一定教育资金约每年 15 000 元，三年共计 45 000 元。

3. 投资领域

（1）家庭将活期存款中的 1 万元，购买建行推出的理财产品，预计年收益率在 5% 左右。

（2）家庭现在已投入股票市场 1 万元，借亲戚的方便积极运作，预计年收入在 8% 左右。

家庭每年可增加收入约为：10 000×5%+10 000×8%＝1 300（元）

4. 存款领域

（1）家庭现有存款 20 000 元，可将其中 15 000 元转成定期存款，到期为 2011—2012 学年第一学期开学。

按现在存款利率 2. 20%计算，存款到期后，本息合计为 15 330 元，足够用来支付儿子第一年学费。

（2）另外，家庭将 5 000 元应急款存为活期存款。

5. 保险领域

因父母都是国家事业单位职工，单位有独立且完善的医疗、养老、工伤保险，同时，父母双方的工作稳定度高，无失业危险，收入相对稳定，故未考虑购买保险产品。

6. 结余款项

家庭现月均结余 1 900 元，可做如下安排：①以 900 元为基础，在银行开立零存整取业务；②600 元继续注入股票账户，积少成多，继续扩大在股票市场上的可操作资金；③剩余 400 元，可作为临时资金，在每月开销中灵活运用。

7. 其他

因为近几年内，家庭的主要金钱支出是支持儿子上研究生，故实际可用来规划的资金数量有限；同时，考虑到父母工作稳定，收入有保障，对生活质量的要求并不高且能得到满足，故对理财规划的需求并非十分迫切。后期该家庭可根据成员工作情况的变动以及国家经济发展的态势再做调整。

案例（四）

金融二班 李玉龙

一、家庭情况

父母均为公务员，父亲今年 50 岁，月工资 2 800 元。母亲今年 49 岁，月工资 2 000 元。家中现有存款 5 万元，定投基金 1 万元，140 平方米住房一套（该住房属公务员小区福利房，不可用于交易）。家中有一子，现就读于重庆工商大学。

二、家庭收支情况

年总收入：(2 800+2 000) ×12=57 600（元）；父母月开销共 1 000 元（因父母均为公务员，单位中餐晚餐有伙食补贴，上下班有班车接送，通信费能够报销），儿子生活费每月 600 元，学费每年 7 000 元；家庭年总支出为：1 600×12+7 000=26 200（元）；家庭年剩余可支配资金：57 600−26 200=31 400（元）。

三、理财规划

因父母均为回避风险型投资者，故建议家庭分配 1 万元购买保险，1 万元用于基金定投，剩余资金存入银行以备应急。

假定父亲 60 岁退休，母亲 55 岁退休，到时家中将有存款近 10 万元，父母双方保险金额各 5 万元左右，定投基金返还本息约 10 万元，故父母可支配资金约 25 万元，另父母退休后每月退休金与基础工资相同，即共有 3 300 元/月，月退休金即可抵消每月开支。25 万元已有资金可用于退休后旅游等兴趣爱好。因父母均享受省级医保，家中无须过多为疾病准备储备金。

儿子计划大学毕业后开始工作，预计月收入 2 000 元，尚无购房、购车、结婚等计划，月收入持平月开支，仍可存下少量资金。

案例（五）

金融二班　李虹霖

一、基本情况

（1）丈夫：××县政法系统公务员，月基本工资 3 000 元，月绩效工资 1 000 元左右，月奖金 500 元，差旅补助 1 000 元，法律援助经费每个案件补助 200 元，每月可援助大概 5 个案件，基本工资按 13 个月发放，其余部分按 12 个月。

丈夫年总工资：13×3 000+(1 000+500+1 000+200×5)×12=81 000（元）。

（2）妻子：××县计划生育系统工作人员，月基本工资 1 500 元，月绩效工资 1 000 元，无奖金，无差旅补助。

妻子年总工资：1 500×13+1 000×12=31 500（元）。

（3）儿子：××大学大四学生，年学费+杂费=6 900（元）。

二、支出

（1）夫妻二人每月基本生活支出 1 000 元，其他支出 2 000 元；

（2）每月给儿子生活费 800 元。

三、家庭资产

在县城拥有 4 处房产，0.5 亩土地使用权，估值 100 万元；在市区拥有 1 处房产，估值 40 万元。

以上 5 处房产均为用银行按揭贷款购买，每月还款：300+400+400+400+1 000=2 500（元）。

四、家庭年总收支

家庭年总收入为：81 000+31 500=112 500（元）；家庭年总支出为：(1 000+2 000)×12+800×10+2 500×12+6 900=80 900（元）；家庭年结余：112 500−80 900=31 600（元）。

五、投资建议

考虑到该家庭无证券投资的经验，故建议购买商铺和地皮作为投资对象。

该县城平均一个商铺均价 1 万元/平方米，以 20 平方米算，一个商铺 20 万元。

（1）建议家庭出售在县城的两处房产，计 40 万元，分成 8 个 5 万元，即购买首付均 5 万元的商铺，面积都在 20 平方米上下，可购买 8 个商铺，每个商铺一年还 24 000 元给银行算，年收益率 6%，有如下算式：20 000×6%×8−24 000=72 000（元）。

（2）家庭出售在县城的另外一处房产和地皮计 60 万，购买 3 亩地皮，按年收益率 20%算，有如下算式：600 000×20%=120 000（元）。

即通过投资商铺和地皮每年共有收益：72 000+120 000=192 000（元）。

（3）该家庭每年可有纯收入：192 000+31 600=223 600（元）。建议家庭把 200 000 元拿出来买车，23 600 元拿出来以备家庭意外事件的发生。

案例（六）

金融三班　陈畅钧

一、家庭情况

（1）父亲目前52岁，在湘潭市五鑫机械有限公司上班，每月工资3 000元左右，另每年有分红（根据公司收益算），平均每年10万元左右，由于是公司股东之一不知道何时退休；母亲一直在家相夫教子，儿子（本人）现目前就读于重庆工商大学金融系，即将毕业，毕业后三年内每月工资为1 500~2 500元（以下计划均考虑到本人已参加工作）；目前家庭每月支出3 000元左右，父母退休过后父母家庭每月支出2 000元左右（考虑到货币的时间价值和通货膨胀）。

（2）家庭拥有银行存款不详，一套价值30万元的三室两厅，一套价值60万元四室两厅，家庭配车东风标致307价值14万元。

二、理财建议

根据我家的情况，结合理财规划课上所学的相关知识，我家的理财规划如下：

（1）首先，必须明确我家的现金流情况，是收大于支，还是支大于收，或者收支平衡。家庭年收入：3 000×12+100 000+1 500×12 =154 000（元）（本人折中后的收入）；家庭支出：3 000×12=36 000（元）；家庭每年盈余=118 000（元）。

（2）其次，根据父母和我自己的需求做一个合理的理财规划；我们一家人以前都没做过证券投资，生活中理财倾向于将每月工资剩余存入银行，所以是风险投资保守型客户。

（3）最后，根据以上家庭情况和家庭的投资偏好，就可以做一个适合我的家庭的理财规划，如下：

①为保障家庭有持续收入，建议每一位具有收入的家庭成员都买一份人寿保险。具体情况如下：父亲买一份中国平安8 000元的万能险（缴费10年）和一份500元的意外医疗险，另外公司还有养老保险，父亲每个月要相应地缴纳养老保险金；母亲买一份中国平安8 000元的万能险（缴费10年）和一份500元的意外医疗险；本人买两份平安3 000元的分红险鑫利（缴费10年）。万能险在重视高额保障的同时也注重收益，以复利计算，累积生息，满期返还所交保费，等到母亲老年时如未退出保单现金价值，每月能领取现金价值产生的利息约2 000元左右。平安鑫利分红险，两年一返还，一直持续到被保险人80岁，满期退还所交保费，两年的固定返还为保费的7%（2 100元），分红不定；父亲退休后，每月能够领到2 000元左右的养老金。

根据以上情况，可以看出父母两人的养老保险每月收益为：2 000+2 000=4 000（元），可以满足每月2 000元的支出，同时还会有一笔剩余的钱（包括盈余1 500元和母亲退出保险后的保费60 000元），可以解决父母的意外应急准备金。

②在扣除一家人一年的所有保费：8 000+8 000+2 000=18 000（元），家庭每年还

剩余：118 000−18 000＝100 000（元）。为了保持一定的现金流动性，以应付家庭出现紧急情况所需的资金，因此要购买一些风险较小，容易变现的股票和基金（本人是赞成投资一些证券的），每年购买 2 万元的货币型和债权型基金，同时银行存款是不可或缺的（即使收益不高）。家庭每年准备存 20 000 元的活期存款，这样一旦发生意外情况，家庭可以立刻从银行取现或者从股票市场上变现。

③现目前父母打算在老家新建住房以供养老，其前期投入为 2 万元，另在后面的房屋建设和装修上需花费 30 万元左右。

④其他投资：由于家人比较保守，建议每月基金定投 800 元，期限为 15 年；购买一份 10 万元的政府债券，期限为 10 年。另外剩余的钱可变为存款。这样既风险小，又有足够的流动资金用来面对生活中事业中的各种变数。

案例（七）

金融三班　孙君

一、家庭情况

父亲目前 50 岁，个体经营户，每月收入 3 000 元左右，60 岁退休；母亲 45 岁，平时打零工，每月收入 1 000 元左右，55 岁退休；女儿（本人）目前大学本科，准备考研中；如果顺利读上研究生（假设为自费），每年学费 10 000 元，3 年后毕业；工作预计初始工资 3 000 元左右，每年按 5%递增（假设到 6 000 元停止递增，保持该水平）。

目前家庭每月支出 1 500 元左右，父母退休后父母家庭每月支出 2 000 元左右（考虑到货币的时间价值和通货膨胀）。

家庭拥有银行存款 20 万元，一套价值 45 万元的两室一厅（65 平方米），目前暂未购车。

二、情况分析

首先明确家庭现金流状况，收入为：3 000+1 000+4 500（本人折中后的收入）＝8 500（元）；支出为 1 500 元；月盈余为：8 500－1 500＝7 000（元）；家庭每年盈余为：7 000×12＝84 000（元）。

其次明确家庭成员投资偏好：父母没有投资理财经验，每月盈余大半存入银行，故倾向于保守型投资。

三、理财规划

根据上述情况，本人设计理财方案如下：

（1）家庭将每月盈余的 20%，共计 1 400 元存入银行（活期），则每年可存 1 400×12＝16 800 元。这部分资金是作为应急资金以备不时之需。

（2）家庭将每月盈余的 20%，共计 16 800 元，购买长期（如 5 年期）国债，其利率高于同期银行利率，且较为稳定，用于保值。

（3）家庭将每月盈余的10%，共计700元购买保险。则家庭收入盈余中50%用于保值，年盈余剩余为：84 000－16 800－16 800－8 400＝42 000（元）。

（4）剩余盈余为作为教育投资基金，3年期（3年共计30 000元学费和3年共计15 000生活费等），假设投资回报率在5%左右。

（5）3年后，剩余盈余可以在其他领域投资，如股票或者基金。

案例（八）

金融二班　邓礼龙

一、家庭情况

（1）父亲目前45岁，在重庆市渝中区派出所上班，每月工资3 000元左右，60岁退休；母亲40岁，在一家单位上班，每月工资4 000元左右，55岁退休；儿子（本人）现就读于重庆工商大学金融系，即将毕业，毕业后三年内每月工资为3 500~4 500元（以下计划均考虑到本人已参加工作）；目前家庭每月支出3 000元左右，父母退休后家庭每月支出2 500元左右（考虑到货币的时间价值和通货膨胀）。

（2）家庭拥有银行存款40万元，一套价值45万元的两室一厅房产，目前暂未购车。

（3）每年年底会出去旅游，费用为5 000元左右。

二、理财规划

根据我家的情况，结合理财规划课上所学的相关知识，我家的理财计划设计如下：

（1）家庭现金流状况。首先，必须明确我家的现金流情况，是收大于支，还是支大于收，或者收支平衡。家庭收入：3 000＋4 000＋2 500＝9 500（元）；家庭支出为3 000元；家庭每月盈余＝收入－支出＝9 500－3 000＝6 500（元），家庭每年盈余＝6 500×12＝78 000（元）。

（2）家庭成员投资风险偏好。我们一家人以前都没做过证券投资，生活中理财更接近于将每月工资剩余存入银行，因此是风险投资保守型客户。

（3）家庭理财规划。根据以上家庭情况和家庭的投资偏好，我家的理财规划设计如下：

①保险规划。为了保障家庭收入的持续，建议每一位具有收入的家庭成员都买一份人寿保险。具体情况如下：母亲买一份中国平安6 000元的万能险（缴费10年）和一份500元的意外医疗险；父亲所在单位出资一半，自己出资500元购买退休后养老保险；本人够买两份平安3 000元的分红险鑫利（缴费10年）。万能险在重视高额保障的同时也注重收益，以复利计算，累积生息，满期返还所交保费，等到母亲年老时如未退出保单现金价值，每月能领取现金价值产生的利息约2 000元。平安鑫利分红险，两年一返还，一直持续到被保险人80岁，满期退还所交保费，两年的固定返还额为保费

的7%（2 100元），分红不定；父亲退休后，每月能够领到2 000元左右的养老金。根据以上情况，可以看出父母两人的养老保险每月收益为：2 000+2 000＝4 000（元），可以满足每月2 500元的支出，同时还会有一笔剩余的钱（包括盈余1 500元和母亲退出保险后的保费60 000元），可以解决父母的意外应急准备金。保险的真谛是保障，即保障好现在，才能够保证未来有一个美好的老年生活。

②消费支出规划。一家人一年的所有保费为：6 000+6 000+3 000＝15 000（元），每月约为1 250元；家庭每年剩余：78 000−15 000＝63 000（元）。为了保持一定的现金流动性，以应付家庭出现紧急情况所需的资金，所以家庭要购买一些风险较小，容易变现的股票和基金（本人是赞成投资一些证券的），每年购买1万元的债权型基金，同时银行存款是不可或缺的（即使收益不高），每年准备存5 000～10 000元的活期存款。这样一旦发生意外情况，家庭可以立刻从银行取现或者股票市场上变现。

另外，建议家庭成员都办理一张信用额度为5 000元左右的信用卡，以备不时之需。平时亲戚朋友之间的礼金和一些未预料到的支出也可以用这些应急准备金来解决。

③教育规划。因为目前本人即将大学毕业，毕业后直接参加工作，所以不再考虑教育费用。

④购房规划。现目前父母打算为我购买一套两室一厅套内（约80平方米）的住房。根据现在重庆的房价，考虑到以后工作的便利和生活环境，父母计划在大坪购买新房，大坪的房价约7 000元，所以可以算出总房价：80×7 000元＝560 000（元）。根据国家目前按揭房贷政策，首套房首付为总房价的三成，即：560 000×30%＝168 000（元），加上购置新房的大修基金约2万元，契税和其他手续费2 000元；贷款39万，采取等额本金还款，按揭15年，贷款利率为6.044%，每月还款额＝$[390\ 000\times 6.044\%/12\times(1+6.044\%/12)^{180}]\div[-1+(1+6.044\%/12)^{180}]$＝3 300（元）。此外，还应该考虑其装修费用，约8万元，所以买房前需准备费用总额为：168 000+20 000+2 000+80 000＝270 000（元）。

⑤投资规划。家庭每月基金定投800元，期限为15年；购买一份50 000元的政府债券，期限为10年。这样为父母合理地规划了扣除每月生活和其他支出后的一笔钱，用于风险较小、收益远远高于银行存款的中长期投资中，既可以作为以后养老的生活费用补充，又可以用来作为旅游费用丰富老年生活或者留给儿女下一代，将父母的爱继续传递下去。

案例（九）

金融三班　黄晓琴

一、家庭经济情况

家庭现有人口数4人，女儿在读大学，今年大四，父亲是一企业员工，母亲是一高中教师，还有一位老人，退休在家。家庭的经济情况如下：老人每月退休金为 1 500 元，且每月人寿保险收入 500 元，父亲每月工资 4 500 元，母亲工资每月 3 000 元，家中现金有 5 000 元，活期存款 20 000 元，定期存款为 80 000 元，家中无其他金融资产，实物资产包括自住房产 500 000 元，机动车 50 000 元，家具和家用电器类（折旧后价值）8 000 元。负债包括房屋贷款 230 000 元，车贷余额 20 000 元，无其他贷款。

家庭支出包括日常水电煤气等费用每月 200 元，通信费用一年 1 000 元，交通费用每年 5 000 元，日常生活用品每年 6 000 元，外出就餐费用每年 4 000 元，购买衣物开支每年 3 000 元，休闲娱乐每年 5 000 元，女儿每年教育费用 12 000 元，老人月支出 1 000 元，家中除了老人的人寿保险无其他商业保险费用。

二、家庭经济情况分析

假设不考虑利率和通货膨胀率，且老人由自己赡养：

家庭年收入＝(1 500+500+4 500+3 000)×12＝114 000（元）；

家庭总资产＝5 000+20 000+80 000+500 000+50 000+8 000＝613 000（元）；

家庭净资产＝总资产－总负债＝613 000−230 000−20 000＝3 630 000（元）；

家庭年支出＝200×12＋1 000＋5 000＋6 000＋4 000＋3 000＋5 000＋12 000＋1 000＝38 400（元）；

现金结余（或超支）＝114 000−38 400＝75 600（元）。

三、家庭经济情况规划

（1）家庭收入大部分属于工资性收入，经济风险较大，家庭支出主要包括交通费用、与亲戚朋友的交际费用、教育费用支出及一些必要的支出，而且家庭缺乏必要的保险费用支出，家庭备用准备金不足。

（2）建立家庭备用准备金是现代社会家庭成员正常生活的基础，可以应对失业、意外疾病事故或者其他突发事件使家庭出现的剧烈变动，使家庭成员更安心地工作和生活，现金储备一般是家庭月生活费用的 1～6 倍。由于家中有一老人没有医疗保险，另有一上大学的女儿，因此，建议家庭备用准备金为 10 000 元左右，除了家中现金 5 000 元，还要把银行活期存款 20 000 元中的 5 000 元作为生活开支覆盖准备金。

（3）家庭可以考虑把定期存款和每年现金结余的 100 000 元用于投资，可以选择货币市场基金，这样收益不仅高于存款，又可以免利息税；同时，应该购买部分保险产品，如意外伤害险、医疗保险等，同时应该规划退休准备金。而女儿已经大四，因此教育费用支出比例相对减少。

（4）除此之外，还建议父母两人各自申请一张信用卡，分别为 10 000 元和 5 000 元的信用额度，可作为临时应急资金来源。

案例（十）

金融三班　黄婷

一、家庭成员基本状况

丈夫：胡先生年龄35岁，硕士，银行副行长，身体健康，有社保；妻子：胡太太年龄34岁，本科，建筑工程师，身体健康，有社保；儿子：年龄1岁，身体健康；夫妻双方父母：身体健康，有退休金，基本不需要赡养。

二、资产负债表情况

胡先生家庭的资产情况如表7-38所示。

表7-38　　胡先生家庭资产负债表

资产		负债	
现金及存款	8万元	信用卡贷款余额	5万元
投资类金融资产总额	0	消费贷款余额	0
非房、非车、非金融资产总额	0	其他负债余额	0
房产	2套	房贷	35万元
私家车	1辆	车贷	0

资产负债表分析：二套房产，由于没有详细说明，在重庆现阶段，以平均80平方米/套，7 000元/平方米来计算，每套房产价值56万元，两套房产总计112万元；机动车1辆预估15万元。总资产＝8＋112＋15＝135（万元）；负债为40万元；净资产＝135－40＝95（万元）。

三、家庭年度税后收支情况

胡先生的家庭年度税后收支情况如表7-39所示。

表7-39　　胡先生家庭年度税后收支表

收入		支出	
胡先生收入	10 000元/月	房屋支出	300元/月
胡太太收入	3 000元/月	日常生活支出	2 000元/月
其他家庭月收入	2 500元/月	交通费用	1 000元/月
		医疗费用	200元/月
		娱乐费用	500元/月
		交际费用	500元/月
		其他	0
合计	6 500元/月	合计	4 500元/月

收支表分析：胡先生家庭年收入为 18.6 万元，家庭年支出为 5.4 万元，家庭年结余为 13.2 万元。

四、风险偏好水平

由于没有相关信息，也没有办法让胡先生夫妻填写《风险偏好水平测试问卷》，依据目前条件，夫妻双方的年龄为 35 岁左右，一人在银行工作，另一人为建筑工程技术师，且有小孩需要抚养，他们的风险偏好水平应该属于稳健型。

五、理财目标

理财目标应为：孩子的教育金、夫妻双方老人的赡养以及夫妻二人的应急备用金。

六、现有保障

夫妻双方均有单位为其购买社保，二人有保障，孩子无保障。

家庭现有资产存放比例如表 7-40 所示。

表 7-40　　胡先生家庭现有资产存放比例表

保障	0%		储蓄	8.4%	8/95
理财	81.05%	77/95	投资	0%	

胡先生家庭现有保障少，保险类资产极少；储蓄 8 万元；扣除房贷，房产价值 77 万元；投资为零。车为消耗品，不计入理财。目前家庭资产没有增值途径，应考虑加大投资。

参照国际的现状和美国的房地产 20 年走势，加上现在我国的政策导向，现在重庆的房地产价格已趋于稳定，未来很难再有翻番的大行情。胡先生可以在适当的时候出售手中的一套房子，进行资产配置，降低自己家庭资金基本上全部放在房地产投资上的风险。

七、家庭理想规划

因为客户风险偏好水平为稳健型，所以资产配置如下：

1. 保险规划

夫妻二人虽有单位为其缴纳社会保障，但是为做完全准备，夫妻二人应该为自身购买商业保险。

（1）建议为胡先生购买身故责任险：5.4 万元（家庭年支出）×3 年+35 万元（负债）= 51.2（万元）；购买重疾责任险：5.4 万元（家庭年支出）×3 年+10 万元（医疗费）= 26（万元）。

方案：平安万能险 50 万元身故+30 万元重疾+意外 10 万元，费用年存 1 万元。

（2）建议为胡太太购买重疾责任险：5.4 万元（家庭年支出）×3 年+10 万元医疗费=26.2（万元）。

方案：平安万能险 30 万元身故+30 万元重疾+意外 5 万元，费用年存 0.5 万元。

（3）建议为孩子购买身故责任险险 10 万元和重疾责任 10 万元以及意外+意外医疗+住院+住院津贴。

方案：平安鑫盛+鑫盛重疾，费用年存 2 500 元左右。

2. 储蓄规划

（1）银行存款。分别存 10 万元、5 万元、3 万元、2 万元 1 年定期储蓄，自动转存，灵活支取。

（2）孩子教育金储蓄规划。基础教育金——商业保险，月存 1 000 元。产品——平安鑫利+豁免大人；品质教育金——基金定投，每月 2 000 元。

（3）夫妻养老规划。基础养老金：商业保险，月存 1 000 元，产品为平安钟爱一生（选择交清增额）+豁免；品质养老金：商业保险，每月 2 000 元，产品为平安投连保险精选权益账户。

3. 理财规划

（1）银行理财产品。性质：短期，保证灵活性，收益好于同期银行利率。例如，工商银行稳得利，储蓄性质，1 年期，年收益 3.5%，投资 5 万元。

（2）保险公司理财产品。性质：长期，保证收益性。例如，平安金裕人生，长期储蓄性质，保本，持有 20 年以上，分红型，按照平安近几年的水平，年收益 6%~8%，每年存 5 万元，一共存 3 年 15 万元。

4. 投资规划

夫妻二人均为稳健型投资者，建议选择风险较小的基金作为投资。例如，债券型基金嘉实，投资 10 万元，预期收益 12%。

案例（十一）

金融一班　周姝婷

一、家庭资产状况

该家庭的资产状况如表 7-41 所示。

表 7-41　　家庭资产状况表

<table>
<tr><th colspan="3">资产</th><th>金额（元）</th></tr>
<tr><td rowspan="7">金融资产</td><td rowspan="3">现金与现金等价物</td><td>现金</td><td>5 000</td></tr>
<tr><td>活期存款</td><td>10 000</td></tr>
<tr><td>定期存款（三年期）</td><td>40 000</td></tr>
<tr><td colspan="2">现金与现金等价物资产值小计</td><td>55 000</td></tr>
<tr><td>其他金融资产</td><td>股票</td><td>100 000</td></tr>
<tr><td colspan="2">其他金融资产总值小计</td><td>100 000</td></tr>
<tr><td colspan="3">金融资产小计</td><td>155 000</td></tr>
<tr><td rowspan="2">实物资产</td><td colspan="2">自住房产</td><td>550 000</td></tr>
<tr><td colspan="2">投资的房地产</td><td>740 000</td></tr>
</table>

表7-41(续)

资产		金额（元）
实物资产小计		1 290 000
资产总计		1 445 000
负债		
中长期负债	房贷余额	542 000
负债总计		542 000
净资产		903 000

二、家庭收入和支出状况

（1）收入状况

父亲：49岁，国家公务员，年收入约10万元（税后），有社保，公积金300元/月。母亲：48岁，公司职员，年收入约6万元（税后），有社保，公积金250元/月。女儿（本人）：大学在读，无收入。

（2）支出状况

家庭日常生活支出4 000元/月（包括三人）；家庭年旅游支出10 000元/年；房产抵押贷款支付3 600元/月；月消费支出=4 000+3 600=7 600（元）；年消费支出=7 600×12+10 000=101 200（元）。

三、现金规划

1. 组合存款方案（活期存款利率0.36%，三个月定期1.91%，六个月定期2.20%）

现金：5 000元；活期存款：20 000元；三个月定期存款：26 000元（利息万元=26 000×1.91%×3/12=124.15）；六个月定期存款：50 000元（利息=50 000×2.20%×6/12=550）。六个月定期存款到期以后，可以将其中一半转存三个月定期，剩余用于生活消费开支。

四项共计约101 700元，满足了家庭一年的消费支出需求。规划保证了流动性需求，同时最大限度获取存款利息。

2. 家庭应急备用金

（1）2万元投资于货币市场基金，家庭急需时可以迅速变现，且具有收益高于活期存款、免于缴纳利息税的优势。

（2）建议妻子工资账户年收入中的一部分如3万元可以作为家庭急需备用资金的补充。

（3）为了使家庭急需备用资金账户更加完善，建议夫妻二人各申请一张信用卡，每月共有1万元的信用额度，可成为临时资金的来源。

四、消费支出规划

由于家庭目前拥有自住房产，故不考虑三人的重置住房需求。

假设：本人将于2015年6月毕业，7月初开始工作，月薪3 500元/月（以后每年增长5%），每月消费支出大约1 000元（以后每年增长5%），2016年10月准备在重庆购买一套商品房，房价在6 500元左右，父母给予15万元用于购房。

（1）本人在买房之前的收入状况如表7-42所示。

表7-42　本人收入状况表

	收入(元)	支出(元)	结余(元)
2015年	3 500×6	1 000×6	(3 500-1 000)×6=15 000
2016年	3 500×(1+5%)×9	1 000(1+5%)×9	2 500×(1+5%)×9=23 625

（2）本人在2015年购买商品房之前正常情况可结余38 625元的收入（除去日常消费后），设计预留2万多元左右的日常备用金后，还可以剩余1.5万元。

（3）以设计状况来看，所购买房产可以预付15万元的首付款，即父母给予的15万元。

（4）首付占房屋总价的30%，则通过计算，可购买一套50万元左右（约77平方米）的商品房，除去首付15万元，还需向银行贷款35万元。

（5）假设年利率6%，贷款年限20年，按照等额本息还款法，则每月需还款=$[350\ 000\times6\%/12\times(1+6\%/12)^{240}]\div[(1+6\%/12)^{240}-1]\approx2\ 508$(元)。

五、教育规划

根据之前的现金规划方案，除去家庭生活开支和备用金准备，夫妻二人的年收入每年还可结余1万元左右。

考虑到一年后女儿本科毕业后继续在国内攻读硕士研究生，教育费用估算如表7-43所示。

表7-43　学业费用估算表（按三年计）

	学费	生活费	其他	合计
费用（元）	75 000	40 000	25 000	140 000
增长率（%）	3	3	3	
三年后终值（元）	81 955	43 709	27 318	152 982

假定：投资的平均实际报酬率为8%。

（1）费用总额：需要的研究生教育经费三年后的终值为152 982元。

（2）每年储备金额：$FV=152\ 982$，$N=3$，$I/Y=8\%$，$PV=152\ 982\div(1+8\%)^3=121\ 442$（元）。

理财方案：①家庭原始资产中的三年期定期存款到期后，用其中2万元投资教育储蓄。②选用投资组合的方式，开放式基金、指数型基金、股票型基金各占1/3，属于相对稳健型的方案，既可有效规避风险，又可获得相对较高的收益。③必要时，可通过股票转手和房产出售获取一定的资金作为补充。

六、保险规划

考虑到目前夫妻二人的收入状况相对稳定的特点和以前生活状况，建议家庭购买以下险种：

（1）基本医疗保险和养老保险的组合；

（2）车辆保险：车辆损失险+第三者责任险+不计免赔特约险+全车盗抢险。

以家庭价值16万元的车来计算，不计免赔特约险按车辆损失险和第三者责任险保险费之和的20%计算，全车盗抢险的费率为1%，则车辆保险金额=3 460+3 460×20%+160 000×1%=5 752（元）。

七、投资规划

目前家庭的主要投资方向为股票，大约10万元左右。但是考虑到家庭现在和未来一段时间内将面临相对较高的费用支出，不适宜风险过高的投资方案。

建议家庭在稳定不动产投资的基础上，适当增加一部分债券、基金类的投资，分散风险，保持高流动性。

另外，家庭还可以适当选择一些银行理财产品，因为收益率高于银行存款，且安全性相对较高，但是也要注意利率风险带来的损失。

八、退休养老规划

（1）基本养老保险基金组成：基本养老保险、企业年金和个人储蓄性养老保险。

（2）家庭可以购买一定的商业性养老保险。以投保中国人寿养老金还本保险为例，在65岁以下，每年缴纳一定保费，保险期间为终身，采取趸交方式直至领取年龄（指45、50、55、60、65周岁）。可以获得的利益：在生存期间每年或每月对应日领取养老金直至被保险人身故，领取日前身故可退保费或现金价值，领取日后身故给保费（不计息）。

这样可以减少对自己未来生活保障的担忧，增加目前生活消费需求。

案例（十二）

金融三班 严茹芯

一、总况

1. 家庭成员简介（如表7-44所示）

表7-44 家庭成员简介表

家庭成员	工作单位
父亲严某	国家事业单位
母亲殷某	私人企业
本人	重庆工商大学本科在读

2. 月收入/支出基本情况（如表 7-45 所示）

表 7-45　　月收入/支出情况表

收入（元）		支出（元）	
父亲收入	3 000	父母亲二人基本生活开销	2 000
母亲收入	2 000	本人月生活费	600
本人收入	暂无		
合计	5 000	合计	2 600
每月结余：2 400			

3. 年度收入/支出基本情况（如表 7-46 所示）

表 7-46　　年度收入支出情况表

收入（元）		支出（元）	
父亲年终奖金	5 000	父亲保险费由单位统一购买	
母亲年终奖金	1 000	母亲保险费	4 000
年节余（月结余×12）	28 800	礼钱支出	1 500
本人每年学费	6 000		
合计	34 800	合计	11 500
总年度节余：23 300			

4. 资产负债情况（如表 7-47 所示）

表 7-47　　资产负债表

资产（元）		负债（元）	
存款	100 000	无	
房产（一套）	250 000		

二、现金规划

由于本人家庭收入基本稳定，且父母是遵循保守稳健型的投资理财，因此将每月节余的 300 元用于活期储蓄，以备急需所用，每年存款总额约 3 600 元，以现在活期利率 0.36%计算。如果按单利计息，每年本息合计为：3 600×(1+0.36%)＝3 612.96（元）。而总年度节余中 9 000 元选择整存整取，以利率 2.52%计算，因为还要考虑到现在通货膨胀较重的问题，所以存期选择一年。一年后本息合计为：9 000×(1+2.52%)＝9 226.8（元）。这样每年总存款（除息）为 12 600 元，占总年度节余百分比为 12 600÷23 300＝54.08%，符合稳健型的理财规划。总年度节余可支配收入还剩：23 300－12 600＝10 700（元）。

三、消费支出规划

由于本人家庭有现有住房，无需另外购房，因此暂无考虑贷款购房。

对于购车方面，由于母亲已学驾驶技术，希望拥有一辆家庭用车，方便出游和上班。考虑到是工薪家庭，因此购买价值在 80 000 元左右的车最合适，存款有 100 000 元，足够支付购车费用。另外，按车辆保险费用 3 500 元、养路费 1 300 元、车船使用税 200 元、养护费 800 元等费用，每年共计约 8 000 元。对于家庭支出来说是较大的开支。因此建议办理一张信用卡，消费额度 2 000~3 000 元，每月定期归还。

四、教育规划

本人本科在读于重庆某高校，因已为大四学生，所以无需再做大学的教育规划。但是本人有意向考研究生，由于本人选取的是 B 区的学校，按照现在的某高校研究生收费标准，约每年 10 000 元。如果排除获取奖学金的情况，根据家庭每年的整存整取一年期定期存款 9 000 元，还需从每月节余中用 200 元选择零存整取存款方式，以 1.98%的利率计算，存期为一年，年存款为 2 400 元，总共 11 400 元，足够读研究生的学费，而读研生活费，则相信自己能通过找到兼职来解决。因此，总年度节余可支配收入还剩：10 700−2 400＝8 300（元）。

五、保险规划

由于父亲是由单位购买相关保险，因此无需考虑。母亲因在私人企业，所以已另外购买相关养老保险，每年支出 4 000 元，在前文支出情况中已提及。而本人所在大学已每年购买相关医疗保险 30 元，已含在学费中，现阶段没有必要再购买其他品种保险。

六、投资规划

由于父母观念较保守谨慎，因此在选择投资产品时倾向于稳健保守型的，所以推荐购买基金产品，几乎无亏损，收益稳定。因此家庭可从年总节余中拿出 5 000 元购买基金产品。由于家庭对证券知识了解很少，所以建议委托基金管理人进行相关操作。因此，总年度节余可支配收入还剩：8 300−5 000＝3 300（元）。基金投资占总年度节余百分比为 5 000÷23 300＝21.46%，属于稳健投资型策略。

七、旅游规划

随着现今生活水平的逐渐提高，人们也渐渐追求高品质生活。因此，家庭剩余的总年度节余可支配收入 3 300 元可用于家庭旅游经费，或者其他的健身经费，或者母亲的美容经费。

八、退休养老规划

由于父亲所在单位有退休工资，无须再做规划。母亲已购买相关养老保险，也无须再做相关规划。

九、财产分配与传承规划

财产分配由父母双方按照法律规定进行分配，由于现在家庭尚未考虑传承规划，暂不做这方面的规划。

以上为本人为家庭所做的一份理财规划，经验尚浅，仍有很多不足之处。

案例（十三）

金融三班　赵碧涵

赵医生今年 47 岁，月收入 5 000 元，其妻子今年 47 岁，月收入 3 000 元，两人月支出约 2 000 元，两人年终奖金共约 7 000 元。赵医生女儿就读于重庆工商大学，月生活费约 1 000 元，今年大四，准备于 2011 年 9 月去意大利读两年制研究生，因申请的是公立大学所以不收学费，一年生活费约 5 万元人民币。家现有两套住房，价值约 80 万元，有存款 20 万元，股票和基金共 2 万元。赵医生将于 60 岁退休，退休后月收入为 2 000 元，其妻子将于 55 岁退休，退休后月收入为 1 000 元，两人退休后月支出约为 3 000 元。

一、现金规划

赵医生夫妻二人年收入约 9.6 万元，一家人年支出约 3.6 万元，家庭年结余约 6 万元。其女儿出国留学期间家庭年支出约 7.4 万元，年结余约 2.2 万元。退休后，如不加其女儿的赡养费，夫妻二人每月收支正好相抵。

（1）因家庭现金储备一般是家庭月生活费的 3 倍左右，赵医生至少每月应保证有可流动资金 9 000 元。

（2）赵医生应将 20 万元存款中的 3 000 元以现金持有，1 万元存为活期存款，用以支付其一家的前 3 个月的支出；1.5 万元存为 3 个月的定期存款，用以支付 4—6 月的支出；1.5 万元存为 6 个月的定期存款，用以支付 7—9 月的支出；1.5 万元存为 3 个月约转 6 个月的定期存款，用以支付 10—12 月的支出；2 000 元存为 1 年期定期存款，与年终奖一起用于过年花销。

（3）20 万元存款中的 10 万元作为其女儿的教育基金。

（4）夫妻二人应备有应急贮备，开设一个专门的活期账户，将每 3 个月结余的资金存入该账户；另外将 20 万元存款中的 2 万元投资货币市场基金，其收益高于活期存款，又易于变现，可作为应急储备。赵医生可以去申请一张额度为 5 000 元的信用卡，其妻子可以去申请一张额度为 3 000 元的信用卡，可成为临时应急资金来源，加上前述 2 万元的货币市场基金和近万元的活期储蓄，短期内可以动用资金近 4 万元，应该足以应付突发事件。

（5）退休前夫妻二人的每月工资可以存为一年期的零存整取，到年底后将上一年的收入按上述规划操作，用以支付下一年的支出。

二、消费规划

因赵医生家已有住房和汽车，近几年已无购买住房和汽车的需要，夫妻二人也无透支消费的习惯，故不需做消费规划。

三、教育规划

因其女现已大四，学费已交，所以只需准备其出国留学两年的生活费约 10 万元。因出国留学，其生活费需在每年开学时一次性打到其女儿的卡上，因此规划如下：

（1）将 20 万元存款中的 5 万元存为 1 年期定期存款，到 2011 年 9 月其女儿开学时取出，作为其女儿第一年的生活费。

（2）将 20 万元存款中的 5 万元现在开始投资于一个投资组合，建议这个组合中 1/3 是债券型开放式基金、1/3 是指数型基金、1/3 是股票型基金，这样一个稳健型的组合投资方案既可以有效避免风险，又可以获得较高的收益，循环投资两年。假设年收益率为 5%，则 2012 年 9 月可得 55 125 元，可以用以支付其女儿第二年的生活费。

（3）除前半年需适应国外环境外，后一年半其女儿可以在课余时间打工发补贴生活费用，减轻家庭负担，还可通过努力学习申请奖学金来补贴生活费。

四、保险规划

（1）因赵医生是事业单位职工，有社会医疗保险，其本身也是医生，因此退休前暂不用购买商业医疗保险。

（2）因赵医生为家庭主要收入来源，其女儿要出国留学两年，花费较大，所以赵医生应买一份每年保费 1 000 元左右、保额在 30 万元左右的意外伤害保险。

（3）因家有一辆汽车，每年应购买 2 000 元左右的车损险和第三者责任险。

（4）虽然夫妻二人还有 10 年左右才会退休，但因其退休工资不高，可以现在就各购买一份缴费期限为 10 年、年缴费 2 000 元左右的分红型终身寿险，即可在退休后每年享有一定的分红，以保障其家庭以后的生活。

五、投资规划

（1）因赵医生夫妻二人投资经验不多，投资习惯较为保守，因此可以保留价值 2 万元的股票和基金，将其资金分配倾向于基金。

（2）家庭可将 20 万元存款中剩余的 2 万元用于购买银行的保本浮动收益理财产品或固定收益理财产品。

（3）家庭可以将每年收入除去现金规划和保险规划外剩余的 3 万元中的 1.5 万元用于追加投资，购买投资组合（1/3 债券型开放式基金、1/3 指数型基金、1/3 股票型基金，年收益率约为 5%）或银行理财产品，剩余 1.5 万元用于退休养老规划。

六、退休养老规划

（1）虽然赵医生夫妻退休后收支可以正好相抵，但为了生活得富余舒适些，也为了应对到时的突发事件，应从现在开始做好退休养老规划。家庭可以将上述剩余的 1.5 万元中的 1 万元用于为夫妻二人各购买一份缴费期为 10 年、年缴费 5 000 元、保额在 150 万元左右、退休后年领取保额的 10%的养老保险，这样待赵医生退休后夫妻二人每年可共获得 3 万元的养老金。到时家庭可将这 3 万元存为一年期定期存款以备不时之需。

（2）夫妻二人在退休前可将剩余 5 000 元用于投资，因是专门为退休养老做的投资，应选择风险较低的投资产品，可以投资的组合为 1/3 是债券型开放式基金、1/3 是指数型基金、1/3 是股票型基金，年收益率约为 5%，每年投入 5 000 元，到赵医生退休时可以获得 6.6 万元。可将其中 3.6 万元继续投入该投资组合用于升值，剩余 3 万元购买货币市场基金用于充当应急储备。

（3）因其女可能在其他城市工作，退休后赵医生可将两套住房中的一套用于出租，按所在城市房租标准，每月可获租金 500 元，可以用来补贴生活费。

（4）在赵医生妻子退休而赵医生还未退休的 5 年中，每月比现在少结余 1 000 元，这个空缺可以通过减少追加投资来弥补，可以不影响夫妻二人的退休养老规划。

（5）投资规划中的资金在夫妻二人退休后可能不会再追加或者追加金额较少，夫妻二人可使用退休前所积累的投资金在退休后继续投资，一方面增加收入，一方面可以通过投资来丰富退休生活。

（6）其女每月将给夫妻二人赡养费约1 000元，夫妻二人可以将这笔赡养费分别为自己购买一份保额为30万元，月缴保费500元的健康保险，用于应对重大疾病的发生。

七、财产分配与传承规划

因赵医生夫妇只有一个独生女，所以夫妇身故后不存在财产纠纷问题，但因家中还有一位老人需要赡养，可以约定如果夫妇在老人之前身故，将一套住房变卖用于赡养老人，老人可以跟随赵医生的其他兄弟或赵医生女儿生活。

【实训内容】

1. 收集和分析家庭财产总量及分布情况和经济收入来源。
2. 分析家庭的住房需求情况。
3. 分析家庭的月支出情况。
4. 分析家庭子女的教育需求情况。
4. 分析家庭汽车消费需求情况。
5. 对家庭现金进行规划。
6. 对客户使用商业银行信用卡消费信贷进行设计。
7. 对家庭住房进行规划。
8. 对家庭月支出进行规划。
9. 对家庭是否需要购置汽车进行规划。
10. 对家庭子女的教育进行规划。
11. 对家庭的投资理财进行规划。
12. 对金融投资理财产品进行投资规划。
13. 宏观经济环境对家庭投资理财的影响。
14. 对家庭进行风险分析。
15. 对家庭保险需求进行设置。
16. 对家庭人员退休生活进行规划。

【实训步骤】

1. 收集和分析客户财产总量及分布情况和经济收入来源。
2. 打开Excel软件，绘制客户财产总量及分布的分析图表。
3. 收集和分析家庭财产总量及分布情况和经济收入来源。
4. 分析家庭的住房需求情况。
5. 分析家庭的月支出情况。

6. 分析家庭子女的教育需求情况。
7. 分析家庭汽车消费需求情况。
8. 对家庭现金进行规划。
9. 对客户使用的商业银行信用卡消费信贷进行设计。
10. 对家庭住房进行规划。
11. 对家庭月支出进行规划。
12. 对家庭购置汽车进行规划。
13. 对家庭子女的教育进行规划。
14. 对家庭进行投资理财进行规划。
15. 对金融投资理财产品进行投资规划。
16. 宏观经济环境对家庭投资理财的影响。
17. 对家庭进行风险分析。
18. 对家庭保险的需求进行设置。
19. 对家庭人员退休生活进行规划。
20. 根据实证分析结论，设计当年的投资理财方案，完成实验报告。

【注意事项】

1. 购买商品房时面积不能过分求大，要量力而行。
2. 要尽量全面分析客户的住房需求情况。
3. 要分析客户购置商品房的时间。
4. 商品房销售价格和分区域商品房销售价格要与客户的工作单位地点相联系。
5. 客户购买汽车要根据实际情况进行设计，可以设计未来几年后购置。
6. 信用卡消费信贷进行设计时注意还款能力。

【问题思考】

1. 个人住房贷款的种类？
2. 等额本息还款法的计算公式？
3. 等额本金还款法的计算公式？
4. 可负担首付款的计算公式？
5. 可负担房贷的计算公式？
6. 可负担房屋总价的计算公式？
7. 可负担房屋单价的计算公式？
8. 信用卡、准贷记卡和借记卡的比较？
9. 信用卡及其特点？
10. 汽车消费信贷的种类？

学生设计的家庭理财案例

实验目的

1. 理解和掌握家庭现金流规划。
2. 理解和掌握家庭收支分析方法和步骤。
3. 能够掌握宏观经济分析。
4. 能够分析客户的教育费用需求及教育规划。
5. 能够理解和掌握购房财务规划的基本方法。
6. 能够理解和掌握制定汽车消费方案。
7. 能够理解和掌握制定消费信贷方案。
8. 能够分析客户的投资理财需求及投资理财规划。
9. 能够熟练运用金融投资工具。
10. 掌握并利用宏观经济政策对证券投资的影响。
11. 理解和掌握上市公司的变现能力、营运能力和盈利能力分析。
12. 理解和掌握杜邦财务分析方法。
13. 理解和掌握上市公司的投资收益分析。
14. 能够熟练掌握住房投资与规划。
15. 能够理解和掌握购房财务规划的基本方法。
16. 理解和应用上市公司的财务报表分析结果从而判断投资价值。
17. 熟练掌握债券估值和投资分析的基本方法和技巧。
18. 熟练掌握基金估值和投资分析的基本方法和技巧。
19. 能够熟练运用证券分析系统对金融投资理财进行综合分析。
20. 能够分析客户家庭存在的风险及风险规避。
21. 能够分析客户家庭成员的退休养老规划及遗产规划。

案例一

学生姓名：代灵丽　　　　　　指导教师：许晓静

一、实验题目

张凯是重庆一家私营企业的白领，年收入 12 万元，妻子王婷是重庆某重点高中教师，年收入 8 万元，两人每 3 年分别增加 2 万元和 1 万元的年收入。现在家庭有定期存款 45 万元，活期存款 8 万元，银行理财产品 15 万元（刚刚购买，6 个月后到期，保本息年收益为 3%），房屋 2 套，其价值共计 150 万元。家中有一辆小汽车，现价 12 万元，计划两年后换车，新车购买费用预计 20 万元，旧车折旧率按 30%计算。张凯和王婷的单位有“五险一金”，平时家庭平均每月开支 7 000 元。

家中有一儿子 18 岁，去年 9 月份在西部某大学入学读书，在国内每年学费及生活费 3 万元。儿子大学本科毕业后准备去美国留学，攻读硕士，学习时间为 2 年，每年学费及生活费 30 万元。如果儿子攻读博士，学习时间为 6 年，每年学费及生活费 40 万元。攻读博士期间每年可以申请科研经费和奖学金 20 万元。

张凯家中还有自己的父母亲，父母亲今年均为 70 岁，他们都没有退休工资，没有医疗保险等，平均每季度的医药费为 1 000 元，每年按 5%的比率增长。王婷也有自己的父母亲，父亲今年 72 岁，母亲今年 69 岁，父亲和母亲的退休工资每月 3 000 元，有医疗保险。他们平均每季度的医药费为 1 000 元，每年按 5%的比率增长，月均生活开支 2 000 元。他们父母亲的生命周期分别以中国男性和女性平均寿命进行计算。

在 2017 年 3 月，张凯家庭面临着一个实体投资项目的选择，在两江新区经营一家健身房，该项目总投资 500 万元，他可以选择投资 0%、10%、30%、50%。该项目在 2018 年 1 月开始运营有投资收益，投资的第一年预期收益率是 10%，第二年收益率是 18%，第三年收益率是 25%，以后每年收益率递增 3%，项目运营及折旧年限为 8 年，残值为 20%。张凯如果需要借款，借款年利率为 5%。

张凯今年已经 48 岁，60 岁退休；妻子 45 岁，55 岁退休。张凯退休后每月能拿到退休金 6 000 元，王婷每月能拿到退休金 6 500 元，两人同时退休后家庭月支出 8 000 元（包括旅游休闲费用）。

该案例方案设计时间为 2017 年 5 月，请分析张凯先生家庭理财现状存在的问题，为张凯先生家庭设计合理的理财计划，要求做到家庭财务自由，主要包括孩子教育、家庭日常生活、投资理财、住房规划与投资理财、人身和财产保险、投资风险、退休生活、遗产等。

二、设计方案

（一）家庭基本情况分析

1. 家庭成员基本情况分析

张凯 48 岁，60 岁退休，即 2029 年退休；妻子王婷 45 岁，55 岁退休，即 2027 年退休。家中有一儿子18岁，现就读西安某大学大一。张凯的父母亲今年都是70岁，与张凯、王婷一起共同生活。王婷的父亲现年72岁，母亲现年69岁，王婷父母亲单独生活。

2. 家庭收入及消费情况

张凯年收入12万元，每3年增加2万的年收入；妻子王婷年收入8万元，每3年增加1万元的年收入。与张凯同住的父母亲已经退休，没有退休工资也没有医疗保险。张凯的儿子现就读大学也无收入。因此家中的经济收入来源于张凯及王婷。

张凯家庭每月开支7 000元，儿子就读大学每年学费及生活费3万元。张凯的父母亲平均每季度医药费为1 000元，每年按5%的比率增长。王婷的父母亲有退休工资，其生活费自给自足。

3. 投资及固定资产

张凯家庭定期存款45万元；活期存款8万元；银行理财产品15万（刚刚购买，6个月后到期，保本息年收益为3%）；房屋2套，其价值共计150万；一辆小汽车，现价12万元。

4. 家庭目前及未来保障状况

就目前而言，张凯家庭殷实，主要的开支在日常开支、儿子读书费用以及父母亲的医药费，其投资理财缺乏经验。家庭总的来说情况较好，有一定的经济能力进行相应的投资，未来的保障状况也较为良好。

（二）家庭投资目标

1. 对部分资金、资产进行风险较小的投资获取收益；
2. 使张凯孩子能够接受最大化教育的投资；
3. 为减少家人未来的健康风险，购买相应保险；
4. 判断健身房投资是否能够进行，若可以，选择获取投资收益率最大的方式。

（三）目前家庭财务状况具体分析

根据张凯现在家庭的经济情况，编制了家庭资产负债表（见表1）以及进行相应的财力计算。

1. 家庭资产负债表分析

表1　　家庭资产负债表

2017年6月　　单位：元

资产	金额	负债	金额
货币资金	530 000	负债	0
短期投资	152 250	所有者权益	0
固定资产	1 620 000		
资产总计	2 302 250	权益总计	0
净资产总计	2 302 250		

由表1可以看出，张凯家庭的资产总计为230.225万元。其中固定资产162万元，有相应的存款，故张凯家庭有一定的实力进行理财投资。

2. 月度收支表分析

张凯家庭月度收支情况如表2所示：

表2　　**月度收支表**

2017年6月　　单位：元

收入项目	金额	支出项目		金额
每月净收入	16 667	每月开支	日常费用	7 000
			子女教育支出	2 500
			医药费	333
合计	16 667	合计		9 833
月度节余（元）	6 834			

3. 现金流量表

张凯家庭现金流量情况如表3所示：

表3　　**现金流量表（年度）**

2017年　　单位：元

现金流入项目	金额	百分比	现金流出项目	金额	百分比
工资薪金	200 000	98.8%	生活支出	84 000	71.2%
投资收益	2 250	1.2%	医药费	4 000	3.4%
			子女教育费用	30 000	25.4%
现金流入总计	202 250	100%	现金流出总计	118 000	100%
净现金流量	84 250				

4. 财务比率分析

（1）结余比率=结余÷税后收入=84 250÷202 250=0.42

（2）投资与净资产比率=150 000÷2 302 250=0.065

（3）清偿比率=净资产÷总资产=2 302 250÷2 302 250=1

（4）负债比率=负债总额÷总资产=0÷2 302 250=0

（5）即付比率=流动资产÷总资产=230 000÷0=无穷大

（6）负债收入比率=负债支出÷当月收入=0÷16 667=0

（7）流动性比率=流动资产÷每月支出=230 000÷9 833=23.4

张凯家庭财务各指标情况如表4所示。

表 4　　　　指标对比

指标	实际值	理想值	是否合格
结余比率	0.42	无上限	否
投资与净资产比率	0.065	0.5 以上	否
清偿比率	1	0.6~0.7	否
负债比率	0	0.5 以下	是
即付比率	无穷大	0.7 左右	否
负债收入比率	0	0.4 以内	是
流动性比率	23.4	3	否

5. 财务状况分析

目前张凯家庭正处于上升期，夫妻二人事业非常稳定且随着时间的递增工资也逐年递增。家庭无负债，其支出中主要占比是日常消费，现父母双方比较健康，医药占比不高；家中孩子就读大学，相比之后的研究生及博士生而言，目前来说家庭总体支出是整个可预见时期范围内相对较少的时间段。随着家中父母亲年老之后，张凯花费在健康上的支出会逐年增多，孩子的教育支出也需大量资金。

张凯家庭虽有一定的闲散资金，但其并没有进行相应的投资，只有投资收益率较为稳定的银行理财产品，他没有有效地利用负债的利处，一般比较合适的家庭负债率在 30%左右。故张凯家庭的财产结构较为不合理，需要利用一定的负债进行合理的理财及投资。

（四）未来预估总资产

1. 条件假设

为了大致了解未来张凯家庭是否有财力进行投资，投资多少，投资哪些方面，故先大致了解未来张凯家庭总资产情况，暂不考虑未来投资收益。

王婷父母的生命周期以中国男性和女性的平均寿命进行计算，即男性平均寿命为 74 岁，女性平均年龄为 79 岁。故王婷的父亲 2019 年离世，王婷的母亲 2027 年离世。王婷父母亲去世后会将其资产转移给王婷。

此收入计算的年限直到张凯退休。张凯现年 48 岁，60 岁退休，王婷现年 45 岁，55 岁退休。张凯、王婷两人均按正常退休年龄工作到退休。

2. 工作年限计算

张凯工作年限 = 60−48 = 12（年）

王婷工作年限 = 55−45 = 10（年）

3. 薪资收入情况

退休前总收入：

张凯总收入 = 12×3+14×3+16×3+18×3 = 180（万元）

王婷总收入 = 8×3+9×3+10×3+10.3 = 91.3（万元）

退休后总收入：

王婷退休后收入 = 0.65×12×5 = 39（万元）

张凯退休前两人总收入 = 180+91.3+39 = 310.3（万元）

4. 王婷父母净收入

王婷父母净收入 =（3 000-2 000）×12×2+（1 500-1 000）×12×8 = 7.2（万元）

（五）子女教育支出

1. 条件假设

家长都希望孩子能接受良好的教育，材料中可知张凯的孩子有机会读研究生以及博士生，假设他儿子都能考上研究生及博士生，读博期间每年均能申请到科研经费和奖学金 20 万元。张凯即使在其他方面的投资会相应减少，也不会减少孩子教育支出费用，故教育支出是必要支出。

2. 教育支出

现张凯的孩子就读大一，从大二开始计算，到美国读 2 年研究生和 6 年博士生的总支出：

大学剩余 3 年总支出 = 3×3×复利终值系数（r=5%，n=3）= 9×1.158
= 10.422（万元）

2 年研究生总支出 = 30×2×复利终值系数（r=5%，n=4）= 60×1.216
= 72.96（万元）

6 年博士生总支出 =（40-20）×6×复利终值系数（r=5%，n=6）= 120×1.34
= 160.8（万元）

教育总支出 = 10.422+72.96+160.8 = 244.182（万元）

张凯儿子各阶段教育支出情况如图 1 所示：

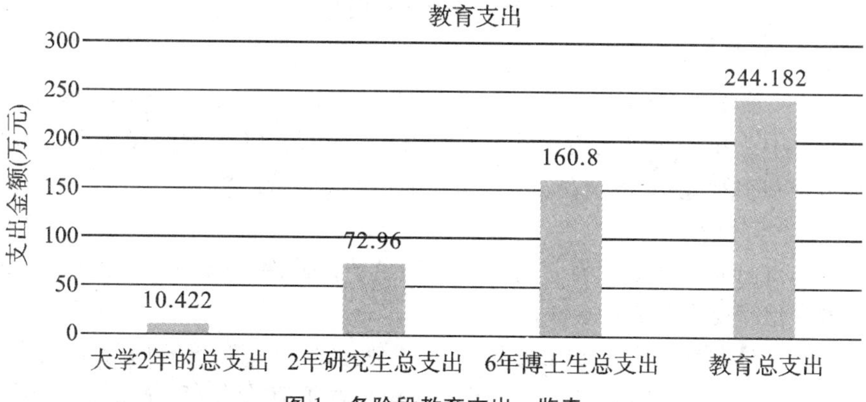

图 1　各阶段教育支出一览表

（六）未来预计总支出

1. 条件假设

假设张凯未来没有进行任何的投资，张凯的孩子读了研究生以及博士生，张凯父母亲的生命周期以中国男性和女性平均寿命进行计算，即张凯的父亲 2021 年离世，张凯的母亲 2026 年离世。该支出暂时只计算到张凯退休，考虑可能出现的通货膨胀，张凯父母亲离世不改变张凯家中的月生活费支出。

2. 张凯父母亲医药费支出

中国男性平均寿命为74岁，中国女性平均年龄为79岁。现张凯父母亲均70岁。

张凯父母医药费支出 = $\sum_{i=1}^{4} 4\times1\ 000\times(1+5\%)^{i}$×复利终值系数（$r=5\%$，$n=4$）+ $\sum_{i=1}^{5} 4\times500\times(1+5\%)^{i}$×复利终值系数（$r=5\%$，$n=5$）= 3.64（万元）

3. 日常生活费支出

生活费支出=0.7×12×12=100.8（万元）

4. 合计总支出

合计总支出=生活费支出+父母亲医药费支出+孩子教育支出 = 100.8+3.64+244.182=348.622（万元）

张凯家庭支出占比如图2所示：

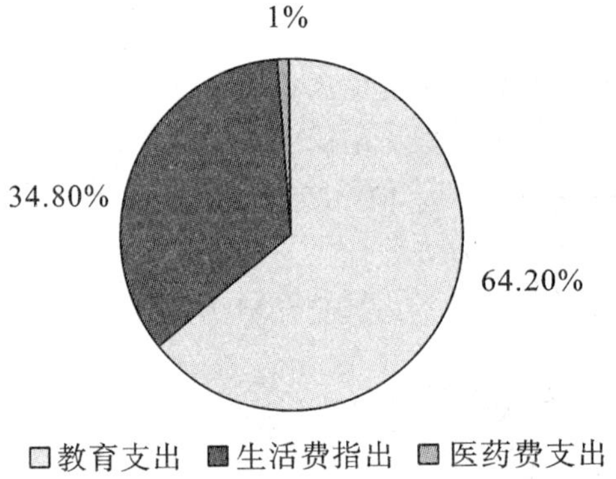

图2　支出占比图

5. 预计总净收入

总净收入=总收入−总支出=310.3−348.622=−38.322（万元）

张凯家庭中总薪金净收入为负值，定期存款45万元（因没假设定期存款定期年限，暂不考虑利率所得），活期存款8万元，银行理财产品15.45万元。

6. 预估财务分析

上述计算得出的张凯退休前总的净收入为负值，此净收入是在无投资、张凯及妻子王婷无健康保险支出等前提条件计算而来。

张凯家庭人员共计5人，张凯夫妻二人婚后便居住在一套价值约为85万元的房子中，张凯父母居住在位置相隔较近、房屋面积较小的价值约为65万元的房屋中。在张凯父母去世后，将此两室两厅房屋用于出租，即2027年后房屋用于出租，考虑到通货膨胀等宏观因素，房屋每月以3 500元/月出租。每3年增长300元每月。

张凯退休时，仅算夫妻二人的薪资剩余为负值，在张凯孩子就读研究生及博士生期间，张凯家庭支出大于收入，因此张凯需提前准备孩子教育费用。张凯计划的健身房投资也需要大量资金，故张凯的换车计划应在进行健身房投资后并有相应收益的时候再考虑。

当张凯的健身房投资以及换车计划实施之后，家中有充足的资金支持孩子读书，在此条件下再考虑进行相应的保险投资。

三、投资理财规划

（一）教育投资规划

1. 条件分析

2017 年 9 月—2020 年 6 月，张凯的孩子在美国就读研究生，其 3 年合计费用 10.422 万元

2020 年 9 月—2022 年 6 月，张凯的孩子在美国就读研究生，其 2 年合计费用 72.96 万元。

2022 年 9 月—2028 年 6 月，张凯的孩子在美国读博士，其 6 年合计费用 160.8 万元。

2. 教育资金规划

（1）研究生经费规划。由前面计算的年度净现金流量以及月度结余可看出，2017 年净现金流量为 84 250 元，2018 年银行理财产品到期，其现值为 15.225 万元，2018—2020 年其净现金流量大致为 16 万元，合计约为 40 万元。此为扣减孩子教育支出后的结余，但是 2020 年 9 月张凯的孩子即将去美国留学，其一共需要 72.96 万元，还余 32.96 万元，建议 2021 年抵押张凯父母所用的那套房用于贷款，贷款期限为 1 年。

2022 年偿还金额 = 32.96×(1+0.05) = 34.608（万元）

（2）博士生经费规划。张凯的孩子读博士生期间，合计费用为 160.8 万元。这段时间健身房投资以及其他投资有相应的收益，故其有相应的资金来源。

（二）健身房投资规划

1. 条件分析

健身房投资项目运营及折旧年限为 8 年，残值为 20%，即 8 年间投资项目折旧率为 80%，每年项目折旧率为 10%。若考虑贷款时，抵押相应的房产，一套房产为 80 万，一套为 70 万元，为了缓解其他因素带来的资金紧张情况，其还款方式均采用一次性还清。假设定期存款是两年前存入，具体年限分析如下。

2. 不同投资分类比较

经过粗略的计算，可大致得出以下数据：

（1）健身房投资额为零

健身房投资额为零意味着张凯没有投资健身房，其不需要借款，也没有投资收益率。

（2）健身房投资为总额的 10%

张凯的投资金额 = 500×10% = 50（万元）

第 1 年：张凯的投资收益 = 50×10% = 5（万元）

第 2 年：张凯的投资收益 = 50×18% = 9（万元）

第 3 年：张凯的投资收益 = 50×25% = 12.5（万元）

第 4 年：张凯的投资收益 = 50×28% = 14（万元）

第 5 年：张凯的投资收益 = 50×31% = 15.5（万元）

第 6 年：张凯的投资收益 = 50×34% = 17（万元）

第 7 年：张凯的投资收益 = 50×37% = 18.5（万元）

第 8 年：张凯的投资收益 = 50×40% = 20（万元）

投资项目 8 年后净值 = 50×20% = 10（万元）

项目的总收益 = 5+9+12.5+14+15.5+17+18.5+20 = 111.5（万元）

健身房投资金额为 50 万元，若定期存款即将到期，两年存款年利率为 2.25%，则定期存款现值 = 45×（1+2.25）^{2} = 47（万元）。加上活期存款 8 万元，张凯有足够的资金进行投资。

则该项目的净收益 = 总收益 - 总成本 = 110.5 - 50 = 50.5（万元）

（3）健身房投资为总额的 30%

张凯的投资金额 = 500×30% = 150（万元）

第 1 年：张凯的投资收益 = 150×10% = 15（万元）

第 2 年：张凯的投资收益 = 150×18% = 27（万元）

第 3 年：张凯的投资收益 = 150×25% = 37.5（万元）

第 4 年：张凯的投资收益 = 150×28% = 42（万元）

第 5 年：张凯的投资收益 = 150×31% = 46.5（万元）

第 6 年：张凯的投资收益 = 150×34% = 51（万元）

第 7 年：张凯的投资收益 = 150×37% = 55.5（万元）

第 8 年：张凯的投资收益 = 150×40% = 60（万元）

投资项目 8 年后净值 = 150×20% = 30（万元）

项目的总收益 = 15+27+37.5+42+46.5+51+55.5+60 = 334.5（万元）

以张凯家中现有的资产，是无法进行 150 万元的投资，故考虑借款。张凯家中现有活期存款 8 万元，定期存款 45 万元，若定期存款期限为两年，两年存款年利率为 2.25%，则定期存款现值 = 45×（1+2.25）^{2} = 47（万元）。即使张凯将定期存款取出，加上活期存款 3 万元，一共 50 万元，还需借款 100 万元。借款的 100 万元等获取利息 2 年后，分 3 年偿还，每年偿还 43 万元，共计 129 万元，其中利息 29 万元，从第 4 年可以收回成本。

则该项目的净收益 = 总收益 - 总成本 = 334.5 -（129+50）= 155.5（万元）

（4）健身房投资 50%

张凯的投资金额 = 500×50% = 250（万元）

每一年项目资产的折旧额 = 250×10% = 25（万元）

第 1 年：张凯的投资收益 = 250×10% = 25（万元）

第 2 年：张凯的投资收益 = 250×18% = 45（万元）

第 3 年：张凯的投资收益 = 250×25% = 62.5（万元）

第 4 年：张凯的投资收益 = 250×28% = 70（万元）

第 5 年：张凯的投资收益 = 250×31% = 77.5（万元）

第 6 年：张凯的投资收益 = 250×34% = 85（万元）

第 7 年：张凯的投资收益 = 250×37% = 92.5（万元）

第 8 年：张凯的投资收益＝250×40%＝100（万元）

投资项目 8 年后净值＝250×20%＝50（万元）

项目的总收益＝25+45+62. 5+70+77. 5+85+92. 5+100＝557. 5（万元）

以张凯家中现有的资产，是无法进行 250 万元的投资，故考虑借款。张凯家中现有活期存款 8 万元，定期存款 45 万元，若定期存款期限为两年，两年存款年利率为 2. 25%，则定期存款现值＝$45\times(1+2.25)^2$＝47（万元）。即使将定期存款取出，取出活期存款 3 万元，一共 50 万元，还需借款 200 万元。

其还款时间越久，利息越高，由于借款额度过大，在还款期间会出现无法偿还的情况，故不建议选择此种方式。

张凯家庭不同投资份额数据分析如表 5 和图 3、图 4 所示：

表 5　　不同投资份额的各数据汇总　　单位：万元

投资率份额	投资 0%	投资 10%	投资 30%	投资 50%
投资金额	0	50	150	250
第 1 年收益	0	5	15	25
第 2 年收益	0	9	27	45
第 3 年收益	0	12. 5	37. 5	62. 5
第 4 年收益	0	14	42	70
第 5 年收益	0	15. 5	46. 5	77. 5
第 6 年收益	0	17	51	85
第 7 年收益	0	18. 5	55. 5	92. 5
第 8 年收益	0	20	60	100
总收益	0	111. 5	334. 5	557. 5
项目现值	0	10	30	50
总净收益	0	50. 5	155. 5	未知

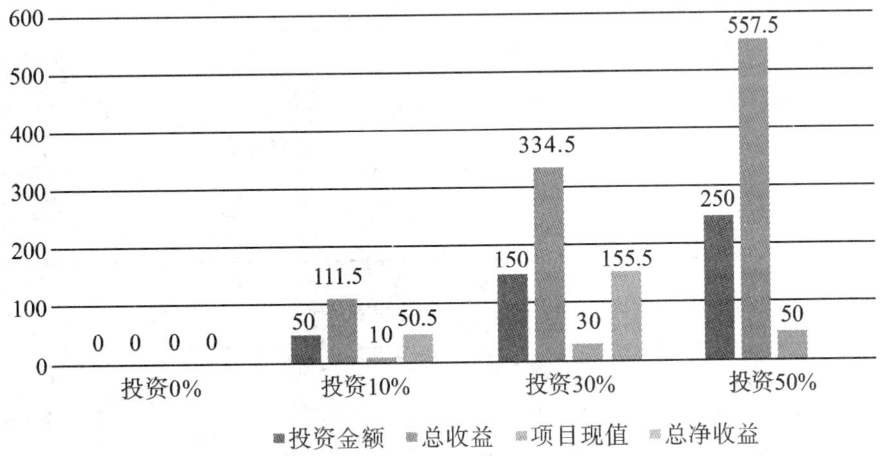

图 3　不同投资份额数据图（万元）

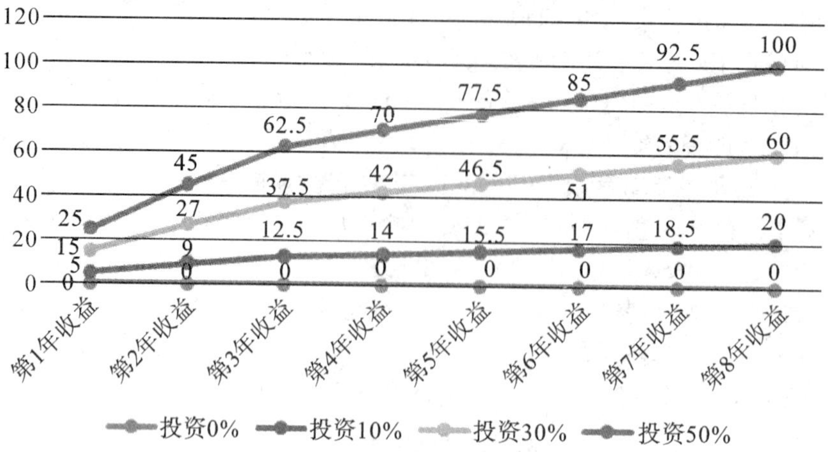

图 4　投资收益趋势图

经过以上大致分析，建议选择较为保险且投资收益率较高的方式，即健身房投资为总额的 30%。综上所述，健身房投资为总额的 30%，投资金额总计 150 万元，需向银行借款 100 万元，借款期限为 5 年，从第 3 年开始还款，投资净收益约为 155.5 万元。

3. 健身房投资建议

由上述数据分析可知，投资比例不同，其家庭负债、偿还期限、偿还期限中家庭结构、最后的总净收益也不同。通过对比，建议张凯投资健身房金额为总额的 30%，取出定期存款以及 3 万元活期存款，借款 100 万元，借款期限 5 年，从第 3 年开始还款，每年还款 43 万元，合计还款 129 万元，投资 8 年后总的净收益为 155.5 万元。

表 6 至表 11 为 2017—2022 年张凯还完健身房投资借款的现金流量表和资产负债表：

表 6　　2017 年现金流量表（年度）　　单位：元

现金流入项目	金额	现金流出项目	金额
工资薪金	200 000	生活支出	84 000
银行产品投资收益	2 250	医药费	4 000
		子女教育费用	30 000
现金流入总计	202 250	现金流出总计	118 000
净现金流量	84 250		

表 7　　2018 年现金流量表（年度）　　单位：元

现金流入项目	金额	现金流出项目	金额
工资薪金	200 000	生活支出	84 000
银行产品投资收益	2 250	医药费	4 200
健身房投资收益	150 000	子女教育费用	30 000

表7(续)

现金流入项目	金额	现金流出项目	金额
现金流入总计	352 250	现金流出总计	11 820
净现金流量	234 050		

表 8 2019 年现金流量表（年度） 单位：元

现金流入项目	金额	现金流出项目	金额
工资薪金	200 000	生活支出	84 000
健身房投资收益	270 000	医药费	4 410
		子女教育费用	30 000
现金流入总计	470 000	现金流出总计	118 410
净现金流量	351 590		

表 9 2020 年现金流量表（年度） 单位：元

现金流入项目	金额	现金流出项目	金额
工资薪金	230 000	生活支出	84 000
健身房投资收益	375 000	医药费	4 630. 5
		子女教育费用	165 000
		偿还借款	430 000
现金流入总计	605 000	现金流出总计	683 630. 5
净现金流量	−78 630. 5		

注：2020 年 9 月张凯孩子去美国读研。

表 10 2021 年现金流量表（年度） 单位：元

现金流入项目	金额	现金流出项目	金额
工资薪金	230 000	生活支出	84 000
健身房投资收益	420 000	医药费	2 431
		子女教育费用	300 000
		偿还借款	430 000
现金流入总计	650 000	现金流出总计	816 431
净现金流量	−166 431		

注：2012 年张凯父亲去世。

表 11 2022 年现金流量表（年度） 单位：元

现金流入项目	金额	现金流出项目	金额
工资薪金	230 000	生活支出	84 000
健身房投资收益	465 000	医药费	2 552. 55

表11(续)

现金流入项目	金额	现金流出项目	金额
		子女教育费用	250 000
		偿还借款	430 000
现金流入总计	695 000	现金流出总计	766 552.55
净现金流量	−71 552.5		

注：2022 年 9 月，张凯孩子开始读博。

（三）换车购车规划

1. 条件分析

张凯在进行健身房投资后，2018—2020 年，健身房收益为 79.5 万元，2020 年偿还贷款 43 万元，剩余 36.5 万元。

2021 年健身房收益 42 万元，加上之前剩余的 36.5 万元，合计 78.5 万元，偿还贷款 43 万元，则剩余 35.5 万元。

2022 年健身房收益 46.5 万元，足够偿还借款 43 万元，即剩余 3.5 万元。故加之 2021 年剩余资金，合计资金 38.5 万元。

由于教育投资在 2022 年所需偿还 34.608 万元，即 2022 年剩余收益 = 38.5 − 34.608 = 3.892（万元）。

由上述计算可知，健身房在第四年便能盈利，偿还货款时利用健身房投资收益。部分健身房收益用于教育还款，故换车计划需等到还款结束，即 2023 年可进行换车计划。

2. 换车计划

2023 年张凯可实行换车计划，汽车六年后现值 $=12\times(1-30\%)^6=1.4$（万元）

张凯将家中小汽车进行二手处理，获得收益为 1.4 万元。

7 年后，相比 2019 年 20 万元的新车价格 = 20×复利终值系数（$r=5\%$，$n=7$）= $20\times1.407=28.14$（万元）

购买新车所需费用 = $28.14-1.4=26.74$（万元）

2023 年健身房收益为 51 万元，购车支出 26.74 万元，则 2023 年收益剩余 = $51-26.74=24.26$（万元）。

（四）保险投资规划

由于 2017 年张凯、王婷的定期存款用于健身房投资，2017—2020 年净现金流用于教育经费，2020—2022 年健身房收益用于还款，2023 年张凯的孩子读博士生，全年共计费用支出约为 26 万元。故 2023 年健身房剩余收益可用于教育经费，余下的 1.8 万元由张凯夫妻二人的收入支付。此时张凯夫妻二人的收入还有盈余，可用于保险投资。

1. 健康保险投资

（1）张凯父母亲投 972 元/年的平安老年人综合保险（适用年龄 40~80 岁），其险别包括意外身故/残疾、意外伤害医疗、猝死、意外伤害骨折津贴、意外伤害住院津贴、火车地铁意外身故/残疾、公交车出租车意外身故/残疾、特色医疗服务。

（2）张凯为孩子投保，承保金额为 20 万的成人重大疾病保险，金额为 289.5 元/年；平安保险中包括一年期综合意外险，金额为 124.5 元/年。

（3）由于张凯夫妻有五险一金，故不投其他保险。

健康投保每年共计费用 = 289.5+124.5 = 1 386（元）

2. 家庭财产保险

（1）投保张凯王婷夫妻二人财产险，每人 296 元/年的家庭财产保险，其险别包括：房屋、房屋装修、室内财产、室内盗抢保障、水暖管爆裂损失、家用电器用电安全、居家责任等。

财产保险每年共计费用 = 296×2 = 592（元）

张凯每年保险投资共计 = 1 386+592 = 1 978（元）

表 12、表 13 为 2023 年换车和购买保险的现金流量表及资产负债表：

表 12　　**2023 年现金流量表（年度）**

单位：元

现金流入项目	金额	现金流出项目	金额
工资薪金	260 000	生活支出	84 000
健身房投资收益	510 000	医药费	2 680.177 5
二手车交易	14 000	子女教育费用	200 000
		购车费用	281 400
		保险费用	1 978
现金流入总计	784 000	现金流出总计	570 058.2
净现金流量	213 941.8		

表 13　　**2023 年家庭资产负债表**

单位：元

资产	金额	负债	金额
货币资金	76.72	负债	0
固定资产	178.14	所有者权益	0
资产总计	255.06	权益总计	0
净资产总计	254.86		

（五）理财产品投资规划

上述计算可大致知道，张凯在 2023 年有 76.72 万元的货币资金进行理财产品投资，故从 2024 年开始投资理财产品。因为张凯家庭的资产结构较为稳定，夫妻二人有稳定的工作、两套房产，孩子读博结束后，张凯王婷夫妻两人便无较大支出，且现在股市动荡，不推荐其购买股票。夫妻二人只投资收益率较为稳定的基金、债券、银行定期存款即可。

1. 理财产品的投资

银行定期存款：定期存款 20 万元，期限 5 年，定期存款率为 3%。

3 年后定期存款额 = [20×(1+3%)^5]×复利终值系数($r=5\%$, $n=5$) = 21.7×1.276 = 27.7(万元)

利息 = 27.7−20 = 7.7（万元）

基金产品投资：购买 20 万元的基金产品，期限 3 年，收益率 5%。

3 年后基金产品投资额 = [20×(1+5%)^3]×复利终值系数($r=5\%$, $n=3$) = 23.152 5×1.125 = 26(万元)

收益 = 26−20 = 6（万元）

债券产品投资：购买 15 万元的证券产品，期限 5 年，收益率 4%。

5 年后债券产品现值 = [15×(1+4%)^5]×复利终值系数($r=5\%$, $n=5$) = 17.55×1.276 = 22.4(万元)

收益 = 22.4−15 = 7.4（万元）

银行活期存款：存款金额 21.72 万元，存款率 0.3%。

（5）总的利息和 = 7.7+6+7.4 = 21.2（万元）

2. 投资分配

综合张凯家庭收入支出结构，将其家庭暂时用不到的资金用于投资，投资产品类别均很稳定，虽收益率不高，但其结构较为平衡，比较适合张凯家庭情况。其投资分配如图 5 所示：

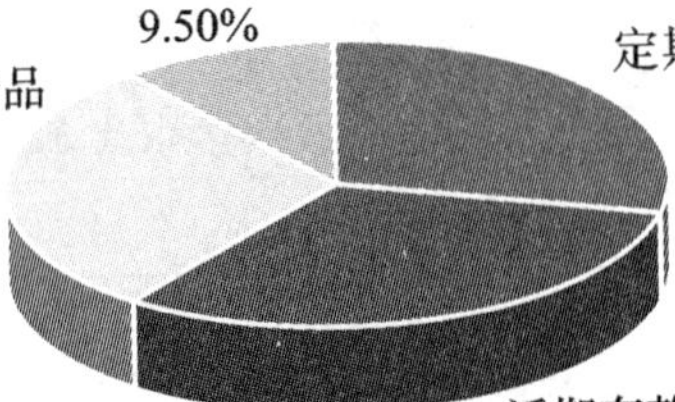

图 5　投资分配图

张凯于 2024 年购买基金债券，到 2030 年张凯退休时的现金流量表和资产负债表如表 14 至表 27 所示：

表 14　　2024 年现金流量表（年度）　　单位：元

现金流入项目	金额	现金流出项目	金额
工资薪金	260 000	生活支出	84 000
健身房投资收益	555 000	医药费	2 814.2
		子女教育费用	200 000
		基金投资	200 000
		债券投资	150 000
		保险费用	1 978
现金流入总计	815 000	现金流出总计	638 792
净现金流量	176 208		

表 15　　2024 年家庭资产负债表　　单位：元

资产	金额	负债	金额
货币资金	59.32	负债	0
固定资产	169.7	所有者权益	0
长期投资	35		
资产总计	264.02	权益总计	0
净资产总计	264.02		

表 16　　2025 年现金流量表（年度）　　单位：元

现金流入项目	金额	现金流出项目	金额
工资薪金	290 000	生活支出	84 000
健身房投资收益	600 000	医药费	2 955
活期存款利息	630	子女教育费用	200 000
		保险费用	1 978
现金流入总计	890 630	现金流出总计	288 933
净现金流量	601 697		

注：此时健身房的收益是最后一年。

表 17　　2025 年家庭资产负债表　　单位：元

资产	金额	负债	金额
货币资金	101.88	负债	0
固定资产	163.8	所有者权益	0
长期投资	36.6		
资产总计	302.28	权益总计	0
净资产总计	302.28		

表 18　　2026 年现金流量表（年度）　　单位：元

现金流入项目	金额	现金流出项目	金额
工资薪金	290 000	生活支出	84 000
活期存款利息	631.9	子女教育费用	200 000
		保险费用	1 006
现金流入总计	290 632	现金流出总计	285 006
净现金流量	5 626		

注：2026 年张凯的母亲去世。

表 19　　2026 年家庭资产负债表　　单位：元

资产	金额	负债	金额
货币资金	102.443	负债	0
固定资产	159.7	所有者权益	0
长期投资	38.3		
资产总计	300.443	权益总计	0
净资产总计	300.443		

表 20　　2027 年现金流量表（年度）　　单位：元

现金流入项目	金额	现金流出项目	金额
工资薪金	290 000	生活支出	84 000
活期存款利息	653.5	子女教育费用	200 000
基金现值	250 000	保险费用	1 006
房屋出租	42 000		
现金流入总计	582 653	现金流出总计	285 006
净现金流量	297 647		

注：2027 年，张凯购买的基金产品到期。

表 21　　2027 年家庭资产负债表　　单位：元

资产	金额	负债	金额
货币资金	132	负债	0
固定资产	156.8	所有者权益	0
长期投资	23		
资产总计	311.8	权益总计	0
净资产总计	311.8		

表 22　　2028 年现金流量表（年度）　　单位：元

现金流入项目	金额	现金流出项目	金额
工资薪金	258 000	生活支出	84 000
活期存款利息	670	子女教育费用	100 000
房屋出租	42 000	保险费用	1 006
现金流入总计	300 670	现金流出总计	185 006
净现金流量	115 664		

注：2028 年，王婷已退休，孩子于 2028 年 6 月博士生毕业。

表 23　　2028 年家庭资产负债表　　单位：元

资产	金额	负债	金额
货币资金	143. 57	负债	0
固定资产	154. 8	所有者权益	0
长期投资	24. 15		
资产总计	322. 51	权益总计	0
净资产总计	322. 51		

表 24　　2029 年现金流量表（年度）　　单位：元

现金流入项目	金额	现金流出项目	金额
工资薪金	278 000	生活支出	84 000
活期存款利息	700	保险费用	1 006
债券产品现值	224 000		
房屋出租	42 000		
现金流入总计	544 700	现金流出总计	85 006
净现金流量	459 694		

注：2029 年，张凯购买的债券产品到期。

表 25　　2029 年家庭资产负债表　　单位：元

资产	金额	负债	金额
货币资金	190. 64	负债	0
固定资产	153. 4	所有者权益	0
资产总计	344. 04	权益总计	0
净资产总计	344. 04		

表 26　　2030 年现金流量表（年度）　　单位：元

现金流入项目	金额	现金流出项目	金额
工资薪金	150 000	生活支出	96 000
活期存款利息	743	保险费用	1 006
房屋出租	45 600		
现金流入总计	196 343	现金流出总计	97 006
净现金流量	99 337		

注：2030 年，张凯退休。

表 27　　2030 年家庭资产负债表　　单位：元

资产	金额	负债	金额
货币资金	200.57	负债	0
固定资产	152.38	所有者权益	0
资产总计	352.95	权益总计	0
净资产总计	352.95		

（六）养老规划

1. 退休后现状分析

从 2023 年现金流量表和资产负债表可以看出，张凯夫妻退休后其支出较少，主要是日常生活及旅游等休闲活动的支出 96 000 元，每年净现金流量约为 10 万元，在 2023 年其净资产为 352.95 万元，货币资金约为 200 万元。

（1）假设张凯在退休后余寿 14 年，妻子退休后余寿 24 年，取均值 19 年。

（2）张凯退休后退休金 6 000 元/月，王婷 6 500 元/月，两人同时退休后家庭支出 8 000 元/月（包括旅游等休闲费用）。二人退休后生活费用设定如表 28 和表 29 所示：

表 28　　退休后生活费用目标设定

现在预估的生活费	退休后调整系数	希望退休后的生活费用
8 000 元/月	0.5	8 200 元/月

表 29　　退休后具体生活费用详细设定

支出项目	目前年支出（元）	退休后年支出（元）	复利终值系数（$n=19$）	退休后第一年支出（元）
饮食支出	70 000	60 000	1.754	105 240
休闲娱乐支出	4 000	21 000	3.026	63 546
医疗支出	4 000	5 000	2.527	12 635
教育支出	30 000	0	3.026	0
其他支出	10 000	12 400	2.527	31 335
生活总支出	118 000	98 400		212 756

2. 退休后费用计算

（1）退休后总费用=退休后年计划支出×评估退休后余寿=212 756×19=4 042 364（元）

（2）预测退休后年收入=退休金年收入=（6 500+6 000）×12=150 000（元）

（3）退休金年金缺口=退休后总费用−退休金年收入=212 756−150 000=62 756（元）

（4）退休金缺口总额=退休金年金缺口×退休后余寿=1 192 364（元）

3. 张凯退休后理财规划：

（1）购买旅游保险

若张凯夫妻二人在某月外出旅游，则购买 247 元/月的旅游保险。

（2）资产投资规划

现张凯累计货币资金200万元，退休后缺口总额约为120万元，剩余合计80万元。为防止意外事件，其中10万元用于活期存款，20万元用于定期存款，存款利率2.25%，存款时间10年，剩余50万元可以选择基金定投，每年投入5万元，则：

10年后累计的基金金额＝5×年金终值系数（i＝5%，n＝10）＝5×12.577 9
＝63（万元）

10年后定期存款本利和＝20×（1+2.25%）^{10}×复利终值系数（i＝5%，n＝10）
＝20×1.28×1.629＝41.7（万元）

10年后活期存款本利和＝10×复利终值系数（i＝5%，n＝10）＝10×1.629
＝16.3（万元）

最后累计额＝63+41.7+16.3＝121（万元）

退休10年后累计资金为121万元，保证了后来几年的养老生活质量。

四、综合评价

从第一部分家庭财务基本情况我们可知，若不进行投资，张凯家庭在孩子去美国读书期间会出现负值，直到其退休累计为负值38万元左右，且分析得出了其大概换车的时间秩序，为了缓解家庭中可能出现的资金压力，建议出租房屋。第一部分大概分析张凯现状及未来收支趋势，为进一步进行理财规划做好了理论铺垫。

在第二部分投资理财规划中，主要从教育规划、健身房规划投资、换车计划、保险规划、理财规划以及养老规划等方面讨论。

设计时首先考虑了张凯家庭必要支出即孩子教育规划，在孩子教育资金充足的情况下再考虑进行健身房投资。为了能有效地协调二者，在教育支出部分张凯可抵押价值65万元房屋用于孩子教育费用的贷款。由于健身房投资后的一段时间其资金先缺口再盈余，故选了选择了填补资金缺口于2024年进行换车。

从2024年到张凯退休，该家庭每年均有盈余，故张凯为孩子及父母买了相应的健康保险，为家庭买了相应的财产保险。换车、买保险后直到张凯退休，张凯家庭每年依旧有盈余，故进行了相应的理财投资。

理财投资选择了较为稳妥、风险较小、收益率一般的基金债券投资。基金投资选择3年是因为王婷退休后家庭支出较高，会出现负现金流量，故将到期的基金用于填补资金缺口。债券及定期存款选择5年是因为5年后张凯退休，退休后收支结构会发生相应的改变，为了方便资金的调整，故选择期限为5年。

在养老规划中首先大致计算退休金的总收入与退休后的支出，计算得出资金缺口，故先进行投资，投资期限较为分散，便于一段时期后有充足的资金。

从2017年的资产负债表到2030年的资产负债表可以看出，每个阶段的财务收支情况和家庭资产结构是不断变化的。从最初零负债低收益这种有缺陷的资产结构到后来有合理负债比例和较高收益水平的资产结构，再到后期零负债有相应收益的养老规划，期间总资产从2017年的230万元到2023年的352万元，净资产增加120万元，从粗略计算的无规划投资的2023年负总值32万元到有合理投资理财规划后盈利的120万元，有较好的收益，故总的来说此规划较为合理。

案例二

学生姓名：梁宇燕　　　　　指导教师：唐平

一、实验题目

王勇是重庆银行某支行行长，年收入 80 万元（收入都为税后）。妻子刘元元是重庆某重点高中特级教师，妻子年收入 15 万元（其中 7 万为上辅导班的课时费），每 5 年增长 10%。现在家庭有定期存款 30 万元，活期存款 3 万元，银行理财产品 50 万元（刚购买，6 个月后到期，保本年收益率为 5%），房屋 4 套，其价值 630 万元（其中一套值 380 万元）。一辆小汽车，现价 35 万元，计划两年后换车，新车购买费用 100 万元，折旧率按 40%计算。王勇在单位有“五险一金”，刘元元的单位是教育事业单位，医疗保险等有保障。平时家庭每月均开支 3 万元。夫妻两人没有炒股票理财的经验，也没有进行任何风险投资。

王勇家中有一儿子 17 岁，今年 9 月份，在重庆工商大学国际商学院“2+2（中法）”读大一，在国内每年学费及生活费 5 万元，在国外（法国 2 年）每年学费及生活费 30 万元。大学本科毕业后准备在美国留学，硕士学习时间为 2 年，每年学费及生活费 40 万元；博士学习时间为 4 年，每年学费及生活费 50 万元，攻读博士期间每年能领到科研经费和奖学金 25 万。

王勇家中还有自己的父母亲，父亲今年 70 岁，母亲今年 68 岁，他们都没有退休工资、医疗保险等，平均每季度的医药费为 3 000 元，每年按 10%的比率增长。刘元元还有自己的父母亲，父亲今年 69 岁，母亲今年 67 岁，父亲的退休工资每月 1 800 元，有医疗保险，母亲没有退休工资、医疗保险等，他们平均每季度的医药费为 2 400 元，每年按 10%的比率增长，每月生活开支均为 1 600 元。假如他们父母亲的生命周期分别为中国男性和女性平均寿命再延长 3 年进行计算。

王勇今年已经 47 岁，60 岁退休，妻子 44 岁，55 岁退休。王勇退休后每月能拿到退休金 6 500 元，刘元元每月能拿到退休金 4 500 元，两人同时退休后家庭月支出 5 万元（旅游休闲等享乐费用增加）。

请分析王勇家庭理财存在的问题，为王勇家庭进行合理的理财设计，主要包括孩子教育、家庭日常生活、金融投资理财、住房规划与投资理财、人身和财产保险、投资风险管理、退休生活、遗产等。

二、设计方案

（一）家庭基本情况分析

1. 家庭成员基本情况分析

王通家庭成员基本情况如表 1 所示：

表 1　　家庭成员基本情况表

家庭成员	年龄	职业	退休前税后年收入(万元)	离退休剩余年限	年退休工资(万元)	保障状况	身体健康状况
王勇	47	支行行长	80	13	7. 8	五险一金	健康
刘元元	44	特级教师	15（每五年增长 10%）	11	5. 4	医疗保险	健康
儿子	17	今年大一	—	—	—	—	健康
王父	70	退休	—	—	—	—	良好
王母	68	退休	—	—	—	—	良好
刘父	69	退休	—	—	2. 16	医疗保险	良好
刘母	67	退休	—	—	—	—	良好

2. 家庭生命周期分析

该案例的家庭为五口之家，王勇 47 岁，是重庆银行某支行行长；妻子刘元元是重庆某重点高中特级教师，夫妻二人的职业均较为稳定；儿子 17 岁，在读书；另外，王勇家中还有自己的父母亲，父亲今年 70 岁，母亲今年 68 岁；刘元元的父母亲单住，父亲今年 69 岁，母亲今年 67 岁。他们的家庭生命周期正处于成长期，由此可见他们的投资理财风险偏好较高。

3. 家庭年收入分析

王勇年收入 80 万元，刘元元年收入 15 万元（其中 7 万为上辅导班的课时费），每 5 年增长 10%。王勇父母亲没有退休工资，刘元元父亲的退休工资每月 1 800 元，母亲没有退休工资。儿子留美攻读博士 4 年期间，每年能领到科研经费和奖学金 25 万，可相抵学费及生活费 25 万，大大减轻了家庭支出负担。由此可见，该家庭家境殷实，投资能力强，可选择稍微风险较高的投资理财产品。王勇家庭年工资薪金收入情况如表 2 所示：

表 2　　家庭年工资薪金收入表　　单位：万元

收入	年份							
	2013—2017	2018	2019—2022	2023	2024—2025	2026—2040	2041—2045	2046
王勇工资	80	80	80	80	80	7. 8	0	0
刘元元工资	15	16. 5	16. 5	18. 15	5. 4	5. 4	5. 4	0
刘父退休金	2. 16	0	0	0	0	0	0	0
儿子的科研经费和奖学金	0	0	25	0	0	0	0	0
总收入	97. 16	96. 5	121. 5	98. 15	85. 4	13. 2	5. 4	0

4. 家庭年度支出情况

家庭基本支出（退休前）：3 万元/月，即 36 万元/年，约占家庭月收入的 37. 89%。

家庭基本支出（退休后）：5 万元/月，即 60 万元/年。

王勇父母医疗费支出：3 000 元/季度，即 1. 2 万元/年，每年增长 10%。

刘元元父母医疗费支出：2 400 元/季度，即 0. 96 万元/年，每年增长 10%。

刘元元父母家基本生活支出：1 600 元/年，即 1. 92 万元/年。

儿子教育费用支出：本科国内 2 年，5 万元/年；本科国外 2 年，30 万元/年；留美读硕 2 年，40 万元/年；留美读博 4 年，50 万元/年。

具体分析如下：

（1）家庭基本支出分析

王勇今年已经 47 岁，60 岁退休，妻子 44 岁，55 岁退休。两人退休后家庭月支出 5 万元（旅游休闲享乐费用增加）。王勇于 2026 年退休，刘元元于 2024 年退休。2026 年夫妻二人均已退休。王勇家庭年度基本支出如表 3 所示：

表 3　　家庭年度基本支出表

项目	退休前	刘元元退休	两人同时退休后
	2013—2023 年	2024—2025 年	2026 年
家庭基本支出（万元）	36	36	60

（2）教育费用分析

王勇儿子 2013—2017 年在读本科，2017—2019 年留美攻读硕士，2019—2023 年留美攻读博士。假设其儿子的学费及生活费均在每一学年开学时一次性给付，且学费均不增长，则可制教育费表（表 4）：

表 4　　教育费表

项目	年份										
	2013	2014	2015	2016	2017	2018	2019	2020	2021	2022	2023
教育费用(万元)	5	5	30	30	40	40	50	50	50	50	0

经分析得出，王勇儿子从本科到博士毕业 10 年，教育费用 = 350 - 25 × 4 = 250（万元）。

（3）父母医疗费用及生活费分析

王勇父亲今年 70 岁，母亲今年 68 岁，没有医疗保险等，平均每季度的医药费为 3 000 元，并每年按 10%的比率增长。刘元元父亲今年 69 岁，母亲今年 67 岁，父亲有医疗保险，母亲没有医疗保险，他们平均每季度的医药费为 2 400 元，每年按 10%的比率增长，每月生活开支均为 1 600 元。假如他们父母亲的生命周期分别为中国男性和女性平均寿命再延长 3 年进行计算。

查阅中国年鉴，可得知人的平均寿命为：男性为 72 岁，女性为 77 岁。从上可得王勇家庭寿命状况（见表 5）：

表 5　　　　王勇家庭寿命状况表

成员	年龄	距离预期死亡剩余年限，包括今年（年）
王父	70	5
王母	68	13
刘父	69	7
刘母	67	14
王勇	47	29
刘元元	44	37

由此可见，王父将于 2018 年去世，2018 年的王勇父母的医疗费将会减半。2025 年王母将会去世，此年王勇父母的医疗费为零，生活费因与王勇同住，忽略不计。2019 年刘父去世，刘元元父母的生活费和医疗费均会减半。2026 年刘母将去世，此年刘元元父母的医疗费和生活费将会为零。假设其父母去世时间均为年初第一天。可得到生活费和医疗费年度表（见表 6）：

表 6　　　　生活费和医疗费年度表　　　　单位：万元

项目	年份														
	2013	2014	2015	2016	2017	2018	2019	2020	2021	2022	2023	2024	2025	2026	2027
王父母医疗费	1.20	1.32	1.45	1.60	1.76	0.97	0.53	0.58	0.64	0.71	0.78	0.86	0.94	0.00	0.00
刘父母医疗费	0.96	1.06	1.16	1.28	1.41	1.55	0.85	0.94	1.03	1.13	1.24	1.37	1.51	1.66	0.00
刘父母生活费	0.16	0.16	0.16	0.16	0.16	0.16	0.08	0.08	0.08	0.08	0.08	0.08	0.08	0.08	0.00

分析：在每位老人均走完生命终点时，王勇父母共需要医疗费 13.33 万元，刘元元父母共需要医疗费 17.13 万元。四位老人总共需要医疗费 30.46 万元。

5. 家庭财务状况分析

家庭现有定期存款 30 万元；活期存款 3 万元；银行理财产品 50 万元（刚购买，6 个月后到期，保本年收益率为 5%）；房屋 4 套，其价值 630 万元（其中一套值 380 万元）；一辆大众牌的 Scirocco 尚酷 09 款小轿车，现价 35 万元，计划两年后换车，新车购买费用 100 万元，折旧率按 40%计算。

假设该家庭无房贷无负债，定期存款 30 万元，于 2013 年 7 月 11 日存于中国工商银行，期限为一年。银行理财产品也于 2013 年 7 月 11 日购买。因此 2013 年年末无金融资产投资收益。

由工商银行官网可查到工行人民币存款利率表（见表 7）：

表 7　　　　工行人民币存款利率表

项目	年利率%
一、城乡居民及单位存款	

表7(续)

项目	年利率%
（一）活期	0.35
（二）定期	
1. 整存整取	
三个月	2.85
半年	3.05
一年	3.25
二年	3.75
三年	4.25
五年	4.75
2. 零存整取、整存零取、存本取息	
一年	2.85
三年	2.9
五年	3
3. 定活两便	按一年以内定期整存整取同档次利率打6折
二、通知存款	
一天	0.8
七天	1.35

王勇家在不进行任何投资理财情况下，2013年年末收支情况如表8所示：

表8　　2013年年末家庭收支表

收入	金额（万元）	支出	金额（万元）
投资收入	51.25	日常生活支出合计	37.92
工资薪金合计	97.16	王勇家生活支出	36
王勇工资薪金	80	刘元元父母家生活支出	1.92
刘元元工资薪金	15	儿子的教育费用	5
刘元元父亲退休金	2.16	医疗费用	2.16
收入合计	148.41	支出合计	45.08

由此表，可以得出该家庭2013年年度总收入为148.41万元，每月总收入约为8.097万元；年度总支出为45.08万元，除教育费用5万元外，每月总支出3.4万元。而该家庭的活期存款为3万元，根本无法满该家庭的日常生活的必要支出。

（二）设计方案的预期目标

设计人员在对家的基本情况进行了解后，提出家庭的理财规划方案，主要对王勇家庭的教育、家庭日常生活、金融投资理财、住房规划与投资理财、人身和财产保险、投资风险管理、退休养老、遗产以及风险保障等方面进行规划，希望在确保该家庭生活质量不下降的前提下，通过合理的理财策略实现几十年内家庭财富的稳定增值，并获得较大的投资收益，取得更好的生活保障，使生活稳定无忧。

具体的理财目标为：

第一，合理配置资产及进行投资以获得更高的收益；

第二，为孩子的成长教育提前预备准备金；

第三，为双方家人做好各方面保障；

第四，规划夫妻二人的养老计划及遗产规划。

（三）家庭目前财务状况具体分析

1. 家庭资产情况分析

王勇家庭资产负债情况如表 9 所示：

表 9　　资产负债表

资产	金额（万元）	负债与净资产	金额（万元）
库存现金（活期存款）	3	负债	0
定期存款	30	—	—
银行理财产品	50	—	—
金融资产小计	83	—	—
房产	630	—	—
汽车	35	—	—
实物资产小计	665	净资产	748
资产合计	748	负债与净资产合计	748

由此，可知该家庭财产分布情况，如图 1 所示：

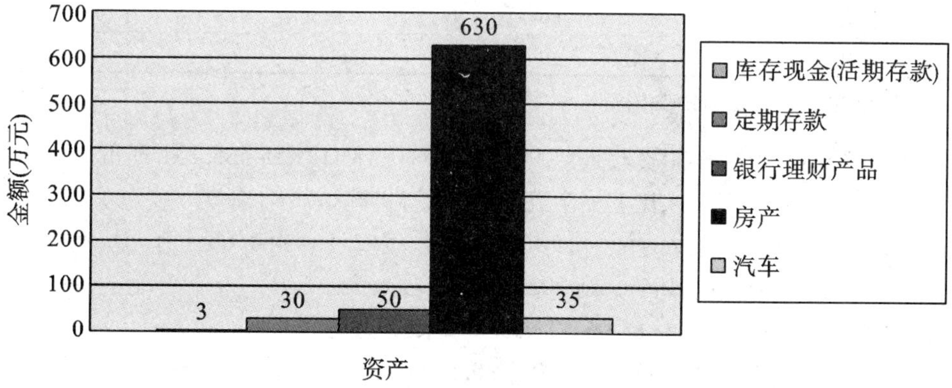

图 1　王勇家庭财产分布图

由此可见，该家庭的房产占据该家庭财产的比重最大，其次为银行理财产品、汽车、定期存款，比重最小的为活期存款。分析可得出该家庭的资产投资过于集中，应急准备金不足。银行理财产品投资比重过大，收益不大。

2. 家庭资金流动情况分析

(1) 王勇家庭在不进行任何投资理财情况下的资金流量情况（2013 年年末）

未进行投资时，王勇家庭资金流量情况如表 10 所示：

表 10　家庭现金流量表

收入	金额（万元）	支出	金额（万元）
投资收入（共 6 个月）	0	日常生活支出合计	37.92
工资薪金合计	97.16	王勇家生活支出	36
王勇工资薪金	80	刘元元父母家生活支出	1.92
刘元元工资薪金	15	儿子的教育费用	5
刘元元父亲退休金	2.16	医疗费用	2.16
收入合计	97.16	支出合计	45.08

注：活期存款的利率非常低，且期限不确定，因此忽略不计活期存款所得利息收入。

(2) 王勇夫妻二人均未退休时的现金流量情况分析

未进行投资时，王勇夫妻二人均未退休时的现金流量情况如表 11 所示：

表 11　王勇夫妻二人均未退休时现金流量表（2013—2023 年）

收入	金额（万元）	支出	金额（万元）
2013—2017 年工资收入	485.8	生活开支（11 年）	412.32
2018—2022 年工资收入	484.66	购买新车	100
2023 年工资	98.15	儿子大学教育费	70
理财产品收入	51.25	儿子硕士教育费	80
旧车折旧收入	14	儿子博士教育费	200
研究经费和奖学金	100	老人的医药费	24.14
总计	1 233.86	总支出	886.46
净收入	347.4		

注：该表的工资收入包括刘父的退休金在内。

其中，2013—2017 年工资收入 $=(90+15)\times5+0.18\times12\times5=485.8$（万元）

2018—2023 年工资收入比上一个五年增加了 10%。

2018—2023 年工资收入 $=[80+15\times(1+0.1)]\times5+2.16=484.66$（万元）

2023 年工资再次上涨 10%，则 2023 年工资收入为：

2023 年工资收入 $=16.5\times(1+0.1)+80=98.15$（万元）

2014 年理财产品收入 $=50\times(1+0.05)\times0.5=51.25$（万元）

旧车折旧收入 $=35\times0.4=14$（万元）

这 11 年期间家庭的净收入为 347.4 万元，年均净收入约为 31.58 万元。

(3) 王勇未退休而刘元元退休时的现金流量情况分析

王勇未退休而刘元元退休时的现金流量情况如表 12 所示。

表 12　　王勇未退休而妻子退休时现金流量表（2024—2025 年）

收入	金额（万元）	支出	金额（万元）
王勇工资	160	生活开支（2 年）	73.92
妻子退休金	10.8	老人医药费	4.67
总计	170.8	总支出	72
净收入	98.8		

（4）夫妻二人均退休且健在时的每年的现金流量情况分析

夫妻二人均退休且健在时的每年现金流量情况如表 13 所示：

表 13　　夫妻二人均退休且健在时每年现金流量表（2026—2040 年）

收入	金额（万元）	支出	金额（万元）
退休金	13.2	年生活费	60
净收入	-46.8		

（5）王勇去世而刘元元健在时的每年现金流情况忽略不计，原因在于刘元元独自一人且处于高龄年纪，旅游休闲费用大大减少。

综上可见：在夫妻双方均未退休时，家庭收入颇高，对于抚养儿子完成大学或者赡养老人来说完全没有任何负担。然而随着夫妻双方逐渐退休，即使儿子已长大成人无需抚养，双方父母相继离世，但是王勇夫妇的年净收入逐渐减少，最后变为入不敷出，每年净收入为-46.8 万元。随着年龄的增加，这个缺口将逐渐放大。因此，需要进行合理的理财规划，积累更多的财富，以安享晚年。

同时，由于该家庭收入颇高，在夫妻双方均未退休时（2013—2025 年），若不进行理财仍可积累 446.2 万元的财富，加上之前期拥有的存款 33 万元、房产 630 万元，总共拥有资产 1 109.2 万元，属于拥有较多财富的家庭，有一定的风险承担能力，更近一步确定该家庭属于成长型的投资理财对象。

（四）家庭理财方案设计

1. 总的资金分配

2013—2017 年，夫妻二人每年的工资收入为 95 万元。每年从工资收入中拿出 10 万元支付儿子的两份保险理财产品的保费。每个月均从夫妻二人的工资收入中取出 6 万元作为活期存款，用作生活的必要支出和应急准备金。50 万元银行理财产品到期后取本及收益，全部用于够换新车。30 万元定期存款的一年期利息收入一部分作为够换新车费用（0.845 万元），一部分作为活期存款。活期存款支付三位老人的商业医疗保险费。

2. 现金规划

2013—2017 年，每个月均从二人的工资收入中取出 6 万元作为活期存款，用作应急准备金。因 2013 年银行账户已有 3 万元活期存款，现在需从夫妻二人的工资收入中再取出 3 万元作为活期存款。现在已是 7 月，所以 2013 年总共从夫妻二人的工资中扣除 33 万元作为活期存款。2014—2017 年总共从夫妻二人的工资中扣除 288 万元作为活期存款。因此这2013—2017年，总共需要活期存款321万元。

3. 金融投资理财规划

（1）30万定期存款的投资规划

30万定期存款在2014年7月11日到期后，本息和一次性取出，再用30万元改作5年期的定期存款。按照工商银行最新的人民币存款利率表，一年期的定期存款利率为3.25%，五年期的为4.75%。

因此，2014年7月11日，该笔存款价值=30×(1+3.25%)=30.975万元

所以利息收入为0.975万元。该笔利息0.845万元用作购换新车，剩余部分作为活期存款。

2019年7月11日（即五年到期后），该笔存款价值为：

$30\times(1+4.75\%)^5=39.064$（万元）

（2）50万元银行理财产品的投资规划

假设50万银行理财产品在2013年1月11日购买，6个后到期，保本年收益率为5%。到期后不取本息，每六个月到期后重新购买，则2015年1月11日后，该笔银行理财产品价值$=50\times(1+5\%/2)^3=53.845$（万元）。到期后该笔存款用于购换新车。

4. 教育规划

由于王勇儿子的教育费用占据了家庭开支的比重过半，必须对儿子的教育费用做提前准备。王勇儿子已经年满17周岁，市场上并没有合适的教育基金可供购买，所以可以给他选择中国人寿保险的《国寿福禄享两全保险》（分红型），购买期为3年到期型（2013—2016年），每年支付保费5万元，共计15万元保费，三年之后（2016年）一次性可以获得25.1658万元，可把这份金额用于儿子大四的教育费用；一份5年期型（2013—2018年），每年支付保费5万元，共计25万元保费，五年之后（2018年）一次性可领到42.2488万元，可把这份金额用于儿子硕士第二年的教育费用。同时这两份保险理财产品还可以根据投保金额享受公司的每年分红（分红具有不确定性，这里忽略不计）。保费计算情况见图2和图3。

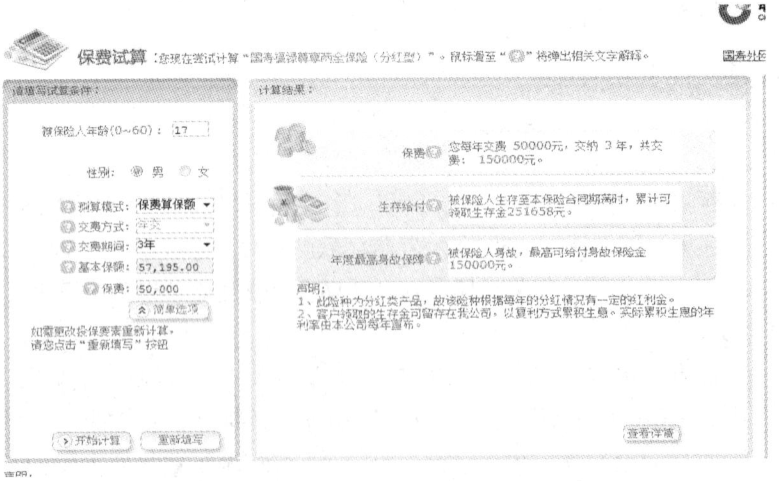

图2 保费试算（1）

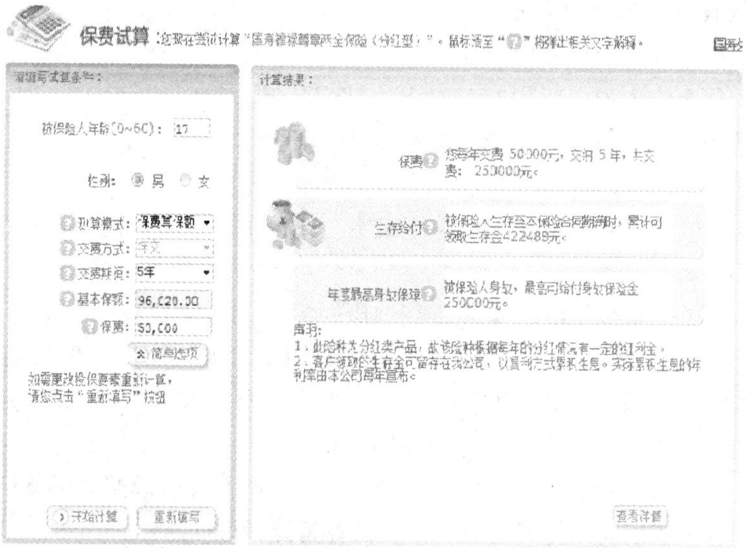

图 2　保费试算（2）

5. 汽车消费规划

现在王勇拥有一辆大众牌的 Scirocco 尚酷 09 款小轿车，现价 35 万元，计划两年后换车，新车购买费用 100 万元，折旧率按 40%计算。推荐购买一辆性能较好的时尚新款保时捷 Cayman S，现在市场价为 1 052 000 元（含增值税）。按照现在的市场行情，两年之后将降价为 100 万元或者更低价格。同时，该车较为时尚且不易过时，几年之后，儿子使用亦适合。Scirocco 尚酷 09 款小轿车年度价值如表 14 所示：

表 14　　Scirocco 尚酷 09 款小轿车年度价值表　　金额：万元

项目	2013 年	2014 年	2015 年
折旧后的价值	35	21	12. 6

王勇打算两年后（即 2015 年）换车，旧车出售后收入 12. 6 万元，购买新车花费 100 万元，实际需要花费 87. 4 万元。建议一次性付款。

2015 年 50 万银行理财产品价值 53. 845 万元全部用作购换新车，还需 33. 845 万元。车款剩余部分从夫妻二人的工资中取 30 万元，再从 30 万元定期存款的利息收入中取出 0. 845 万元。

6. 住房投资与规划

由实验题目可知刘元元父母单独居住。由此假设 4 套房，2 套自己居住（一套价值 380 万元的洋房，一套价值 70 万元的精装小户型房）；剩余 2 套，一套按现在的市场价值立即卖出值 90 万元，一套按 1 600 元/月出租，租期一年。在双方父母去世后可留给儿子。则剩余两套房屋可进行投资。这并不是最理想的租金收入。根据现在重庆房地产市场价格，繁华商圈的商铺购买价格为 16 万～18 万元/每平方米，而铺面租金为元 1 万元/月，铺面租金比住房租金收入可观，因此可以将闲置的两套房屋卖出获得 180 万元。这里按最高价 18 万元/每平方米购买一个 10 平方米商铺，出租后每月可收入租金

1 万元/月（年收益率为 6%）。则：

2013 年的租金收入为：1×5=5（万元）

2014 年的租金收入为：1×(1+6%)×12=12.72（万元）

2015 年的租金收入为：$1\times(1+6\%)^2=13.48$（万元）

……

以此类推，11 年后就收回全部的购买成本。以后每年可享受租金收入及收益。

7. 养老及保险规划

退休前，王勇是家庭经济的支柱，其健康对家庭的影响比较大。王勇为重庆银行某支行行长，享受“五险一金”，但并没有很好的社会福利，所以要做长期打算。建议他选择中国人寿的《国寿福禄金樽两圈保险》（分红型），2013 年 7 月 20 日购买五年期，每年交保费 22.157 0 万元，总计 110.785 万元保费，五年到期一次性可领取 142.885 万元。既可以进行投资分红，又可以保障意外事故的理赔。满 65 周岁还可以领取祝寿金，养老规划同样得到解决。保费试算情况如图 3 所示：

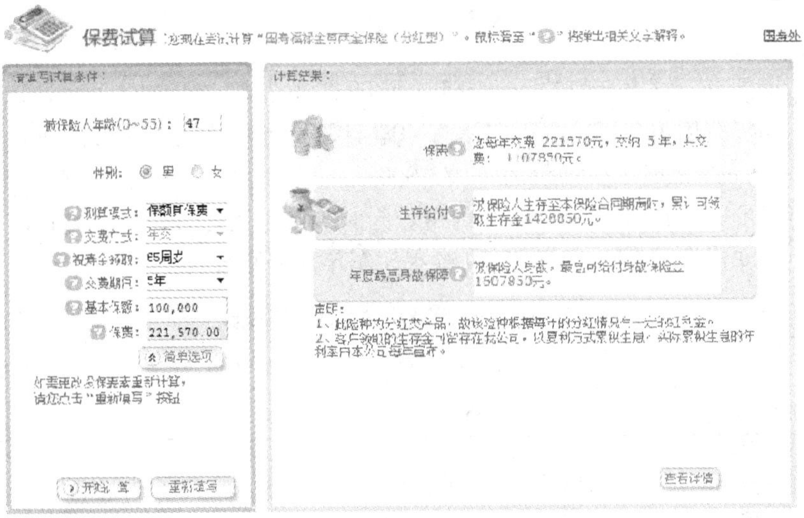

图 3　保费试算（3）

该家庭四位老人的年纪都比较大，均在 65 岁以上。鉴于此高龄年纪，很少有合适的医疗保险产品，且年老多疾病，每年的医药费都以 10%的比例在增加，容易出现意外疾病，因此有必要给老人的医疗保险做一份投资。又因刘元元的父亲有医疗保险，所以可以不再做保险投资。经过分析，建议给三位老人每人购买一份中国平安保险的《健康保险》，适用于 40~80 岁人群，138 元/年，持续购买到各位老人去世。

王勇父亲总共需要保险费 690 元，刘父需要保险费 828 元，刘母需要保险费 1 794 元。三人共需要保险费 3 312 元。

王勇的儿子没有收入，需要的教育费用在家庭经济中的比重较大，在学校也有统一购买意外伤害保险和社区医疗保险，而且上学是长期住校的，发生意外的风险也较小，所以不需要再给他另买其他保险了。

王父今年 70 岁，假设 75 岁（2018 年）去世；王母今年 68 岁，假设 80 岁（2025 年）去世。他们均没退休工资，没医疗保险，平均每季度医药费为 3 000 元，且每年按 10%比例增长。预计王勇夫妇每月给每位老人 1 500 元做生活费。则需要给付王父 5 年生活费为 90 000 元，给付王母 12 年生活费为 216 000 万元。刘父今年 69 岁，假设 75 岁（2019 年）去世；刘母今年 67 岁，假设 80 岁（2026 年）去世。刘父有退休金，足够老两口每月开支，则王勇每月给每位老人 500 元表示孝心。则支付刘父 6 年生活费为 36 000 元，支付刘母 13 年生活费为 78 000 元。

从现在开始储蓄养老金，每个月将 10 000 元铺面收入用于基金定投，预计基金定投收益率为 5%，则到王勇夫妻均退休（2026 年年末），这 13 年定投最终可以获得收益为：10 000×{[(1+5%/12)×(12×13)-1]×(1+5%/12)÷(5%/12)}=2 200 223.47(元)。

8. 遗产规划

在未进行理财时，王勇家庭的资产无法维持到王勇夫妇离世之前，并且在儿子出国留学的几年家里将会入不敷出。通过合理设计理财方案，对王勇家活期存款、定期存款做了调整，将原有四套房产变为 2 套房产及 1 间收入可观的商铺，并为家人以及贵重的家庭财产购买保险，同时将闲置资金合理地进行投资，最终实现在王勇夫妻去世后仍能留下 650 万元的固定资产，457.38 万元的流动资金。

其中，650 万元固定资产包括 380 万元花园洋房 1 套，70 万元公寓 1 套，200 万元商铺 1 间。由于儿子已成家立业多年，拥有自己的物业，故可将 380 万元的花园洋房和 70 万元的公寓用于出租或者出售。洋房若出售，二手房售价约为 350 万元，出租租金可达 8 000 元/月。公寓出售，二手房售价约为 60 万元，出租租金为 1 400 元/月。商铺仍用于出租，由于经济发展，铺租会上涨，约为 18 000/月。

将夫妇留下的流动资产变现，约为 457.38 万元。可将其中 200 万元以儿子的名义捐赠给红十字会，让红十字会基金组织运营基金，可将收益留给儿子或者给儿子作创业基金使用，剩下 198.32 万元由儿子自行支配。

（五）理财方案分析

1. 不做任何理财投资的资产分析

王勇儿子从本科到博士毕业 10 年，教育费用=350-25×4=250（万元）。以下以 10 年为期计算 10 年收支结余（不包括教育费用）。

家庭总收入=工资薪金+刘父的退休金=968.4（万元）

4 位老人总共需要医疗费 22.11 万元。

家庭日常生活支出（包括刘元元父母生活费）=36×10+15.36=375.36（万元）

10 年间收支结余（不包括教育费用）=968.4-22.11-375.36=570.93（万元）

由此可见，仅靠夫妻二人的工资与刘父的退休金就可以应付儿子 10 年的教育费用。因此闲置的 570.93 万元可以用作投资，以获取更多的投资收益，使生活质量更好。

2. 理财后的投资分析

假设该家庭无房贷无负债，定期存款 30 万于 2013 年 7 月 11 日存于中国工商银行，期限为一年。银行理财产品也于当年 7 月 11 号购买。所以 2013 年年末无金融资产投资收益。假设两种金融投资到期后：

定期存款一年期本息和 = 30×(1+3.25%) = 30.975（万元）

利息收入 = 30.975-30 = 0.975（万元）

银行理财产品投资收益 = 50×(1+5%÷2)-50 = 1.25（万元）

理财后，王勇夫妻二人均未退休时现金量情况如表 15 所示，王勇未退休而妻子退休时现金流量情况如表 16 所示，夫妻二人均退休且健在时每年现金流量情况如表 17 所示，王勇去世至刘元元去世期间现金流量情况如表 18 所示。

表 15　　王勇夫妻二人均未退休时现金流量表（2013—2023 年）

收入	金额（万元）	支出	金额（万元）
2013-2017 年工资收入	475	生活开支（11 年）	412.32
2018-2022 年工资收入	482.5	购买新车	100
2013 年工资	98.15	儿子大学教育费	70
理财产品收入	51.25	儿子硕士教育费	80
旧车折旧出售收入	12.6	儿子博士教育费	200
研究经费和奖学金	100	老人医药费	24.14
商铺租金收入	167.65	商铺购买成本	180
王勇的保险理财收入	142.885	王勇的保险产品费	22.157
儿子的两份保险理财产品收入	67.414 6	儿子的两份保险的保费	40
		三位老人医疗保险费	0.207
总计	1 597.449 6		1 128.617
净收入	468.832 6		

表 16　　王勇未退休而妻子退休时现金流量表（2024—2025 年）

收入	金额（万元）	支出	金额（万元）
王勇工资	176.4	生活开支（2 年）	72
妻子退休金	10.8	老人医药费	0.041 4
租金收入	46.93		
总计	234.13	总计	72.041 4
净收入	162.088 6		

表 17　　夫妻二人均退休且健在时每年现金流量表（2026—2040 年）

收入	金额（万元）	支出	金额（万元）
退休金	13.2	年生活费	60
净收入	-46.8		

表 18　　王勇去世至刘元元去世期间现金流量表（2042—2049 年）

收入	金额（万元）	支出	金额（万元）
退休金	37.8	年生活费	210
定期存款 10 万本息和	41.04	人身保险金（1 人）	3.5
		房屋财产险	0.83
总计	78.84	总计	214.33
净收入	-135.49		

经过理财，王勇家固定资产剩余 650 万元，流动资产剩余 457.38 万元。由此可做合理的遗产规划。

（六）监督与评估

由于中国经济的变化呈上升趋势，各项家庭资产理财投资方式要适时调整，贯彻“定期再平衡”原则，理性投资，尽量使家庭的投资理财收益更大。

投资理财案例篇

经典家庭理财案例分析

案例一　三十而立的家庭理财

一、家庭基本状况

子曰：三十而立。对于30岁的小林来说，而立之年已经打下了良好的事业基础，事业蒸蒸日上，日子红红火火，但在家庭理财上却有些美中不足的地方。

小林夫妇正处于事业的早期阶段，月固定收入为13 000元，收入有较大的上升空间。双方父母健康，但由于两人每月仅有2 000元余额，其抵抗突发风险的能力较小。他们拥有一套自住房，5年后将拆迁，但这套住房并不符合小林夫妇的居住要求。另外，两人还拥有镇区宿舍一套，无装修、无出租。

他们目前的理财目标包括：在社区购置一套70万元左右的二手房，购置20万~25万元的凯美瑞轿车一辆。另外，林太太想增加生活开支以提高生活质量。

二、建议——换房先行买车其后

建议一：出售自住房，购买二手房

小林夫妇拥有较大份额的固定资产，但流动资产不足，可将现有住房出售，以换取流动资金。目前其自住房产处于城区中心地带，参考当地二手房报价，价格为每平方米5 000~6 000元，预计可售40万元。

如果购置价值70万元左右的二手房产，住房按揭支付，首付3成，即21万元，剩余49万元办理二手住房按揭贷款。由于小林拥有公积金账户，其中30万元可以申请个人住房公积金贷款，通过计算，10年期个人住房按揭贷款月付为5 386元（3 161元+2 225元）。

建议二：装修并出租镇区宿舍

出售现有房产之后，小林家庭将拥有46万元流动资金（40万元房款+2万元存款+4万元住房公积金），减去21万元新房首付，5万元税费等费用，仍有20万元节余，可用来装修镇区宿舍，获取租金收入，装修费用6万元左右。出租后，每月可获得3 000元租金收入，扣除财产租赁所得税20%，剩余2 400元。

此时，小林夫妇月入10 080元（7 680元+2 400元），扣除新房月供与适当保险费之后，每月结余4 600元。流动资产14万元，减除5万元备用应急款，剩余资金为9万元。

建议三：3 年以后买车更划算

小林夫妇已有两处按揭房产，不宜在此时购车，避免承担过多风险，最好 3 年以后再购车。首先，40 个月过后，25 万元 5 年期的贷款还清，月收入会增加 4 000 元。其次，以目前 10 万元闲置资金加上每月 1 500 元左右剩余现金，通过合理投资，如购买基金等，只需 8%左右的年收益，便可在 3 年内升值到 20 万元。最后，小林太太对生活的需求不可忽视，每季度此项支出应该增加，如果购车，则为此项支出带来不便。

案例二　80 后家庭理财圆梦计划

1981 年出生的马金波是上海一家大型美资企业的资深采购专员，税后月收入 9 000 元。马太太小于是上海一家私营企业的办公室行政人员，月收入 2 500 元。这对“80 后”小夫妻 2006 年春节结婚，如今女儿已经 7 个月大了。一家三口，其乐融融。

一、家庭财政状况

1. 女儿出生开支稍增

“现在，女儿每个月的奶粉钱、尿布钱开销在 1 200 元左右。虽然我父母都过来帮忙了，但还是请了个阿姨每天来做午饭和晚饭，一周做五天半，每个月也要 1 000 元。所以，比起以前生活状况，现在的开销要大一点，每个月开支为 4 000~4 500 元。”虽然生活开销比以前增加了，但谈起女儿的诞生，小马夫妇还是一脸的幸福状。

此外，两人每个月还要偿还 1 000 元的住房按揭贷款，因此他们目前每个月结余 6 000 元左右，如表 1 所示。

年度性收支方面，夫妻年终奖共有 2 万元左右，目前的资产能带来的年存款利息收入在 5 000 元左右。扣除 7 000 元的家庭保险费用和 3 000 元的各类杂费，他们的年度性结余达到 15 000 元，如表 2 所示。

2. 今年开始尝试投资

家庭资产方面，马先生夫妇目前活期存款有 6 万元，定期性存款达到了 14 万元，其家庭资产负债情况如表 3 所示。

“我们在投资方面一直都不擅长，属于最低级的菜鸟族。只是去年以来，周围的亲戚朋友一直在谈论股票、基金，我们从今年春节后才开始分两次买了点基金，前后一共投入 2 万元，现在市值 3 万元左右。对于目前的收益，我们已经相当满意了，因为我们当时心里的目标收益率只要高于房屋贷款利率就行了。不知道接下去的时间，我们是否还需要增加在基金方面的投资呢？如何搭配比较适合我们这样的家庭情况？”谈起自己的投资理财经历，小马显得有些不好意思。

3. 房贷压力不大，计划买车

此外，他们现有的一套住房目前市场价在 90 万元左右。他们 2006 年年初买入该房，总价为 70 万元，当初做了 20 万元的按揭贷款，因为小马公司有公积金，每个月公积金冲贷可以抵扣不少，因此现在每个月现金还贷方面只需要 1 000 元左右。目前房贷本金余额大约还有 18 万元。

他们的家庭总资产目前为 113 万元，净资产为 95 万元左右。

"我们计划明年购买一辆8万~10万元的家用汽车，因为感觉现在有孩子了，如果有辆车更方便些，不知道是否合理？是否需要购买上海牌照，还是使用苏浙一带的牌照就可以了？"

4. 家庭保障是否合理

保险方面，马先生和太太都有社会基本保障"四险一金"。商业保险方面，目前马先生自己有一份10万元额度的重大疾病保险，孩子今年初一出生就在代理人推销下购买了一份10万元额度的少儿教育金险附加1万元额度的少儿医疗保险，家里两份保险合计每年保费7 000余元，如表4所示。小马感觉保费有点贵，不知道这样下来，整个家庭的保险是否合理？

表1　**每月收支状况**　单位：元

每月收入		每月支出	
本人收入	9 000	本人收入	9 000
配偶收入	2 500	配偶收入	2 500
其他家人收入		其他家人收入	
其他收入		其他收入	
合计	11 500	合计	11 500
每月结余（收入-支出）	6 000		

表2　**年度性收支状况**　单位：元

收入		支出	
年终奖金	20 000	保险费	7 000
存款、债券利息	5 000左右	旅游费	0
股利、股息	0	杂费	3 000
其他	0	其他	0
合计	25 000	合计	10 000
每年结余（收入-支出）	15 000		

表3　**家庭资产负债状况**　单位：万元

家庭资产		家庭负债	
现金及活期存款	6	现金及活期存款	6
定期性存款	14	定期性存款	14
基金	3	基金	3
股票	0	股票	0
房地产（自用）	90	房地产（自用）	90
房地产（投资）	0	房地产（投资）	0
黄金及收藏品	0	黄金及收藏品	0
其他	0	其他	0

表3(续)

家庭资产		家庭负债	
资产总计	113	资产总计	113
净值（资产-负债）	95		

表 4　全家保险状况　单位：万元

被保人保额	寿险	意外险	健康险	其他
先生	—	—	10 万元重大疾病	社保四险一金
妻子	—	—	—	社保四险一金
女儿	10 万元教育金保险	—	1 万元的商业医疗保险	—

二、家庭资产状况分析及投资建议

1. 家庭资产状况分析

根据马先生一家的资产负债以及收支情况，对马先生家庭的财务状况分析如下：

马先生一家作为“80 后”的三口之家，在控制支出方面做得不错，超过一般的同龄人，财务状况非常稳健，但是也存在以下几点隐忧：

（1）投资过于保守，金融资产回报率较低。马先生家庭的金融资产为 23 万元，其中现金及活期存款为 20 万元，每年利息收益为 5 000 元，难以抵抗目前较高的通货膨胀水平，使得资产存在一定的缩水，家庭净资产增长缓慢。

（2）家庭保障不足，存在潜在风险。目前马先生只有一份 10 万元的重大疾病保险，保障金额不足，马太太的保险缺失，这些都会给整个家庭的财务状况带来隐患。

（3）对未来可能增加的支出估计不足。根据目前的教育费用情况，孩子在未来每月的支出可能会上升，如果购买家用汽车后，每月的汽车费用也会增加不少，再加上保险费用的支出，结余比例将会大大降低。

2. 家庭资产配置及投资建议（如表 5 所示）

马先生提出了以下几个理财需求：①如何进行资产的配置；②购买一辆 8 万 ~ 10 万元的家用汽车；③进行合理的保险规划。

针对马先生上述理财需求，根据马先生目前和未来的财务状况，在充分考虑马先生风险承受能力的基础上，下面提出马先生的家庭资产配置和投资建议。

根据马先生所处的人生阶段，马先生应该是刚刚从家庭的成长期向成熟期转型，在这一阶段人的风险承受能力相对较强，但是需要实现的人生目标也较多，因此需要进行一定的组合投资，这样既保证了财务上的稳健，又可以实现各个理财目标。具体建议如下（如表 6、表 7 所示）：

（1）增加马先生和马太太的保险保障。

马先生已经有 10 万元的重大疾病保险，建议再增加一些定期寿险或意外险的保障，最低保额至少要达到 50 万元（满足整个家庭 5 ~ 10 年的生活支出），这样保费支出也相对较低。马太太也同时需要增加一些定期寿险或意外险的保障，同时应该增加一些健康险的购买，这样一来年保费支出将增加 5 000 元左右。

（2）预留 3 万元作为紧急预备金（满足 3~6 个月的家庭开支），其中 1 万元以活期形式存放，另外 2 万元可以购买货币市场基金。

（3）将每月结余采用定期定额投资的方式购买一些优质基金，进行长期投资，保持年平均收益为 10%，积少成多，进行家庭资产的积累。

（4）除了 3 万元作为应急基金外，14 万元的定期存款和 3 万元的活期存款中，建议可以将 50%即大约 8 万元用于购买股票型基金，将 50%即大约 7 万元用于购买债券型基金或打新股类理财产品，组合收益率为 15%左右。

（5）建议推迟购车的时间，因为如果将 10 万元用于购车的话，由于目前资本市场持续向好，将会错过财富积累的良好时机，建议 3 年后购车，购车的资金来源为投资收益。

表 5　　专家建议：资产配置及投资建议

家庭财务指标	定义	实际数值	参考数值	诊断
资产负债率	总负债/总资产	15%	小于 50%	安全
债务偿还比率	每月偿债额/每月收入	9%	小于 35%	较低
消费比率	每月总支出/每月收入	39%	60%	合理
流动性比率	流动性资产/每月支出	3 600%	3%~8%	超高
固定资产比率	固定资产/总资产	80%	小于 60%	超高
平均投资报酬率	年理财收入/生息资产	2. 5%	3%~10%	偏低
财务自由度	年理财收入/年支出	0. 2	1	距离较大

表 6　　对马先生家庭资产配置的调整建议　　单位：万元

家庭资产项目	调整前	调整后
活期存款	6	1
货币市场基金	0	2
定期性存款	14	0
房地产（自用）（净资产）	72	72
股票型基金	3	8+6
银行理财产品或债券型基金	0	7

表 7　　对马先生家庭支出的调整建议　　单位：元

家庭支出项目	调整前	调整后
基本生活支出	4 500	5 000
房屋贷款	1 000	1 000
保费支出	7 000	12 000
汽车支出（未来）	0	2 000

上述理财建议不是一成不变的，它需要进行定期的跟踪和调整，只有这样理财规划才不会出现较大的偏差，才能实现我们预定的理财目标。

3. 家庭保险建议

从马先生的家庭基本情况来看，全家的风险规划不够完善，现有的家庭保险保障在抵御风险方面能发挥的作用极为有限。女儿的诞生不仅给家庭带来了快乐，同时也为家庭带来了责任。

那么下面我们从风险管理的角度来谈谈马先生的家庭保障（如表8所示）：

（1）家庭基本生活保障

目前，马先生的收入在家庭收入中占比3/4，因此，基本的保障额度分配比也可以照此参考，保险期限与子女教育期限相同。产品类型可考虑意外伤害、收入保障定期寿险。

（2）女儿成长保障

子女的保障往往是父母考虑的第一要素，很多父母在自身没有任何保险保障的情况下，也会为子女购买大额的储蓄类保险，这其实是不合理的。

我们认为保险的第一要素在于保障，在父母有稳定收入的前提下，子女的生活费用及教育费用是有保证的，保险的作用在于保障父母无法提供稳定收入时，给子女提供将来的生活保障。因此，如果想要保证女儿顺利成长，产品类型可考虑父母的保障，女儿方面可考虑意外伤害保障、子女教育类寿险。

（3）家庭健康保障

现在昂贵的医疗费用已经是个社会问题，通过保险的方法来进行风险转移是解决潜在的大额医疗费用问题的途径，在有社保的情况下，可以补充足额的大病险和补贴型保险。产品类型为重大疾病险类（按照马先生不希望保费支出过量的预算考量，可选择定期大病险）、住院补贴类、综合意外险类。

（4）对于父母赡养方面的保障

马先生和马太太在父母赡养方面并未做具体阐述，估计双方父母或已退休或将要退休。随着年龄的增大，父母的健康状况在逐步下降。从目前本市的退休职工的平均收入来看，难以应付健康所带来的经济压力。作为子女，对老人的赡养义务是不可推卸的，因此未来对于父母的赡养责任也将逐步增大，建议给老人适当选择一些寿险或者意外险的保障，来保证未来对父母的责任是必要的。为实现这一目的，可匹配的产品类型有定期寿险、意外伤害。

（5）家庭养老

从马先生夫妇目前的收入与支出情况来看，养老保障可能还略显过早，可以暂缓考虑，等将来收入提高后，大约到35岁左右再开始考虑。

表 8 马先生家庭主要保障内容建议

<table>
<tr><th>家庭成员</th><th>保障类别</th><th>保障额度</th><th>保障来源</th><th>预计保费</th></tr>
<tr><td rowspan="4">马先生</td><td>意外总保障</td><td>100 万元</td><td>意外险（40 万元）+寿险（30 万元）+大病险（30 万元）</td><td rowspan="11">1 万元以内（占家庭可支配收入的 10%左右）</td></tr>
<tr><td>身故总保障</td><td>60 万元</td><td>寿险+大病险</td></tr>
<tr><td>大病保障</td><td>30 万元</td><td>现有 10 万元+追加购买 20 万元定期大病险</td></tr>
<tr><td>住院补贴</td><td>300 元/天</td><td></td></tr>
<tr><td rowspan="4">马太太</td><td>意外总保障</td><td>60 万元</td><td>意外险（30 万元）+寿险（10 万元）+定期大病险（20 万元）</td></tr>
<tr><td>寿险总保障</td><td>30 万元</td><td>寿险+定期大病险</td></tr>
<tr><td>大病保障</td><td>20 万元</td><td>定期大病险</td></tr>
<tr><td>住院补贴</td><td>200 元/天</td><td>追加购买</td></tr>
<tr><td rowspan="3">女儿</td><td>意外总保障</td><td>10 万元</td><td>现有教育金保险</td></tr>
<tr><td>寿险总保障</td><td>10 万元</td><td>现有教育金保险</td></tr>
<tr><td>大病保障</td><td>10 万元</td><td>上海少儿学生医保+上海少儿医疗互助基金</td></tr>
</table>

案例三　朱大鸣理论

朱大鸣理论一：白领每月消费 1.4 万元合情合理。

朱大鸣在博客里表示，这位小伙月薪税前有 1.4 万元，但一月下来所剩无几。仔细看了这位白领的消费清单后，发现其消费都合情合理，其房租、人情消费和外出就餐占比重比较大。但是朱大鸣认为这几项对于一个要在上海立足，事业刚刚有所发展的年轻人来说，也是必需的。

11 日，新民网致电朱大鸣，朱大鸣向新民网表示，也不是一工作就有年薪 16 万元这么高的工资，工作几年以后才达到这个水平，因此拿出购房首付还是有困难的。

即使付了首付，按照上海均价每平方米 1.5 万元的高房价现状，每月按揭的费用应该为 4 000~5 000 元。这位小伙的日常消费并不奢华，但依其现行消费水平要承受按揭也有困难，就算能够勉强还贷，他的生活质量也会下降，自身发展也会受到限制。

朱大鸣称，外地来上海打拼的男生压力确实很大，如果单靠一个人赚钱买房，比较辛苦，除非他的女友月薪能达到 1 万多元，两人共同还贷才不会有大的问题。

朱大鸣认为，现在房价过高，而许多年轻白领对自己的生活质量又有所要求，这些白领有一定的应酬、文化娱乐生活、穿着打扮消费，因此买不起房的现象是客观存在的。

朱大鸣理论二：年薪 16 万元只能买外环以外房子。

朱大鸣称，整个上海房价均价偏高，内环均价已涨到 1.8 万元以上，中环、内环之间也要1万多元，这样的房价买个两室一厅100平方米左右需要100多万元，年薪16万元也只有买外环以外的房子。

朱大鸣认为现在很多一点经济基础都没有的外地年轻人到上海来，首付的钱都没有，在居高不下的房价面前，连“房奴”都做不成，只能租房。

但是上海是一个移民城市，需要海纳百川，吸引大量年轻有活力、有创意的人到上海参与建设，目前社会保障性住房有一个门槛，没有对常住户口以外的人群放开购买条件，这种状况对上海未来的人才聚集将会产生不利影响。

朱大鸣理论三：月薪七八千买房是最低条件。

据朱大鸣透露，“春之声”去年开发的一个偏小楼盘，5月底收盘，均价1.3万元。购买房子的主要是月收入五六千、七八千不等的上海本地年轻人，大多是父母帮助付清首付。

朱大鸣认为如果按照上海均价购房，月薪最少要在2万元以上。购房者可以根据自己的收入水平，降低要求，买一些外环以外或远郊的房子，面积大约五六十或七八十平方米，或者买一些20世纪八九十年代建的房子。

即便如此，按照朱大鸣的判断，要想在上海购房，月薪至少要在七八千元以上。

对于居高不下的房价，朱大鸣有一套自己的理论。朱大鸣认为，政府应划拨专项资金大力建设经济适用房；与此同时，大型开发商也责无旁贷。朱大鸣同时建议政府放开门槛，让在上海工作了几年、单位为其缴纳了“三金”“四金”的新上海人有条件购买经济适用房。

案例四　蜗牛族住房消费规划

若蜗牛族合理理财，也能实现供房结婚两不误。

蜗牛族——房子是他们生活的主题，房子是他们投注资金的主要方向。或为买房缩衣紧食，攒够首付开始月供；或买房子后打乱了自身的生活计划，生活品质因此下降，经济也因此拮据，结婚、育子等很多想办的大事都得暂缓。

刘先生就是典型的蜗牛族。他工作6年，与女友在2006年初购置了一套80多平方米的商品房，总房款30.6万元。为应付10余万的首付和装修费用，不得不向年迈的父母求助；刘先生存折上目前只有8 000元，以备不时之需；刘先生与女友月收入5 000元，月节余2 000元左右；两人计划2009年下半年结婚，预计结婚和购置家电等费用需6万元；刘先生和女友除了有单位办理的养老和医疗金之外，无任何商业保险。

像这样的蜗牛族如何理财，才能既轻松供房，又办结人生大事呢？

2007年连续6次加息，贷款利率不断提高。刘先生算了一笔账，自己贷款21万元，贷款20年，2006年年初月供为1 481元，共支付利息款为145 579元；进入2008年，月供就成了1 585元，足足上涨了104元，现在所支付利息款为170 412元，增加了24 833元。这让刘先生在2008年伊始倍感压力。

兴业银行西安分行理财师分析认为，蜗牛族往往在买房上耗用了太多资源，影响了其他目标的实现和生活水平的提高，一旦遭遇突发情况，个人或家庭将会面临很大的财务危机。因此，这部分人更要充分考虑自己的收入水平和还贷能力，进行理财规划。

招商银行西安分行理财师表示，刘先生是一个处于财富原始积累阶段的典型案例。他的财务状况主要存在以下问题：

1. 收入稳定，财务空缺不易弥补

刘先生收入相对稳定，月供占到收入的30%，比较合理。但每月节衣缩食，也只有2 000元左右的盈余，年度盈余也仅有24 000元，到2009年年底，两人能积攒48 000元，距离60 000元的计划还有近12 000元的空缺。如何弥补？如果只是通过储蓄，结婚后又会陷入新一轮的经济负担中，这对家庭资产净值的提升十分不利。

2. 风险保障不足

风险保障方面明显不足，建议刘先生和女友两人购买意外伤害和医疗保险，以避免意外事故所带来的风险。

3. 资产流动性差

除了购置房产和把月节余资金存入银行，刘先生并未进行别的投资，资产流动性很差，抗风险能力较弱。

在这个阶段，最重要的是实施开源节流，并平衡个人费用支出，制定切实可行的个人理财投资规划，从而早日摆脱财务紧张的局面。

根据刘先生的个人实际情况，不宜进行过于激进的投资，应该选择稳健的理财产品，为两人生活品质的提高建立一定的物质基础。理财师有以下建议：

1. 准备好紧急备用金

建议刘先生准备出3~6个月的支出费用，作为紧急备用金，即4 500~9 000元，取中间值则为7 000元，这部分资金也可以通过信用卡来实现。

2. 定期定投

两人月节余2 000元，鉴于两人都没有过多的时间和精力打理股票，建议每月将节余的500元定期定额投资到基金中，作为长期的有计划性的投资。这样一方面可以获得高于储蓄的收益，另一方面也可以提高投资理财能力。当储蓄积累到一定程度，也可以选择人民币理财产品，安全性高，收益也不错。

3. 组合投资

刘先生也可采取基金组合投资的方式，既降低了风险，也能获得较高的收益。建议刘先生用1万元购置偏股型基金，预计年收益率为8%，全年收益则为800元；还可以配置一定数量的混合型基金。总体算来，预期2008年能达到10%左右的投资回报率，也实现了资产的保值增值。

4. 加强个人保障

刘先生和女友应考虑个人保障问题，建议两人首先考虑意外保险和重大疾病保险，从而保证房贷和正常的生活开支不会因为意外情况而受到影响，保险金额应控制在年收入的10%之内。如果将来有其他家庭负担和责任，如养育小孩、赡养父母等，则要做相应的调整。

随着收入的增加，他们的供房压力会逐步减轻，短期内不会动用的资金也可用于购买一些理财产品，除了能保本外，也能达到不错的投资效果。

按较多人选择的等额本息还款方式，以购买第一套住房，贷款 10 万元为例，采用 6 次加息前后的房贷基准利率，按银行给予利率下限 0. 85 倍的优惠后计算。

10 年期：房贷利率为 7. 83%，月供 1 143. 43 元，月供增加 42. 74 元。5 年期：房贷利率为 7. 83%，月供 879. 71 元，月供增加 46. 08 元。20 年期：房贷利率为 7. 83%，月供 754. 79 元，月供增加 49. 28 元。

以此类推，如果您购买第一套住房，贷款 20 万元，期限 10 年，每月月供则为 2 286. 86 元，月供增加 85. 84；贷款 20 万元，期限 25 年，您每月的月供则增加 104. 5 元。

参考文献

1. 中国就业培训技术指导中心. 理财规划师专业能力［M］. 3 版. 北京：中国财政经济出版社，2008.

2. 中国证券业协会. 证券市场基础知识［M］. 北京：中国财政经济出版社，2010.

3. 中国证券业协会. 证券投资分析［M］. 北京：中国财政经济出版社，2010.

4. 中国证券业协会. 证券交易［M］. 北京：中国财政经济出版社，2010.

5. 中国证券业协会. 证券投资基金［M］. 北京：中国财政经济出版社，2010.

6. 中国证券业协会. 证券发行与承销［M］. 北京：中国财政经济出版社，2010.

7. 唐平. 基于宏观经济变量的中国股市波动分析［J］. 财经科学，2008（6）.

8. 荆新，王化成，刘俊彦. 财务管理学［M］. 4 版. 北京：中国人民大学出版社，2006.

9. 柴效武. 个人理财［M］. 2 版. 北京：清华大学出版社，2015.